GEIST DES ABENDLANDES

ANTIKE GEISTESWELT

Herausgegeben von

WALTER RÜEGG

Band II

DIE BESTIMMUNG DES MENSCHEN

VERLAG WERNER DAUSIEN

ANTIKE GEISTESWELT
Band II: DIE BESTIMMUNG DES MENSCHEN
Herausgegeben von Walter Rüegg

VERLAG WERNER DAUSIEN · HANAU · 1986
ISBN für I/II 3-7684-0620-2

INHALTSVERZEICHNIS

INHALTSVERZEICHNIS

INHALTSVERZEICHNIS

KAPITEL I

GOTT UND MENSCH

»Erkenne dich selbst«. Unter diesem Aufruf steht die eine, dem Menschen zugewandte Seite der abendländischen Geisteswelt. «Erkenne dich selbst», das bedeutet, daß der Mensch sich durch das Mittel seines Erkenntnisvermögens fassen, seine Bestimmung erkennen und dementsprechend handeln soll. »Erkenne dich selbst« rief eine Inschrift in der Vorhalle des Apollontempels in Delphi den Ratsuchenden zu. Aber nicht das allein: »Erkenne dich selbst, folge dem Gott«, lautete die ganze Inschrift. Dadurch erhält auch die erste Hälfte des Spruches seine besondere Bedeutung: Erkenne, welch schwaches hinfälliges Wesen du bist und folge im Bewußtsein der irdischen Begrenztheit den göttlichen Geboten. Der Mensch ist hier also nicht bestimmt durch seine Größe, seine Würde, seine Fähigkeiten, sondern durch seine Begrenzung; das Maß aller Dinge ist nicht der Mensch, sondern wie Platon ausdrücklich sagt, der Gott.

So steht das Verhältnis von Gott und Mensch am Anfang der antiken Bestimmung des Menschen. Dieser Gott ist aber nicht wie der Gott der Juden und Christen der Vater im Himmel, nach dessen Bilde der Mensch gemacht ist und in dessen Gnade er seine Bestimmung als Kind Gottes findet. Für den Griechen ist alles, was unsterblich ist, eine Naturkraft, Licht, Erde, Meer, Wachstum, Tod, überhaupt jede Erscheinung, jeder Wert, der die Zeit überdauert, Scham und Neid, Eintracht und Haß, ja selbst ein Vorgang, wie das Erkennen eines Freundes nach langer Abwesenheit, ein Gott. Die griechische Gottheit ist nicht Herr, sondern Teil der Natur. Nicht der allmächtige Gott schuf Himmel und Erde; Erde und Himmel erzeugten die Titanen, die alten, und diese die neuen, die olympischen Götter. Diese sind zwar unsterblich, sie altern in ihrer leiblichen Gestalt nicht, sie können andere Gestalt annehmen, durch die Luft fliegen und haben in manchen andern Dingen eine größere Macht als die Menschen, doch keine unbegrenzte. Sie sind gebunden an ihre bestimmten Kompetenzbereiche, die sie gegenseitig zu respektieren haben, und auch im eigenen Machtbereich können sie nur bis zu einer gewissen Grenze nach ihrem eigenen Willen handeln. Weil sie entstanden sind, sind sie auch vergänglich: Ihre Göttermacht ist gefährdet durch die besiegten Mächte der Vorzeit und durch die Ungewißheit neuer Mächte aus der unbegrenzten Gegenwart der göttlichen Naturordnung. Ewig ist also nicht der einzelne Gott, sondern die Naturordnung. Nach ihr erhalten Götter und Mensch ihre Lose, ihre Anteile am Weltgeschehen, nicht anders als die Glieder einer Kriegersippe ihren Anteil an einem Erbgut oder an einer Kriegsbeute zuerteilt bekommen, teilweise nach Stellung und Verdienst, teilweise nach dem Zufall des Loses. Beide griechischen Ausdrücke für diese schicksalshafte Ordnung, der Menschen und Götter unterliegen, enthalten die Vorstellung des Anteiles, des Erb- und des Beuteloses, ja »Dämon«, jene geheimnisvolle göttliche Macht, der die Menschen ihre glückbringenden und verhängnisvollen Willensakte zuschreiben, scheint »Zuteiler» zu bedeuten.

Diese Vorstellung von einer schicksalshaften Ordnung der Welt durch Zuteilung von Erb- und Beuteanteilen spiegelt die Erfahrungen und Einsichten einer auf kriegerischen Sippenverbänden beruhenden aristokratisch-aufgeklärten Gesellschaft. Wir finden sie in der Ilias und der Odyssee Homers. Epen, welche in der Tradition jahrhundertealten Sängerhandwerkes auf Erbstücken auswendiggelernter Heldenlieder aufbauend, eine große Dichterpersönlichkeit im 8. vorchristlichen Jahrhundert verfaßt hat. Sie beschwören diese ritterlich-aristokratische Welt zur Zeit ihres Unterganges in ihrer Idealität herauf und sind zum eigentlichen Grundbuch griechischer Weltanschauung geworden. Homer und sein jüngerer Konkurrent Hesiod haben den Griechen ihre Götter gegeben, schreibt dreihundert Jahre später Herodot, und wenn auch in Griechenland vor und neben den homerischen Göttern in Lokalkulten die verschiedensten Gottheiten verehrt wurden, so stimmt Herodots Behauptung insofern, als das homerische Epos die im wörtlichsten Sinne maßgebende Darstellung der griechi-

schen Weltanschauung geworden ist. An der Homerkritik hat sich die griechische Sprach-, Literatur- und Geschichtsforschung, Pädagogik, Ethik und Theologie entwickelt. Größe und Schwäche des abendländischen Geistes sind eng verbunden mit der Tatsache, daß die Bibel der heidnischen Antike kein heiliges Buch einer Priesterkaste und eines heiligen Bezirkes war, sondern, von Dichtern gestaltet, durch Rezitatoren allem Volk verkündet, seine Impulse auf den verschiedensten Schauplätzen des antiken Lebens, in Theatern und Gymnasien, Bibliotheken und Fürstenhöfen, ausgestrahlt hat.

In einer aristokratischen Gesellschaft ist die Kluft zwischen den einzelnen Gliedern je nach dem Gesichtspunkt zugleich unendlich groß und kaum bemerkbar. Der Heerführer gilt als der eigentliche Urheber der Taten seiner Gefolgsleute. Um diese Taten jedoch zu vollbringen muß auch der gemeine Mann tapfer sein, und in dieser Hinsicht ist der Führer nur der tapferste unter ihnen. Was den Führer unterscheidet, ist der größere Anteil an Tapferkeit, Begabung, Habe und Ansehen, Verantwortung und Erfolg, Ehre und Beute. Ähnlich unterscheiden sich die Götter nicht in ihrem Wesen, sondern in ihrem Los von den Menschen. Der wichtigste Anteil an der ewigen Ordnung der Natur, den sie den Menschen voraus haben, ist ihre Unsterblichkeit und ewige Jugend. Auch diese gehört nicht zu ihrem Wesen, sondern ist geknüpft an ein ihnen zukommendes Gut, an die Götterspeise. Wer diese genießt, ist unsterblich, wer an ihr keinen Anteil hat, sterblich. Dieser Unterschied ist nun freilich für die griechische Weltanschauung entscheidend. Die Sterblichkeit, der Tod, gilt ihr als das eigentliche menschliche Los, welches das ganze Leben überschattet. Das Fehlen dieses Loses macht das Leben der Götter strahlend, sorgenlos, von diesem aus erscheinen die Geschlechter der Menschen wie Blätter im Walde, keimend und welkend, ausschlagend und abgerissen vom Schoße der Natur, wie es unser erstes homerisches Gleichnis schildert. Die Götter haben infolge ihrer ewigen Jugend, Kraft, Schönheit und dem damit verbundenen höheren

Adel und Ansehen einen höheren Ratschluß: sie kennen die Lose der Sterblichen, sie beraten über sie und teilen sie ihnen zu, aber sie sind nicht Herr über sie. Zwar könnte Zeus, das Haupt der herrschenden Göttersippe das vorbestimmte Todeslos eines menschlichen Sohnes unwirksam machen, so wie Agamemnon, der Heerführer der Griechen vor Troia, Achill einen Anteil an der Kriegsbeute zurückverlangt. Doch ebenso wie Agamemnon damit den Groll Achills herausfordert und das griechische Heer in die größte Gefahr bringt – dies bildet den Inhalt der Ilias –, so würde Zeus den Groll der andern Götter heraufbeschwören, würde einen Präzedenzfall für unabsehbare Sonderwünsche innerhalb der Götterversammlung schaffen und damit die mühsam errungene Herrschaft der olympischen Dynastie gefährden.

So weit die Götter den Menschen dank ihrem bessern Los überlegen sind, so nahe sind sie ihnen in der gemeinsamen Teilhabe an einer allumfassenden Ordnung verwandt. Vom Menschen aus gesehen sind die Götter die Mächte, denen er all seine Erfolge und Enttäuschungen verdankt. Wenn Helena dem Verführer Paris folgt, so treibt sie die Göttin der Liebe als dämonische Macht gegen ihren Willen dazu an; wenn Odysseus ein kluger Plan gelingt, so ist er ihm von Athene eingegeben. Der Mensch ist aber nicht Werkzeug einer göttlichen Allmacht, sondern Gefolgsmann, Verbündeter, Freund, ja in manchen Fällen leiblicher Verwandter eines Gottes. Die homerischen Menschen erschrecken nicht vor den Göttern, wie die alttestamentlichen Propheten vor der Erscheinung Jahwes.

Weil der Grieche dem Göttlichen so nahe steht, ist die Versuchung, sein menschliches Los zu mißachten und sich zu göttlichen Ehren zu erheben, groß. Das Los der Götter, ewige Jugend und Kraft, ist für den Griechen das höchste Ideal, kann aber auch seine größte Gefahr werden, wenn er seine jugendliche Kraft verabsolutiert und sich nicht im Bewußtsein der menschlichen Vergänglichkeit Schranken auferlegt. Die Erkenntnis dieser Schranken enthalten unsere zwei weitern homerischen Stellen, sie bilden auch den

Inhalt des delphischen Spruches »Erkenne dich selbst, folge dem Gott«.
Aber erhält der Mensch damit auch eine positive Bestimmung? Gewiß nicht im Sinne unseres Persönlichkeitsbewußtseins. Es gibt im Griechischen keinen Ausdruck für Persönlichkeit, und jemehr sich der Mensch selbst erkennt, jemehr er dem Gotte, das heißt der allgemeinen Ordnung der Natur folgt, umsomehr verliert er seine Individualität. Der Begriff der Persönlichkeit findet sich erst in der römischen Antike. Aber in einem andern Sinne erhält die menschliche Bestimmung einen positiven Inhalt, sobald nämlich die Götter und vor allem der höchste Gott, Zeus, zu ethischen Mächten werden. Für die aristokratische Welt, wie sie die homerischen Epen spiegeln, unterstehen Götter und Menschen zwar einer im letzten gerechten Ordnung, der Gesetzmäßigkeit der Kampfgemeinschaft, in der sich Übermut, Unvorsichtigkeit, Überheblichkeit, Frevel rächen, die also Tapferkeit und Treue, Selbstbeherrschung und Gerechtigkeit, jedoch keine ethische Vollkommenheit voraussetzt. Dies gilt vor allem von Zeus mit seinen Ehebrüchen. Erst im Laufe der Zeit wird er zum Gott der Ordnung, zum Beschützer der Gerechtigkeit, zum ewigen Lenker der Welt, und damit zum Träger der Vorsehung, in der das menschliche Geschick einen positiven Sinn erhält. Diesen Weg deutet unser erstes Kapitel an. Er durchläuft vom achten vorchristlichen bis zum dritten nachchristlichen Jahrhundert die verschiedensten Formen des antiken Geistes, führt aber immer wieder zu seinem Ursprung im Gefilde der kriegerisch – ritterlichen Welt Homers zurück. Die griechische Bestimmung des Menschen geht aus von einer Welt des Kampfes: Der Kampf der Götter schafft die Welt, der Kampf zwischen den homeririschen Göttern bestimmt die Geschichte, der Kampf zwischen göttlichen Kräften, wie Liebe und Streit, Wasser und Feuer, Gerechtigkeit und Unrecht, Wahrheit und Schein, Vernunft und Begierde, gutem und schlechtem Seelenroß, eröffnet das philosophische Verständnis der Welt und des Menschen. Der Kampf gegen die Götter steht am Anfang

der menschlichen Kultur, wie im dritten Kapitel dieses Buches gezeigt wird, das Wort als Waffe wird zum Gegenstand einer intensiven, die antike Literatur in weitem Maß beherrschenden Formkraft. Die griechische Erziehung ist bis weit in die hellenistische Zeit hinein Ertüchtigung des Knaben zum Krieger. Die sportlich-militärische Ringschule, das Gymnasium, wird zum Schauplatz der geistigen Kämpfe eines Sokrates und seiner Nachfolger. Die griechische »Tugend« leitet sich aus der kriegerischen Sphäre des ritterlichen Ansehens her, die erste der Kardinaltugenden ist die Tapferkeit.

Aber nicht der Kampf als solcher bestimmt den Menschen, sondern die Ordnung, in welcher sich dieser Kampf vollzieht, das heißt griechisch: Kosmos, Ordnung des Heeres, dann des Staates, des Himmels, des Alls. Diesen Kosmos zu erkennen und mit ihm die Lose, die Erb- und Beuteanteile, welche Göttern und Menschen ihre Stellung und Aufgabe in diesem Kosmos zumessen, dies führt nicht nur zur Beherrschung der Natur durch den Menschen, welche im ersten Band zur Sprache kam, sondern auch zur Bestimmung des Menschen durch die Gesetzmäßigkeit der Natur: Dies wird den Inhalt des zweiten Bandes bilden.

HOMER

Die Ohnmacht des Menschen

Gleich wie Blätter im Walde, so sind die Geschlechter der
Menschen;
Einige streuet der Wind auf die Erd' hin, andere wieder
Treibt der knospende Wald, erzeugt in des Frühlinges
Wärme;
So der Menschen Geschlecht, dies wächst, und jenes verschwindet.

Also bestimmten die Götter der elenden Sterblichen
Schicksal,
Bang in Gram zu leben; allein sie selber sind sorglos.
Denn es stehn zwei Fässer gestellt an der Schwelle Kronions:

Voll das eine von Gaben des Wehs, das andre des Heiles.
Wem nun vermischt austeilet der donnerfrohe Kronion,
Solchen trifft abwechselnd ein böses Los und ein gutes.
Wem er allein des Wehs austeilt, den verstößt er in Schande,
Und herznagende Not auf der heiligen Erde verfolgt ihn,
Daß, nicht Göttern geehrt noch Sterblichen, bang er umherirrt.

Siehe, kein Wesen ist so eitel und unbeständig
Als der Mensch, von allem, was lebt und webet auf Erden.
Denn solange die Götter ihm Heil und blühende Jugend
Schenken, trotzt er und wähnt, ihn treffe nimmer ein Unglück.
Aber züchtigen ihn die seligen Götter mit Trübsal,
Dann erträgt er sein Leiden mit Ungeduld und Verzweiflung.
Denn wie die Tage sich ändern, die Gott vom Himmel uns sendet,
Ändert sich auch das Herz des erdebewohnenden Menschen.
Siehe, ich selber war einst ein glücklicher Mann und verübte
Viel Unarten, vom Trotz und Übermute verleitet,
Weil mein Vater mich schützte und meine mächtigen Brüder.
Drum erhebe sich nimmer ein Mann und frevle nimmer,
Sondern genieße, was ihm die Götter bescheren, in Demut!

HESIOD

Die Allmacht Gottes

Musen, Pierias Töchter, die Ruhm im Liede gewähren,
Kommet heran, singt Zeus, lobt euren Erzeuger in Hymnen!
Er setzt sterbliche Menschen in Unehr oder in Ehren,
Ruhm und Schande verleiht er, so wie's der erhabene Zeus will!

Leicht gibt Stärke der Gott, leicht wirft er Starke zu
Boden,
Leicht demütiget er auch Mächtige; Niedre beglückt er;
Leicht macht er selbst Krumme gerad'; Hochmütige
dämpft er,
Zeus, der gewaltige Donnrer im Hause des ewigen
Aethers.

SOLON

Die göttliche Gerechtigkeit

Kinder des himmlischen Zeus, Mnemosynens
strahlende Töchter,
Musen, Pierischer Chor, höret des Betenden Wunsch.
Wohlfahrt komme mir nur von den
Himmlischen; unter den Menschen
Aber verschaffet mir stets günstigen Rufes Genuß.
Süß nur mög ich dem Freunde, dem Feind nur bitter
erscheinen;
Jenem der Achtung wert, diesem ein
Schrecken zu schaun.
Güter begehr ich wohl auch, doch niemals
wünsch ich mit Unrecht
Ihren Erwerb; denn stets folget die Strafe
darauf.
Reichtum, welchen die Götter verleihn, bleibt
stets bei dem Menschen
Sicher und fest, vom Grund bis zu dem
Gipfel hinauf.
Ist er dagegen von menschlicher Art, entstammt
er dem Frevel,
Geht er nicht nach Gebühr, zögernd,
sträubenden Schritts,
Folgt er unrechtmäßiger Tat. Bald mischt
sich ihm Unheil,
Das allmählich und klein, ähnlich dem Feuer,
beginnt,
Kraftlos erst im Beginn; doch endet es
schmerzengebärend;

Denn nicht lange verbleibt Menschen des
Frevels Gewinn;
Sondern es schaut Zeus jedes, der Dinge
Vollenden und Anfang;
Und wie plötzlich der Sturm Wolken im
Lenze zerstreut,
Auch vielwogenden Meers, des unwirtlichen
unterste Tiefe
Mächtig bewegt und dann herrliche Werke
der Saat
Auf dem Gefilde zerstört. Dann, kehrend zum
hohen Olympos
Und zu der Himmlischen Sitz, führt er die
Heitre zurück.
Wieder bestrahlt nun Helios' Glanz die
unendliche Erde
Herrlich; und von dem Gewölk schwindet
dir jegliche Spur.
Gleichergestalt kommt auch von Zeus her
strafende Rache.
Doch nicht strafet er schnell jegliches,
Zürnenden gleich.
Aber für immer verbirgt nicht einer sich,
welcher im Herzen
Frevel ernährt; zuletzt leuchtet er gänzlich
hervor.
Der büßt gleich; erst spät wohl ein anderer;
aber entflieht auch
Einer, und findet die Hand rächender
Götter ihn nicht,
Endlich erscheint sie gewiß. Dann büßen
noch Kinder der Eltern
Untat, schuldlos selbst, oder das späte
Geschlecht.
Also denken wir sterblichen Menschen, gute
und böse;
Aber ein jeglicher hält seine Gedanken
für gut,

Ehe die Tat ihn belehrt; dann trauert er; aber
bis dahin
Ziehn wir mit gaffendem Mund törichten
Hoffnungen nach.
Einen der Sterblichen drücket die Last
feindseliger Krankheit;
Dieser erwäget nur eins, wie er genese des
Wehs.
Feigling nur ist jener; doch zählt er sich unter
die Tapfern;
Wenig mit Reizen begabt, hält sich ein
andrer für schön.
Der hat Mangel an Gut, und es drängen ihn
Werke der Armut;
Aber er hofft den Besitz reichlicher Güter
zu sehn.
Also streben sie, diese von hier und die andern
von dorther.
Der durchirrt, um nach Haus Beute zu
bringen, des Meers
Wimmelnde Flut; feindselig von brausenden
Stürmen getrieben,
Achtet des Lebens er nicht, trotzend der
Todesgefahr.
Der durchschneidet die waldige Flur, und
frönend der Arbeit,
Lenket er Jahr für Jahr stets den gebogenen
Pflug.
Dieser, gelehrt in den Künsten Hephästs und
der weisen Athene,
Schaffet mit fleißiger Hand, was er zum
Leben bedarf.
Jener erfreut sich belehrender Kunst der
olympischen Musen;
Lieblicher Weisheit Maß kennt er in
sinniger Brust.
Diesen erkiest zum Seher des Künftigen
Phoibos Apollon,

Und er bemerket dem Mann kommende
Übel von fern,
Welchem zur Seite die Himmlischen gehn.
Doch wendet das Schicksal
Keines Weissagenden Kunst, kein heilig Opfer
dir ab,
Auch nicht die Jünger Paions, des kundigen
Spenders der Heilkraft;
Denn es besitzet der Arzt keinen gewissen
Erfolg.
Öfters erwächst aus wenigem Schmerz ein
gewaltiges Unheil,
Und kein linderndes Kraut bannet das Übel
hinweg.
Jenen bestürmt hingegen mit feindlichen
Qualen die Krankheit;
Aber berührt von dem Arzt, fühlt er sich
plötzlich gesund.
Schicksal ist's, was Gutes den Sterblichen
bringet und Böses;
Keiner entflieht dem Los, welches die Götter
verhängt.
Kein Werk, traun, ist sonder Gefahr, und
keiner der Menschen
Kennt das erwartende Ziel bei dem Beginne
der Tat.
Der, nachstrebend dem Ruhm und der
Sterblichen ehrendem Beifall,
Stürzt in Verderben und Not, eh er es ahnet,
hinab.
Töricht beginnt ein andrer, doch lenket ihm,
was er begonnen,
Bessernd der Torheit Werk, immer zum
Guten ein Gott.
Reichtum führet den Sterblichen nicht zum
ruhigen Ziel hin;
Denn wenn einer des Glücks reichlichste
Gaben besitzt,

Strebt er nur doppelt darnach. Wer gäbe wohl
allen Genüge?
Zwar kommt auch der Gewinn von den
Unsterblichen her,
Doch gar oft entsteiget ihm auch die
verderbliche Ate,
Welche von Zeus entsandt andern ein
andres gebiert.

XENOPHANES

Menschliche Göttersage und reine Gottesgestalt

Alles haben Homer und Hesiod auf die Götter geschoben,
Was bei den Menschen wird als Schimpf und Schande
betrachtet:
Diebstahl und Ehebruch auch und gegenseitige Täuschung.

Aber die Sterblichen glauben, die Götter würden
geboren
Und sie hätten Gestalt und Tracht und Sprache gleich
ihnen.

Schwarz, stumpfnasig: so stellt die Götter sich vor der
Aethiope;
Aber blauäugig und blond malt sich der Thraker die
seinen.

Hätten die Rinder und Rosse und Löwen Hände wie
Menschen,
Könnten sie malen wie diese und Werke der Kunst sich
erschaffen,
Alsdann malten die Rosse gleich Rossen, gleich Rindern
die Rinder.
Auch die Bilder der Götter und je nach dem eigenen
Aussehn
Würden die leibliche Form sie ihrer Götter gestalten.

Nicht gleich anfangs zeigten die Götter den Sterblichen
alles,

Sondern sie finden das Bessere suchend im Laufe der
Zeiten.

Niemals lebte ein Mensch noch wird ein solcher je leben,
Der von den Göttern und allem, wovon ich rede,
Gewisses
Wüßte; und spräche sogar das Vollkommenste jemand
darüber,
Weiß er es selbst doch nicht; nur Raten ist alles und
Meinung.

Dies ist mein Glaube; er soll nur als Wahrscheinlichkeit
gelten.

Ein Gott ist unter den Göttern und unter den Menschen
der größte,
Nicht an Gestalt vergleichbar den Sterblichen noch an
Gedanken.

Ganz ist Auge, ganz Ohr und ganz Gedanke sein Wesen.

Immer am gleichen Ort verharrt er ohne Bewegung,
Und es kommt ihm nicht zu, bald dahin, bald dorthin
zu gehen.
Mühelos schwingt er das All mit seines Geistes
Vermögen.

PARMENIDES

Der Weg der Wahrheit

Die, so oft es mein Herz nur begehrt, mich führen,
die Rosse
Zogen mich hin, nachdem auf den Weg, den berühmten,
zur Göttin
Sie mich gebracht, der durchs Dunkel den Kundigen leitet
zum Ziele.
Auf ihm fahr' ich dahin: mich trugen die Rosse,
die klugen,

Ziehend den Wagen, und Jungfrauen schritten voran
auf der Straße.
Oft mit pfeifendem Ton in den Naben knirschte die Achse,
Die von zwei wirbelnden Rädern beflügelt in Glut sich
gelaufen,
Wenn bei der Fahrt zum Licht die Sonnenmädchen
zur Eile
Drängten, sie, die verlassen des nächtlichen Dunkels
Behausung
Und mit der Hand vom Haupte zurück den Schleier
geschlagen.
Dort ist ein Tor, zu den Pfaden der Nacht und des Tages
der Eingang,
Stehend auf steinerner Schwelle, zusammengehalten
vom Türsturz;
Mächtige Flügel bilden die Füllung der strahlenden Pforte.
Dike, die Rächerin, führet dazu die passenden Schlüssel.
An sie wandten sich nun mit freundlichen Worten die
Mädchen
Und bewogen sie klug, den verschließenden Riegel vom
Tore
Eilends zurückzustoßen. Auf sprang die Pforte und gähnte
Weit sich öffnend, nachdem die erzbeschlagenen Balken
Sich nacheinander gedreht in den Angeln, wo sie befestigt
Waren mit Zapfen und Nägeln. Daraufhin lenkten die
Mädchen
Grad' durch die Pforte hindurch auf der Fahrbahn
Wagen und Rosse.
Gnädig empfing mich die Göttin und faßte mich selbst
bei der Rechten:
Alsdann erhob sich die Stimme und richtete an mich die
Worte:
»Sei mir, Jüngling, gegrüßt! In unsterblicher Lenker
Geleite
Kamst du in unser Haus, von deinem Gespanne gezogen.
Wahrlich, kein Unglücksstern hat diesen Pfad dir
gewiesen,

Der von der Menschen betretener Bahn abseits sich
dahinzieht;
Sondern Recht und Gerechtigkeit war's. So höre denn
beides:
Abgerundete Wahrheit auf nicht zu erschütterndem
Grunde,
Menschlicher Meinungen Wahn, dem fremd des Wahren
Gewißheit.
Trotzdem sollst du auch dieses erfahren, wie man der
Menschen
Meinungen prüfen muß in alles durchdringender
Forschung.

Doch nicht wandle dein Geist auf diesem Wege der
Forschung,
Laß nicht in solcherlei Bahn von der Macht der Gewohn-
heit dich drängen,
Spielen zu lassen den schweifenden Blick und den Schall
des Gehöres
Und den Geschmack. Die Vernunft, sie fälle allein die
Entscheidung
In der viel umstrittenen Frage, vor die ich dich stelle.
Dann wird nur noch von Einem Weg die Sage dir
bleiben.

Laß dir nun sagen – und nimm das Wort, das du hörest,
zu Herzen! –,
Welche zwei Wege der Forschung allein uns denkbar
erscheinen.
Einer lehrt: das Seiende ist; Nichtsein ist unmöglich.
Dies ist zur Überzeugung der Pfad; denn er folget der
Wahrheit.
Doch der andere meint, es gebe auch Nichtsein, notwendig
Müss' es das geben: das, sag ich dir, ist ein völliger
Irrweg.
Denn was gar nicht ist, das kann man auch niemals
erkennen
Noch aussprechen in Worten. Das läßt sich nimmer
vollführen.

AISCHYLOS

Mühlose Götterallmacht

In Gedanken des Zeus dringt kein sterbliches Auge.
Dennoch strahlen sie rings,
Auch gehüllt in Nacht
Schwarzen Geschicks, vor der Menschen Blicken.

Siegend und aufrecht wandelt die Tat hin,
In dem Haupte des Zeus einmal gereift zur Vollendung;
Denn dichtschattig und wirr
Ziehen seines Sinns
Pfade, dem irdischen Aug unmerkbar.

In Staub stürzt aus dem Wahn
Turmhoher Hoffnung Zeus das verruchte Haupt;
Der mühlosen Götterallmacht,
Keiner vermag ihr zu entfliehn.
Droben ja wacht ein Auge stets,
Das von heiligen Höhn herab
Alles im Nu vernichtet.

Zeus, Zeus.
Mit diesem Namen ruf ich ihn,
Mit jedem, den er hören mag.
Und ob ich alles wäge,
Zu leicht befind' ich alles.
Von Sorgen und von Sinnen
Und Zweifeln löst das Herze
Mir Zeus allein.

Hin, hin,
Vergessen ist, der einst geherrscht,
Der Urwelt ungeheurer Gott.
Titanenlist bezwang ihn.
Auch sie fand ihren Meister.
Doch aller Weisheit Ende
Ist andachtvoll zu preisen
Des Zeus Triumph.

Er wies den Weg zur Weisheit;
Uns zwingt die ew'ge Satzung,
Durch Leiden lernen.
Auf unser müdes Herze
Senkt quälend sich und ängstgend
Statt Schlummers Reue.
Auch wider Willen kommt der Mensch zur Einsicht.
Gott lenkt das Weltenregiment gewaltsam,
Doch Gott ist gütig.

SOPHOKLES

Gottes verwirrender Fluch

Selig, o selig, dem das Leben hinfließt
Unverbittert vom Elend! aber weh dem,
Dessen Haus erbebet, von Gottes Hand im
Zorne getastet!

Ihm und den Seinen häuft sich bis zur Fülle
Rastlos stets das Verderben: also stürzen,
Wenn in grausen Nächten der Wintersturm saust,
Wogen auf Wogen!

Tief aus des Abgrunds Schlünden braust der schwarze
Boden unter des unglückschwangern Sturmes
Geißel hoch empor, der geschlagnen Ufer
Ächzen erschallet.

Wer der Sterblichen kann deine Gewalt, o Zeus,
Frevelnd hemmen! sie schwächt allesbetäubender
Schlummer nie, noch der Götter
Nimmerrastender Monde Zahl.

Ewig herrschest du, Zeus, ewig und alterlos
Hoch im strahlenden Glanz deines olympischen
Thrones, König, und alles
Ehret deines Gebotes Wink.

Dein ist alles, was ist, alles, was war und was
Sein wird! Ach nicht also fielen den Sterblichen
Ihre Lose, von Kummer
Frei fließet keinem das Leben hin.

Freuden senken sich oft nieder von gaukelnder
Hoffnung Fittich; doch oft täuschet den Erdensohn,
Leichten Tritts ihn umtanzend,
Seiner flatternden Lüste Schwarm.

Keine Kunde wird ihm, bis er auf glimmendes
Feuer setzet den Fuß! – Hört das gepriesene
Wort, das einst aus dem Munde
Menschenlehrender Weisheit scholl:

Gut dünkt Böses, es dünkt böse das Gute den,
Dessen Sinn verwirrt Gottes vertilgender
Fluch! Nur fliegende Tage,
Und ihn hascht des Verderbens Schlund.

PROTAGORAS

Das menschliche Nichtwissen

Über die Götter allerdings habe ich keine Möglichkeit zu wissen weder daß sie sind, noch daß sie nicht sind, noch, wie sie etwa an Gestalt sind; denn vieles gibt es, was das Wissen hindert: die Nichtwahrnehmbarkeit und daß das Leben des Menschen kurz ist.

KRITIAS

Die Einführung der Religion

Vor alter Zeit, da war der Menschen Leben
Der Ordnung bar und dem der Tiere gleich:
Die Stärke herrschte; weder fand der Gute
Belohnung noch der Frevler seine Strafe.
Dann erst so scheint mir, schuf man Strafgesetze,
Daß über alle herrsche gleich das Recht,

Und daß den Frevel es in Fesseln schlage.
Wer sich verging, bekam es jetzt zu büßen.
Doch weil so das Gesetz die Menschen abhielt,
Wie sonst Gewalttat offen zu begehen,
Schlich das Verbrechen in der Dunkelheit.
Da hat, scheint mir, ein schlauer, kluger Mann
Die Gottesfurcht den Sterblichen erfunden.
Ein Schrecken sollte sie den Bösen sein,
Wär' heimlich auch die Tat, Wort und Gedanke.
So führte er die Religion denn ein:
›Ein Wesen ist, in ew'gem Leben prangend,
Des Geist hört, sieht und voll von Weisheit ist,
Der dies uns schenkte, göttlich von Natur.
Er hört ein jeglich Wort, das Menschen reden,
Und keine Tat bleibt seinem Blick verborgen.
Auch wenn im stillen nur du Böses sinnst,
Die Götter merken es; denn überall
Wohnt ihre Weisheit‹. – Mit dergleichen Reden
Führt' er die feinste aller Lehren ein,
Die Wahrheit mit der Worte Trug verhüllend.
Und als der Götter Wohnung gab er an
Den Ort, des Nam' am meisten ängst'gen mußte
Die Menschen. Denn von dort – das wußt' er – kam,
Was sie erschreckt und was ihr armes Leben
Befördert: droben in der Höhe – sah er –
Da zuckt der Blitz und grollt der Donner furchtbar,
Dort ist des Himmels sternbesätes Zelt,
Der Zeit, der weisen Meist'rin, herrlich Kunstwerk.
Dort wandelt hell der glüh'nde Sonnenball,
Dorther strömt feuchtes Naß zur Erde nieder.
Mit solchen Ängsten wußt' er das Gemüt
Der Menschen zu erschüttern; schlau und passend
Wies er der Gottheit diese Wohnung an.
Und Ungesetzlichkeit wich den Gesetzen. –
So, mein' ich, hat zuerst ein kluger Mann
Der Welt den Götterglauben beigebracht.

PLATON

Der Mythos der Seelenrosse

Alles was Seele ist, ist unsterblich. Denn das von sich aus Bewegte ist unsterblich. Was aber nur ein anderes Ding bewegt und von einem anderen bewegt wird, bei dem hört das Leben auf, wie die Bewegung bei ihm aufhört. Nur eben was sich selbst bewegt, hört, weil es sich selbst nie verläßt, niemals auf, bewegt zu sein, und dies ist auch für alles andere, was bewegt wird, Quelle und Anfang der Bewegung. Was Anfang ist, ist unentstanden. Denn aus ihm muß notwendig alles Entstehende entstehen, nicht aber er aus irgend etwas. Denn wenn der Anfang aus etwas entstünde, hätten wir ein Entstehen nicht aus dem Anfang. Da er unentstanden ist, so muß er notwendig auch unvergänglich sein. Denn geht der Anfang zugrunde, so wird weder er selbst je entstehen aus irgend etwas, noch anderes aus ihm, wenn ja doch alles aus dem Anfang entstehen muß. So ist denn Anfang der Bewegung das sich selbst Bewegende. Dieses aber kann unmöglich zugrunde gehen oder entstehen, sonst müßte der ganze Himmel und die ganze Entwicklung der Welt zusammenstürzen und zum Stillstand kommen, um niemals wieder einen Anstoß zu erhalten zur Bewegung und zum Entstehen. Wenn nun offenbar das von sich selbst Bewegte unsterblich ist, so wird man unbedenklich gerade darin das Wesen und die Begriffsbestimmung der Seele suchen dürfen. Denn jeder Körper, der seine Bewegung von außen erhält, ist seelenlos, aber einer der sie von innen erhält, aus sich selbst, ist beseelt: dies eben ist die Natur der Seele. Verhält sich das wirklich so und ist also das sich selbst Bewegende nichts anderes als Seele, dann dürfte die Seele mit Notwendigkeit unentstanden und unsterblich sein. Das genügt bezüglich ihrer Unsterblichkeit.

Bezüglich ihrer Erscheinungsform aber mag folgendes ausgesprochen werden. Die Beschreibung ihres wirklichen Wesens erforderte durchaus göttliche Fähigkeiten und wäre umständlich; eine bildliche Veranschaulichung jedoch mag Menschen in kürzerer Ausführung gelingen: machen wir damit den Versuch. Verglichen soll sie werden der zusammengewachsenen Kraft eines geflügelten Wagengespanns und seines Lenkers. Die Rosse der Götter sind wie deren Lenker sämtlich edel und aus edlem Stamm; dagegen bei den anderen haben wir verwickelte Verhältnisse. Fürs erste ist es ein Zwiegespann, das unser Führer zu lenken hat, und dann ist von seinen Rossen nur das eine schön und edel und aus entsprechender Zucht, das andere aber von entgegengesetzter Zucht und Beschaffenheit. So ist denn mit Notwendigkeit bei uns die Lenkung schwierig und verdrießlich. Woher kommt es nun aber, daß man von Wesen sterblichen und unsterblichen Lebens spricht? Das wollen wir zu erklären suchen. Jegliche Seele nimmt sich jegliches Unbeseelten an und durchwandelt den ganzen Himmel bald in diese, bald in jene Form eingehend. Ist eine vollkommen und mit unversehrten Schwingen, so zieht sie auf erhabener Bahn und durchwaltet den ganzen Weltenraum; aber die ihre Schwingen gebrochen hat, treibt dahin, bis sie irgendwo eine sichere Stätte findet. Dort setzt sie sich dann fest und nimmt einen irdischen Leib an, der sich selbst zu bewegen scheint um ihrer Kraft willen; und nun heißt das Ganze, die Seele samt dem ihr verwachsenen Leib ein lebendes Wesen, und zwar mit der Nebenbezeichnung des Sterblichen: von solchen Wesen als unsterblichen zu reden, haben wir nicht den mindesten zureichenden Verstandesgrund: nur mit der Phantasie bilden wir die Vorstellung eines Gottes als eines solchen unsterblichen Wesens von Seele und Leib, die wir für alle Ewigkeit miteinander verwachsen denken, ohne daß wir dergleichen gesehen oder in klaren Gedanken uns vorgestellt hätten. Doch damit mag es sich verhalten wie es Gott gefällt, und auch nur so soll davon geredet werden. Aber die Ursache für die Einbuße der Schwingen, die der Seele ausfallen, wollen wir ins Auge fassen. Es geht damit etwa so:

Die natürliche Kraft der Schwinge hebt das Schwere und führt es empor zur Wohnung des Göttergeschlechts. Von allem Körperlichen hat jene am meisten Verwandtschaft zum Göttlichen. Das Göttliche ist schön, weise, gut und hat alle vorzüglichen Eigenschaften. Durch diese erhält das Gefieder der Seele haupsächlich seine Nahrung und Kraft, während es durch Häßliches, Schlechtes und die anderen Mängel geschwächt und verderbt wird. Der große Gebieter im Himmel nun, Zeus, fährt voraus, seinen geflügelten Wagen lenkend, indem er alles ordnet und für alles sorgt; ihm folgt ein Heer von Göttern und Dämonen, in elf Rotten geordnet: Hestia allein bleibt zurück im Hause der Götter. Dagegen die anderen Götter alle, die in die Zahl der zwölfe eingereiht sind, ziehen in der Ordnung, die jedem gewiesen ist, als Scharenführer dahin. Da gibt es nun manches beseligende Schauen auf den Straßen innerhalb des Himmels, die das Geschlecht der seligen Götter wandelt, indem jeder tut was ihm obliegt. Und es folgt wer immer will und kann. Denn der Neid steht außerhalb des göttlichen Reigens. Wenn sie nun aber zum Schmaus und zur Erquickung gehen wollen, halten sie steil empor zur Höhe der Himmelswölbung. Die Gespanne der Götter nun, die im Gleichgewicht und wohl in den Zügeln gehalten sind, fahren leicht dahin, die andern aber nur mühsam. Denn das mit Schlechtigkeit behaftete Roß drückt, wenn es von seinem Lenker nicht gut gezogen worden ist, mit schwerer Wucht gegen die Erde nieder. Da hat denn die Seele mit äußerster Kraftanstrengung den ernstesten Kampf zu führen. Die sogenannten unsterblichen Seelen übrigens fahren, wenn sie auf der Höhe angelangt sind, hinaus und betreten den Rücken des Himmelsgewölbes; hier stehend führt sie der Umschwung herum, sie aber schauen was außerhalb des Himmels ist.

Was indes den überhimmlischen Ort betrifft, so hat ihn weder bisher hienieden ein Dichter würdig besungen, noch wird das je geschehen. Es verhält sich aber damit so. Versuchen wenigstens muß man es, was wahr ist zu sagen, insbesondere wenn man von der Wahrheit reden will. Das farb- und gestaltlose und untastbare Sein, das wirklich ist, läßt sich allein von dem Geist, dem Steuermann der Seele, erschauen; um dasselbe wohnt an diesem Ort das Geschlecht des wahren Wissens. Der göttliche Verstand nun, der mit Geist und reinem Wissen sich nährt, und der einer jeden Seele, der es vergönnt ist aufzunehmen, was für sie paßt, indem sie nach langer Zeit einmal wieder das Sein erschaut, findet seine Befriedigung und erhält Nahrung und Wonne aus dem Anblick der Wahrheit, bis der Umschwung im Kreis auf denselben Punkt zurückgekehrt ist. Während der Umdrehung aber betrachtet er die Gerechtigkeit selbst, betrachtet die Mäßigung und das Wissen: nicht jenes, dem ein Entstehen anhaftet, noch das anders ist, wenn es ein anderes von den Dingen zum Gegenstand hat, die wir jetzt als seiend bezeichnen; sondern das wirkliche Wissen, dessen Gegenstand das wirkliche Sein ist. Ebenso schaut die Seele sich die anderen wirklichen Wesenheiten an und erlabt sich an ihnen; dann taucht sie wieder ein in das Innere des Himmels und kommt nach Hause. Hierauf führt der Wagenlenker seine Rosse an die Krippe, wirft ihnen Ambrosia vor und tränkt sie dazu mit Nektar.

Während dies das Leben der Götter ist, gilt folgendes für die übrigen Seelen. Die am besten einem Gotte folgt und sich angleicht, erhebt sich mit dem Kopf ihres Lenkers in den jenseitigen Raum und macht so die Rundfahrt mit, indem sie, gestört von ihren Rossen, mühsam das Seiende betrachtet; eine andere erhebt sich bald, bald taucht sie wieder unter und, indem die Rosse ihren Willen durchsetzen, gewahrt sie das eine, das andere nicht. Die übrigen verlangen wohl alle nach oben und ziehen hinterdrein, aber ihre Kraft ist zu schwach und so bleiben sie bei der Rundfahrt unter der Oberfläche, indem sie einander treten und stoßen, jede bemüht, der anderen vorauszukommen. Da gibt es nun Verwirrung und Wetteifer und Kampfschweiß im höchsten Maße, wobei denn durch Schuld der Lenker viele Gespanne erlahmen, viele schwer an den Flügeln beschädigt werden. Und alle ziehen sie unter vieler Mühseligkeit ab, ohne der Schau des Seienden teilhaftig geworden zu sein; und dann nähren sie sich mit dem Futter der Vorstellungswelt. Der Grund aber des vielen Eifers im Suchen nach dem Gefilde der Wahrheit ist der, daß auf der Weide dort für den besten Teil der Seele die angemessene Nahrung sprießt und der Wuchs der Schwingen, auf denen die Seele sich erhebt, dadurch befördert wird und daß als Satzung der Adrastreia gilt, es solle die Seele, die im Gefolge eines Gottes etwas von der Wahrheit geschaut hat, bis zum nächsten Umzuge frei bleiben von Leid, und wenn sie das immer erreichen könne, so solle sie immer von Schaden verschont sein. Wenn sie aber, zu schwach um nachzukommen, nichts erschaue und, infolge Mißgeschicks mit Vergeßlichkeit und Schlechtigkeit erfüllt und beschwert, die Schwingen sich zerstoße und zur Erde niederstürze, dann ist es Gesetz, daß sie bei der ersten Geburt zwar noch nicht in den werdenden Leib eines Tieres eingepflanzt werde, aber in den Keim eines Menschen: die welche am meisten erschaut hat in den eines dereinstigen Freundes der Weisheit (Philosophen) oder der Schönheit oder eines Dieners der Musen und des Eros; die zweite in den eines gesetzestreuen oder kriegs- oder herrschertüchtigen Königs; die dritte eines guten Staatsmannes oder auch wohl eines guten Haushalters oder Geschäftsmannes; die vierte eines die Anstrengungen liebenden Turners oder tüchtigen Vertreters der ärztlichen Körperpflege; die fünfte, um das Leben eines Sehers oder eines Weihepriesters zu führen; der sechsten wird das Leben eines Dichters oder sonst etwa eines nachahmenden Künstlers angemessen sein; der siebenten das eines Handwerkers oder Bauern; der achten eines Sophisten oder Volksschmeichlers; der neunten eines Tyrannen.

Und für sie alle gilt, daß wer sein Leben gerecht führt bis ans Ende, ein besseres Los erlangt, wer ungerecht, ein schlechteres. An den Ort ihrer Herkunft selbst nämlich kehrt die einzelne Seele nicht wieder zurück binnen zehntausend Jahren; denn es wachsen ihr keine Schwingen vor so langer Zeit – mit Ausnahme der Seele dessen, der ehrlich nach Weisheit gestrebt oder unter dem Streben nach Weisheit der Liebe zur Jugend gelebt hat. Solche Seelen bekommen im dritten tausendjährigen Umzug, wenn sie dreimal hintereinander dieses Leben sich gewählt haben, ihre Schwingen und kehren im dreitausendsten Jahre heim. Die andern dagegen unterliegen, wenn sie das erste Leben geendet haben, einem Gericht. Nach dessen Spruch kommt ein Teil von ihnen nach den unterirdischen Strafplätzen, um dort seine Buße zu leiden; zum Teil werden sie durch das Urteil an einen Ort des Himmels, der Schwere entledigt, erhoben und leben dort so, wie sie es verdient durch das Leben, das sie in Menschengestalt geführt haben. Im tausendsten Jahre aber gelangen beide Abteilungen zur Erlosung und Wahl des zweiten Lebens und jede wählt sich nach ihrem Willen. Jetzt gelangt eine Menschenseele wohl auch zu tierischem Lebensstand, und aus solchem wer früher Mensch war wieder zu menschlichem Dasein. Nur eine Seele, die niemals die Wahrheit geschaut hat, wird nicht in diese Bildung eingehen. Denn der Mensch muß verstehen, was in begrifflich-allgemeiner Form bezeichnet wird als die Zusammenfassung vieler sinnlicher Einzelwahrnehmungen zur gedankenmäßigen Einheit. Und dieses Verständnis besteht in Wiedererinnerung an die Dinge dort, die unsere Seele einstmals schaute, da sie im Gefolge ihres Gottes dahinziehend über das hinausblickte, was wir jetzt als seiend bezeichnen, und in das wirkliche Sein emportauchte. Darum eben wachsen verdientermaßen allein der Seele des Weisheit Suchenden Flügel; denn er weilt nach Vermögen immer mit seiner Erinnerung bei jenen Dingen, bei denen sein Gott verweilt, um eben Gott zu sein. Nur ein Mann, der solche Erinnerungsbilder richtig benützt, indem er stets die vollendete Kraft vollkommener Weihen auf sich wirken läßt, wird wirklich vollkommen. Wenn er dann die Bahn menschlicher Bestrebungen verläßt und zum Göttlichen sich hält, so wird er von den Leuten gescholten, als wäre er verrückt; denn daß er gottbegeistert ist, merken die Leute nicht...

Wenn nämlich einem Menschen beim Anblick der Schönheit hienieden in Erinnerung an die wahre Schönheit die Schwingen wachsen und er, sie regend, emporzufliegen sich sehnt, doch, da er dazu die Kraft nicht hat, nur in die

Höhe blickt wie ein Vogel, unbekümmert um die Dinge am Boden: dann trifft ihn der Tadel, er sei in Wahnsinn befangen; aber eben diese Verzücktheit erweist sich als die allerbeste und von der besten Herkunft für den, der sie in sich hat und den, der mit ihr Gemeinschaft haben darf, und die Teilnahme an dieser Art Wahnsinn ist es, was die Liebe zum Schönen ausmacht, um deretwillen man einen »verliebt« nennt. Denn wie gesagt, jede Menschenseele hat von Natur das Seiende geschaut; sonst wäre sie nicht in diese Lebensform eingegangen. Doch wird es nicht einer jeden leicht, von den Dingen hienieden aus sich an die droben zu erinnern: weder denen, die jene einst nur kurz geschaut haben, noch denen, die bei ihrem Sturz auf die Erde verunglückt sind, so daß sie in böse Gesellschaft gerieten und, zur Ungerechtigkeit sich wendend, das Heilige vergaßen, das sie damals geschaut. So bleiben ihrer denn nur wenige, deren Erinnerungskraft stark genug ist. Wenn diese ein Abbild der Dinge droben erblicken, ergreift sie fassungsloses Erstaunen, doch wissen sie nicht, was ihnen widerfährt, weil sie es nicht deutlich erkennen. Die Gerechtigkeit nun und die Mäßigung und was sonst für die Seelen schätzenswert ist, haben irdische Abbilder, die nicht glänzen und bei den schwachen Organen, mit denen wir an ihre Bilder herantreten, gelingt es nur wenigen mühsam, das Geschlecht des Abgebildeten zu betrachten. Die Schönheit aber strahlte uns einstmals in hellem Lichte, als wir mit dem seligen Reigen in Gefolgschaft des Zeus oder anderer Götter beglückende Gesichte sahen und betrachteten und eingeweiht wurden in die Weihen, die man als die beglückendsten preisen darf, um sie zu begehen im Zustand der Vollkommenheit und Unberührtheit durch all die Übel, die für die spätere Zeit unser warteten; herantretend zu dem Geheimnis vollkommener und unverfälschter, wandelloser und seliger Erscheinungen, die sich uns enthüllten im reinen Lichte; rein und unbefleckt von dem, was wir jetzt als unseren sogenannten Leib an uns tragen, in den wir eingesperrt sind wie die Auster in ihre Schale.

KLEANTHES

Preis des unsterblichen Vaters

Du, der Unsterblichen Höchster, du Vielbenamter, der ewig
Nach Gesetzen beherrscht die Natur, ihr mächtiger Führer,
Sei mir gegrüßet, o Zeus: denn alle Sterblichen dürfen
Dich anreden, o Vater, da wir ja deines Geschlechts sind,
Nachhall deiner Stimme, was irgend auf Erden nur lebet.
Also will ich dich preisen und ewig rühmen die Herrschaft
Deiner Macht, der rings um die Erde die Kreise der Welten
Willig folgen, wohin du sie lenkst, und dienen dir willig.
Denn du fassest in deine nie zu bezwingende Rechte
Deinen Boten, den flammenden, zweigezackten, den ewig-
Lebenden Blitz: es erbebet die Welt vom schmetternden Schlage.
Also lenkst du den Geist der Natur, der dem Großen und Kleinen
Eingepflanzet sich mischt in alle Wesen und Körper.
Höchster König des Alls, ohn den auf Erden, im Meere,
Nichts geschiehet, noch am ätherischen, himmlischen Pole;
Außer was sinnenberaubt der Frevler Böses beginnet.
Aber du weißt auch das Wilde zu fügen in Ordnung,
Machst aus der Unform Form, und gesellst Unfreundliches freundlich.
Also stimmtest du alles zu einem, das Böse zum Guten,
Daß in der weiten Natur ein ewigherrschend Gesetz sei,
Eins, dem unter den Sterblichen nur der Frevler entfliehn will.
Ach des Toren! der immer Besitz des Guten begehret
Und verkennet des Herrn der Natur allwaltende Richtschnur,
Will nicht hören, was, wenn er gehorcht', ihm glückliches Leben
Und Verstand gewährte. Nun stürmen sie alle dem Guten
Grade vorbei, hierher, dorthin. Der kämpfet um Ehre

Fährlichen Kampf; der läuft nach Gewinn mit niedriger Habsucht;
Jener buhlet um Ruh und süße Werke der Wollust,
Alle mit Eifer bemüht, dem nichtigen Wunsch zu begegnen.
Aber, o Zeus, du wolkenumhüllter, der Blitze Gebieter,
Du, der du alles gibst, befreie die Menschen vom schweren
Unsinn, nimm die Wolke von ihren Seelen, o Vater,
Daß sie die Regel ergreifen, nach der du billig und sicher
Alles regierst; damit wir, denen du Ehre gegönnt hast,
Wieder dich ehren und dich in deinen Taten besingen,
Wie's dem Sterblichen ziemt: denn weder Menschen noch Göttern
Bleibt ein höheres Los, als ewig und ewig des Weltalls
Herrschende Regel gerecht in Wort und Werken zu preisen.

LUKREZ

Epikurs Abwehr der Volksreligion

Als vor den Blicken der Menschen das Leben schmachvoll auf Erden
Niedergebeugt von der Last schwerwuchtender Religion war,
Die ihr Haupt aus des Himmels erhabenen Höhen hervorstreckt
Und mit gräulicher Fratze die Menschheit furchtbar bedräuet,
Da erkühnte zuerst sich ein Grieche, das sterbliche Auge
Gegen das Scheusal zu heben und kühn sich entgegen zu stemmen.
Nicht das Göttergefabel, nicht Blitz und Donner des Himmels
Schreckt' ihn mit ihrem Drohn. Nein, um so stärker nur hob sich
Höher und höher sein Mut. So wagt' er zuerst die verschlossnen
Pforten der Mutter Natur im gewaltigen Sturm zu erbrechen.

Also geschah's. Sein mutiger Geist blieb Sieger, und
kühnlich
Setzt' er den Fuß weit über des Weltalls flammende
Mauern
Und er durchdrang das unendliche All mit forschendem
Geiste.
Dorther bracht' er zurück als Siegesbeute die Wahrheit:
Was kann werden, was nicht? Und wie ist jedem umzirket
Seine wirkende Kraft und der grundtief ruhende
Markstein?
So liegt wie zur Vergeltung die Religion uns zu Füßen
Völlig besiegt, doch uns, uns hebt der Triumph in den
Himmel.
Freilich beschleicht mich die Furcht hierbei, als ob du
vermeinest,
Gottlosen Pfad zu betreten bei diesem System und des
Frevels
Weg zu beschreiten. Doch grade die übliche Religion ist's,
Die oft gottlose Taten erzeugt und Werke des Frevels.
Haben doch solchergestalt die erlesenen Danaerfürsten
An Dianens Altar, der jungfräulichen Göttin, in Aulis
Iphianassas Blut in grausamem Wahne geopfert.
Als ihr die heilige Binde die Jungfraulocken umsäumend
In gleichmäßigem Falle die Wangen beide bedeckte,
Als sie zugleich am Altar den trauernden Vater erblickte
Und ihm nahe die Diener den Mordstahl unter dem
Mantel
Bargen und jammerndem Volke der Anblick Tränen
entlockte,
Da sank stumm sie vor Angst auf die Kniee hinab zu der
Erde.
Nichts vermochte der Armen in dieser Stunde zu helfen,
Daß sie den König zuerst mit dem Namen des Vaters
begrüßte.
Denn von den Fäusten der Männer ergriffen, so wurde sie
zitternd
Hin zum Altare geschleppt, nicht um nach dem festlichen
Opfer

Dort in dem Hochzeitszug mit Jubel geleitet zu werden,
Nein, in der Brautzeit selbst ward sie, die Unschuldige, schuldvoll
Hingeschlachtet als Opferlamm von dem eigenen Vater,
Auf daß endlich die Flotte gewinne den glücklichen Auslauf.
Soviel Unheil vermochte die Religion zu erzeugen.
Jeweils denkst du vielleicht von den dräuenden Worten der Priester
Heftig bedrängt und bekehrt aus unserem Lager zu fliehen!
Denn was könnten sie dir nicht alles für Märchen ersinnen,
Die dein Lebensziel von Grund aus könnten verkehren
Und mit lähmender Angst dein Glück vollständig verwirren!
Und in der Tat, wenn die Menschen ein sicheres Ende vermöchten
Ihrer Leiden zu sehn, dann könnten mit einigem Grunde
Sie auch der Religion und den Priesterdrohungen trotzen.
Doch so fehlt für den Widerstand wie die Kraft so die Einsicht,
Da uns die Angst umfängt vor den ewigen Strafen der Hölle.
Denn man weiß ja doch nichts von dem Wesen der Seele; man weiß nicht,
Ob sie schon mit der Geburt in uns eingeht oder ob dann erst
Sie entsteht und im Tod mit dem Leibe zusammen sich auflöst;
Ob sie im Orkus verschwindet und seinen geräumigen Schlüften
Oder ob Götterbefehl sie in andre Geschöpfe verbannet.
So sang Ennius einst, der erste der römischen Dichter,
Der von des Helikon Höhen sich ewig grünenden Lorbeer
Pflückte zum Kranz. Hell klinget sein Preis durch Italiens Lande.

Zwar verkündet der Dichter in seinen unsterblichen Versen,
Unten am Acheron seien wohl allerlei Räume, doch unsre
Wirklichen Seelen und Leiber gelangten da nimmer hinunter,
Sondern nur Schattengebilde und wunderlich bläßliche Schemen.
So sei einst aus der Tiefe des ewig jungen Homeros
Schatten im Traum ihm erschienen und habe mit Tränen im Auge
Ihm zu enthüllen begonnen im Lied das Geheimnis des Daseins.
Also es ziemt uns zunächst auf die himmlischen Dinge zu achten
Und mit Fleiß zu erforschen die Bahnen der Sonn' und des Mondes,
Wie sie laufen und welcherlei Kraft sich in allem betätigt
Hier auf Erden. Doch forschenswert vor allem bedünkt mich
Unsere Seele, woher sie stammt, und das Wesen des Geistes,
Und was unsere Seele im Wachen nicht minder zu schrecken
Pflegt wie im Krankheitsfall und wenn wir vom Schlafe betäubt sind,
Daß wir die Toten zu sehen und Stimmen von jenen zu hören
Meinen, deren Gebein schon längst von der Erde bedeckt wird.

* * *

Jene Gemütsangst nun und die lastende Geistes-verfinstrung
Kann nicht der Sonnenstrahl und des Tages leuchtende Helle
Scheuchen, sondern allein die Naturanschauung und Forschung.

Sie muß füglich beginnen mit folgendem obersten
Leitsatz:
Nichts kann je aus dem Nichts entstehn durch göttliche
Schöpfung.
Denn nur darum beherrschet die Furcht die Sterblichen
alle,
Weil sie am Himmel und hier auf Erden gar vieles
geschehen
Sehen, von dem sie den Grund durchaus nicht zu fassen
vermögen.
Darum schreiben sie solches Geschehen wohl der
göttlichen Macht zu.
Haben wir also gesehen, daß Nichts aus dem Nichts wird
geschaffen,
Dann wird richtiger auch die Folgerung draus sich
ergeben,
Woraus füglich ein jegliches Ding zu entstehen im Stand
ist
Und wie alles sich bildet auch ohne die Hilfe der Götter.

CICERO

Scipios Traum

Als ich nach Afrika gekommen war als Militärtribun, wie ihr wißt, zur vierten Legion unter Konsul Manlius Manilius, hatte ich nichts Eiligeres zu tun, als Massinissa aufzusuchen, den König, der unserer Familie aus gerechten Gründen besonders befreundet war. Als ich zu ihm gekommen war, umarmte mich der Greis und weinte, und ein Geraumes danach blickte er zum Himmel empor und sagte: »Ich sage dir Dank, erhabener Sol und euch, ihr übrigen Himmlischen, daß ich, bevor ich aus dem Leben gehe, in meinem Reich und unter diesem Dach den Publius Cornelius Scipio erblicke, bei dessen Namen ich schon

auflebe: so wenig schwindet je das Andenken an jenen so überaus vortrefflichen und unbesieglichen Mann aus meinem Herzen.« Dann fragte ich ihn nach seinem Königtum, er mich nach unserem Gemeinwesen aus und, nachdem es viele Worte hin und her gegeben hatte, wurde so der Tag von uns verbracht.
Danach aber, mit königlichem Aufwand aufgenommen, zogen wir das Gespräch bis tief in die Nacht hin, wobei der Greis nur über Africanus sprach und sich an alle seine Taten besonders warm erinnerte. Darauf, als wir zum Schlafengehen auseinandergegangen waren, umfing mich ein tieferer Schlaf als gewöhnlich, da ich von der Reise ermüdet und bis tief in die Nacht munter gewesen war. Da zeigte sich mir – ich glaube, infolge des Gespräches, das wir geführt; es geschieht nämlich wohl, daß unsere Gedanken und Gespräche etwas Ähnliches im Schlaf hervorbringen, wie es Ennius über Homer schreibt, über den er natürlich im Wachen sehr häufig nachzudenken und zu sprechen pflegte – Africanus in der Gestalt, die mir von seinem Bild her mehr als von ihm selbst bekannt war. Als ich ihn erkannte, schrak ich zusammen. Aber jener sagte: »Sei getrost und laß die Furcht, und was ich dir sagen werde, präge dir ins Gedächtnis. Siehst du jene Stadt, die von mir gezwungen, dem römischen Volke zu gehorchen, die früheren Kriege erneuert und nicht ruhen kann?« Er zeigte aber auf Karthago von seinem hohen und sternenbesäten, strahlenden und hellen Orte. »Sie, zu deren Bestürmung du jetzt, fast noch einfacher Soldat, kommst, wirst du in zwei Jahren als Konsul zerstören, und es wird dir dein Beiname durch dich selber erworben sein, den du jetzt noch nur als Erbe von uns trägst. Wenn du aber Karthago zerstört, den Triumph gefeiert hast, Zensor gewesen bist und als Gesandter Ägypten, Syrien, Asien und Griechenland bereist hast, wirst du ein zweites Mal in deiner Abwesenheit zum Konsul gewählt werden und wirst den größten Krieg beenden, Numantia zerstören.
Wenn du aber auf dem Wagen aufs Kapitol gefahren bist, wirst du das Gemeinwesen in Verwirrung durch die

Pläne meiner Enkel antreffen. Hier wirst du, Africanus, dem Vaterland das Licht deines Geistes, deiner Begabung, deines Rates zeigen müssen. Aber für diese Zeit sehe ich eine doppelte Straße des Schicksals gleichsam. Denn wenn dein Alter achtmal sieben Kreise und Kehren der Sonne erfüllt hat und dir diese zwei Zahlen, deren jede aus anderem Grunde als voll gilt, in natürlichem Umlauf die schicksalhafte Summe bewirkt haben, wird sich der ganze Staat zu dir allein und deinem Namen hinwenden, auf dich werden der Senat, auf dich alle Guten, auf dich die Bundesgenossen, auf dich die Latiner schauen, du wirst der Eine sein, auf dem das Leben des Staates ruht und, um nicht viele Worte zu machen: als Diktator mußt du das Gemeinwesen ordnen, wenn du den ruchlosen Händen der Verwandten entflohen bist...

Aber damit du um so feuriger bist, Africanus, das Gemeinwesen zu schützen, sollst du so glauben: allen, die die Heimat bewahren, ihr geholfen, sie gefördert haben, ist ein fester Platz im Himmel bestimmt, dort selig ein ewiges Leben zu genießen. Nichts nämlich ist jenem Götterfürsten, der die ganze Welt lenkt, wenigstens soweit es auf Erden geschieht, willkommener als die Versammlungen und Gemeinschaften von Menschen, die durchs Recht geeint sind, die man Staaten nennt; ihre Lenker und Bewahrer kehren, nachdem sie von hier aufgebrochen sind, dorthin zurück.«

Hier fragte ich, wenn ich auch erst erschreckt war, nicht so sehr durch die Furcht vor dem Tode als vor den Nachstellungen von seiten der Meinen, danach, ob er selbst lebe und mein Vater Paulus und andere, die wir erloschen wähnten. »Freilich«, sagte er, »die leben, die aus den Fesseln der Körper gleich wie aus einem Kerker entflohen sind, euer sogenanntes Leben aber ist der Tod. Warum schaust du nicht auf deinen Vater Paulus, der zu dir kommt?« Als ich den sah, vergoß ich einen Strom Tränen, jener aber umfing mich, und mich küssend hinderte er mich zu weinen.

Und ich sage, als ich das Weinen unterdrückt und wieder

sprechen zu können begonnen hatte: »Ich bitte dich, heiligster und bester Vater, da ja dies das Leben ist, wie ich Africanus sagen höre, was verweile ich mich auf Erden? Warum eile ich nicht, hierher zu euch zu kommen?« »So ist es nicht«, sagte jener. »Außer nämlich, wenn der Gott, dessen Tempel das All ist, das du schaust, aus diesem Kerker des Körpers dich befreit, kann dir der Zugang hierher nicht offen stehen. Die Menschen nämlich sind unter dem Gesetz gezeugt, daß sie jenen Ball, den du in diesem Tempel in der Mitte siehst, Erde genannt, schützen sollen, und es ist ihnen Geist gegeben aus jenen ewigen Feuern, die ihr Gestirne und Sterne heißt, die kugelförmig und rund mit göttlichem Geist beseelt, ihre Kreise und Bahnen mit wunderbarer Schnelligkeit erfüllen. Daher müßt ihr, Publius und alle Frommen, den Geist in dem Kerker des Körpers zurückhalten und dürft nicht ohne Geheiß dessen, von dem er euch gegeben wurde, aus dem Leben der Menschen gehen, damit ihr nicht die menschliche Aufgabe, die euch von Gott bestimmt wurde, zu fliehen scheint. Aber so, Scipio, wie dieser dein Großvater, wie ich, der ich dich gezeugt, übe Gerechtigkeit und fromme Liebe, die etwas Großes bei Eltern und Verwandten, beim Vaterland das allergrößte ist. Dieses Leben ist der Weg zum Himmel, in diesen Kreis hier derer, die schon gelebt haben und vom Körper gelöst jenen Ort bewohnen, den du siehst – es war dies aber ein Kreis zwischen den Flammen in strahlendstem Schimmer erglänzend –, den ihr, wie ihr es von den Griechen vernommen, Milchstraße nennt.« Worauf ich mir alles betrachtete und das übrige herrlich und wunderbar schien. Es waren aber die Sterne, die wir nie von diesem Ort aus gesehen haben, und alle von der Größe, wie wir es nie vermutet. Von ihnen aus war der der Kleinste, der als letzter vom Himmel aus gesehen, als nächster von der Erde aus, in fremdem Lichte leuchtete. Die Kugeln der Sterne aber übertrafen leicht die Größe der Erde. Die Erde gar selber erschien mir so klein, daß es mich unseres Reiches, mit dem wir gleichsam nur einen Punkt von ihr anrühren, reute.

Als ich sie weiter anschaute, sagte Africanus: »Ich bitte dich, wie lange wird dein Geist am Boden haften bleiben? Schaust du nicht die Tempel an, in die du gekommen bist? In neun Kreisen oder besser Kugeln ist alles verbunden. Der eine von ihnen ist der himmlische, der äußerste, der alle übrigen umfaßt, der höchste Gott selber, die übrigen einschließend und umfassend. An ihm sind angeheftet jene ewig kreisenden Bahnen der Sterne. Unter ihm liegen sieben, die sich rückwärts drehen in entgegengesetzter Bewegung zum Himmel. Eine Kugel von ihnen hat jener Stern besetzt, den sie auf Erden den saturnischen heißen. Darauf folgt jener Glanz, dem Menschengeschlecht günstig und heilsam, der Jupiter gehört, wie man sagt. Dann der rötliche und der Erde schreckliche, den ihr den Mars heißt. Darauf hat darunter etwa die Mitte die Sonne inne, die Führerin, die Fürstin und Lenkerin der übrigen Sterne, die Seele und Regierung der Welt, von solcher Größe, daß sie alles mit ihrem Lichte bescheint und erfüllt. Ihr folgen wie Begleiter die Bahnen, die eine der Venus, die andere des Merkur, und in dem untersten Kreis dreht sich der Mond, von den Strahlen der Sonne angesteckt. Darunter aber gibt es schon nur noch Sterbliches und Hinfälliges, außer den Seelen, die durch das Geschenk der Götter dem Menschengeschlecht gegeben sind, oberhalb des Mondes ist alles ewig. Denn sie, die die Mitte und neunte ist, die Erde, bewegt sich nicht und ist die unterste, und zu ihr streben alle Gewichte durch eigene Schwere.«

Als ich dies voll Staunen betrachtete, sagte ich, während ich mich faßte: »Was ist das? Was ist dieser so gewaltige und süße Ton, der meine Ohren erfüllt?« »Das ist jener Ton, der getrennt durch ungleiche, aber doch in bestimmtem Verhältnis sinnvoll abgeteilte Zwischenräume, durch Schwung und Bewegung der Kreise selber bewirkt wird und das Hohe mit dem Tiefen mischend, verschiedene Harmonien ausgeglichen bewirkt; denn so gewaltige Bewegungen können nicht in Stille angetrieben werden und die Natur bringt es mit sich, daß das Äußerste auf der einen Seite tief, auf der anderen Seite hoch tönt. Daher bewegt sich jene äußerste sternentragende Bahn des Himmels, deren Umdrehung schneller ist, mit einem hohen und aufgeregten Ton, die des Mondes aber und unterste mit dem tiefsten. Denn die Erde als neunte und unbeweglich bleibend hängt immer an einem Sitz, die Mitte des Weltalls einnehmend. Jene acht Bahnen aber, von denen zwei dieselbe Kraft besitzen, bewirken sieben durch Zwischenräume unterschiedene Töne, eine Zahl, die der Knoten fast aller Dinge ist; das haben gelehrte Männer mit Saiten und Stimmen nachgeahmt und haben sich damit die Rückkehr zu diesem Ort erschlossen, wie andere, die mit überragender Geisteskraft im menschlichen Leben göttliche Studien gepflegt haben. Von diesem Ton sind die Ohren der Menschen erfüllt und dafür taub geworden; und kein Sinn in euch ist abgestumpfter; wie dort, wo der Nil zu den sogenannten Catadupa von den höchsten Bergen herabstürzt, das Volk, das jene Gegend bewohnt, wegen der Größe des Geräusches des Gehörsinns entbehrt. Dieser Ton aber ist durch die überaus rasche Umdrehung des ganzen Weltalls so gewaltig, daß ihn die Ohren der Menschen nicht fassen können, so wie ihr die Sonne nicht direkt anschauen könnt, und eure Sehschärfe und euer Gesicht durch ihre Strahlen besiegt wird.« (vgl. Bd. I, S. 174 f.)

Das bewunderte ich, richtete aber dennoch die Augen beständig auf die Erde. Da sagte Africanus: »Ich merke, daß du auch jetzt noch den Sitz und das Heim der Menschen betrachtest. Wenn es dir klein scheint, wie es auch ist, schaue immer auf diese himmlischen Dinge, jene menschlichen schätze gering. Denn welche Berühmtheit im Gespräch der Menschen und welch erstrebenswerten Ruhm kannst du erreichen? Du siehst, man wohnt auf der Erde an spärlichen und engen Plätzen, und an den, ich möchte sagen, Flecken, wo man wohnt, liegen weite Einöden dazwischen, und die, welche die Erde bewohnen, sind nicht nur so unterbrochen, daß nichts unter ihnen selber von den einen zu den anderen dringen kann, sondern liegen auch teils beiseite, teils quer zu euch, teils auch auf der

Gegenseite. Von denen könnt ihr sicherlich keinen Ruhm erwarten.
Du siehst aber, wie die Erde auch wie von gewissen Gürteln umschlungen und umgeben ist, von denen zwei, wie du siehst, die am meisten von einander entfernt sind und zu beiden Seiten unter dem Scheitel des Himmels selbst ruhen, in Eis erstarrt sind, jener mittlere aber und größte von der Glut der Sonne ausgedörrt wird. Zwei sind bewohnbar, von denen jener südliche, deren Bewohner auf der Gegenseite auf euren Füßen stehen, euer Geschlecht nichts angeht, dieser andere aber gegen Norden gelegene, den ihr bewohnt, sieh, zu welch schmalem Teil er euch berührt. Das ganze Land nämlich, das von euch bebaut wird, an den Spitzen verengt, an den Seiten breiter, ist eine kleine Insel, die von jenem Meer umspült ist, das ihr das atlantische, das große, den Ozean nennt auf Erden und bei dem du doch siehst, wie klein er bei so großem Namen ist. Hat etwa aus diesen bebauten und bekannten Ländern dein Name oder der eines von uns den Kaukasus, den du hier siehst, übersteigen können, oder den Ganges dort durchschwimmen? Wer wird in den übrigen äußersten Teilen der auf- oder untergehenden Sonne oder des Nordens und Südens deinen Namen hören? Schneidest du das weg, so erkennst du in der Tat, in welcher Enge euer Ruhm sich verbreiten will.
Sie selber aber, die über uns sprechen, wie lange werden sie sprechen? Ja, sogar wenn jene Generation der zukünftigen Menschen das Lob eines jeden von uns, von den Vätern überkommen, den Nachkommen der Reihe nach weitergeben wollte, können wir dennoch wegen der Überschwemmungen und Verbrennungen der Erde, die zu bestimmter Zeit eintreten müssen, nicht nur keinen ewigen, sondern nicht einmal einen lange dauernden Ruhm erreichen. Was aber liegt daran, daß von denen, die später geboren werden, von dir geredet wird, wo doch nicht von denen geredet wird, die vorher geboren worden sind, die nicht geringer an Zahl und gewiß bessere Männer waren, zumal da eben bei denen, von denen unser Name gehört

werden kann, niemand auch nur das Gedächtnis eines Jahres erreichen kann? Gewöhnlich nämlich messen die Menschen ein Jahr nur nach der Rückkehr der Sonne, das heißt eines Gestirns. In Wirklichkeit aber kann erst, wenn alle Sterne zu demselben Punkte, von wo sie einmal aufbrachen, zurückgekommen sind, und dieselbe Stellung des ganzen Himmels nach langen Zwischenräumen wieder mit sich gebracht haben, das ein sich wahrhaft wendendes Jahr genannt werden. Ich wage kaum zu sagen, wieviele Generationen von Menschen in ihm enthalten sind. Denn wenn, wie einst die Sonne den Menschen zu vergehen und zu erlöschen schien, als des Romulus Seele eben in diese Gefilde hier drang, einmal die Sonne an derselben Stelle und zu derselben Zeit ein zweites Mal sich verfinstert, dann erst, wenn alle Sternbilder und Sterne zum selben Ausgangspunkt zurückgeführt sind, ist ein Jahr erfüllt, glaube mir; und wisse, daß von diesem Jahr noch nicht der zwanzigste Teil abgelaufen ist.

Wenn du daher an der Rückkehr an diesen Ort verzweifelst, in der für große und überragende Männer alles beschlossen liegt, wieviel ist denn dann dieser Ruhm der Menschen wert, der sich kaum auf den geringen Teil eines einzigen Jahres zu erstrecken vermag? Wenn du also in die Höhe schauen willst und diese Wohnstatt und ewige Heimat betrachten, wirst du dich nicht dem Gerede der Masse ergeben, noch in menschlichen Lohn die Hoffnung deiner Dinge setzen; mit ihren eigenen Lockungen muß dich die Vollkommenheit selber zu wahrem Glanze ziehen. Was andere über dich reden, sollen sie selber sehen, reden freilich werden sie schon. All dies Gerede aber wird in die Enge der Gebiete, die du siehst, eingeschlossen, ist niemals über irgendeinen ewig gewesen, wird durch den Tod der Menschen erstickt und vom Vergessen der Nachwelt ausgelöscht.«

Als er das gesagt hatte, sage ich: »Ich aber will, Africanus, wofern ums Vaterland wohlverdienten Männern eine Straße zum Tor des Himmels offensteht, obwohl ich von Kindheit an in die Spuren des Vaters und die deinen trat

und eurem Glanz nicht fehlte, wo ein so hoher Lohn ausgesetzt ist, noch viel wachsamer mich bemühen.« Und jener sagte: »Du bemühe dich und halte das fest: nicht du bist sterblich, sondern dein Körper hier, denn du bist nicht der, den diese Form anzeigt, sondern der Geist eines jeden, das ist er, nicht die Gestalt, die mit den Fingern gezeigt werden kann. Wisse also, daß du Gott bist, wofern Gott ist, was lebt, was empfindet, was sich erinnert, was vorausschaut, was den Körper so lenkt, leitet und bewegt, an dessen Spitze er gesetzt ist, wie jener fürstliche Gott dies All hier; und wie das All, das zu gewissem Teile sterblich ist, der ewige Gott selber, so bewegt diesen gebrechlichen Körper der ewige Geist. Denn was sich immer bewegt, ist ewig; wer aber einem Bewegung bringt und was selber von irgendwoher getrieben wird, muß notwendig, da es ein Ende der Bewegung hat, auch ein Ende des Lebens haben. Allein das also, was sich selbst bewegt, hört, weil es nie von sich im Stich gelassen wird, nie auf, sich zu bewegen; ja auch dem übrigen, das bewegt wird, ist dies der Quell, dies der Ursprung der Bewegung. Für einen Ursprung aber gibt es kein Entstehen; denn aus dem Ursprung entsteht alles, selber aber kann er aus keiner anderen Sache entstehen; wäre es doch kein Ursprung, was anderswoher entstünde; wenn es aber niemals entsteht, geht es auch niemals zugrunde. Denn ein erloschener Ursprung wird weder selber von einem anderen wiedergeboren werden, noch wird er einen anderen aus sich selbst heraus schaffen, wofern es nötig ist, daß alles aus dem Ursprung entstehe. So kommt es, daß der Ursprung der Bewegung aus dem stammt, was sich selbst von sich aus bewegt: das aber kann weder geboren werden noch sterben; oder es würde der ganze Himmel mit Notwendigkeit zusammenstürzen und die ganze Natur, und sie würde zum Stillstand kommen und würde keine Kraft finden, von der sie am Anfang angestoßen würde.
Da also am Tage liegt, daß ewig das ist, was sich selbst bewegt: wen gibt es da, der bestritte, daß dies Wesen der Seele zugewiesen ist? Unbeseelt nämlich ist alles, was

durch Stoß von außen getrieben wird; was aber ein Lebewesen ist, das wird durch innere und eigene Bewegung erregt. Denn dies ist die eigentümliche Natur und Kraft der Seele. Wenn sie die einzige von allen Naturen ist, die sich selber bewegt, ist sie sicher weder geboren und ewig. Sie übe in den besten Dingen! Es sind aber die Mühen um das Heil des Vaterlandes die besten. Von ihnen getrieben und geübt, wird die Seele schneller zu diesem Sitz und in ihre Heimat hinfliegen; und das wird sie schneller tun, wenn sie schon, während sie noch im Körper eingeschlossen ist, nach außen ragt und das, was außerhalb ist, betrachtend sich so sehr wie möglich vom Körper löst. Denn deren Seelen, die sich den Genüssen des Körpers ergeben, sich gleichsam als ihren Diener zur Verfügung gestellt und durch den Trieb der Gelüste, die den Genüssen gehorchen, die Rechte der Götter und Menschen verletzt haben, wälzen sich, wenn sie aus dem Körper geglitten sind, um die Erde selber und kehren zu diesem Ort hier erst zurück, nachdem sie in vielen Jahrhunderten umhergetrieben worden sind.«
Jener ging davon; ich löste mich aus meinem Schlaf.

EPIKTET

Verwandtschaft des Menschen mit Gott

Wenn es wahr ist, was die Philosophen von der Verwandtschaft zwischen Gott und Menschen behaupten, was bleibt da den Menschen anderes übrig als das Bekenntnis des Sokrates, das heißt, niemals zu einem, der uns fragt, was für ein Landsmann wir sind, zu sagen: ein Bürger von Athen oder Korinth, sondern ein Bürger der Welt? Denn warum nennst du dich nach Athen und nicht vielmehr nach jenem Erdenwinkel, in den dein Leib nach der Geburt fiel? Doch offenbar, weil du dich nach dem Bedeutenderen benennst, was nicht nur jenen Winkel umschließt, sondern auch dein ganzes Haus und überhaupt die Heimat, aus der das Geschlecht deiner Vorfahren bis auf dich herab gekommen ist? Wer nun die Gründe der

Weltregierung mit seinem Geist erfaßt und erkannt hat, daß das Bedeutendste, Maßgebendste und Umfassendste von allem die Gemeinschaft der Menschen mit Gott ist und von ihm die Samenkörner herniedergefallen sind, nicht nur in meinen Vater oder Großvater, sondern in alles, was auf Erden erzeugt wird und wächst, vorwiegend aber in die vernünftigen Wesen, weil nur sie befähigt sind, am Verkehr mit Gott teilzunehmen, weil sie durch den Geist mit ihm verbunden sind, warum soll sich einer da nicht Bürger der Welt nennen? Warum nicht Sohn Gottes? Warum soll er etwas fürchten von dem, was unter den Menschen geschieht? Aber während die Verwandtschaft mit dem Kaiser oder einem andern der Gewaltigen in Rom ausreicht, um einen Menschen in Sicherheit leben zu lassen, so daß er nichts auf der Welt zu fürchten braucht, weil alle ihn respektieren, da soll uns die Tatsache, daß wir Gott als unsern Schöpfer und Vater und Beschützer haben, nicht von allen Schmerzen und Ängsten befreien? – »Und woher soll ich etwas zu essen nehmen, wenn ich nichts habe?« – Wie machen es denn die flüchtigen Sklaven, worauf bauen sie, wenn sie ihren Herren entlaufen? Auf Grundbesitz, Knechte oder Gold und Silber? Auf keins von diesen Dingen, sondern auf sich selbst; und doch geht ihnen die Speise nicht aus. Und da soll sich der Philosoph auf seiner Reise auf andere verlassen und nicht selbst für sich sorgen, also feiger und schlechter sein als die unvernünftigen Tiere von denen ein jedes in sich selbst sein Genügen findet und weder an der ihm eigentümlichen Nahrung Mangel leidet noch an der ihm entsprechenden und natürlichen Lebensweise?

Ich für meine Person glaube, daß euer älterer Freund, der hier sitzt, sich nicht darum zu sorgen braucht, daß ihr kleinmütig seid oder niedrige und schwächliche Gedanken über euch selbst hegt; weit eher muß er fürchten, daß einzelne solche Jünglinge vorkommen, die die Verwandtschaft des Menschen mit Gott erkannt haben und sehen, wie wir hier an den Körper und seine Habe gefesselt sind und an alles, was uns um dieser beiden willen zum Lebensunterhalt und Dasein hier auf Erden notwendig wird, und daher all dies als drückenden und unnützen Ballast abwerfen wollen und zu ihren Verwandten zurückkehren. Und diesen Kampf sollte euer Lehrer und Erzieher, falls einer das wirklich ist, kämpfen: während auf der einen Seite ihr kommt und sagt: »Epiktet, wir ertragen es nicht mehr, an diesen Leib gefesselt zu sein, ihn zu ernähren, zu tränken, ausruhen zu lassen, zu reinigen und dann seinetwegen mit diesen und jenen in Berührung zu kommen! Sind denn diese Dinge nicht gleichgültig, gehen uns gar nichts an, und ist der Tod etwa ein Übel? Und sind wir nicht gleichsam mit Gott verwandt und von ihm gekommen? Laß uns gehen, woher wir gekommen sind, laß uns endlich von diesen Fesseln uns losmachen, die an uns hängen und uns niederziehen! Hier gibt es Räuber, Diebe, Gerichtshöfe und die sogenannten Tyrannen, die über uns eine gewisse Gewalt wegen unseres Körpers und seiner Besitztümer zu haben scheinen. Laß uns ihnen zeigen, daß sie über nichts Gewalt haben!« – Dann würde ich dagegen sagen: »Ihr Menschen, wartet auf Gottes Fügung! Wenn er das Zeichen gibt und euch aus diesem Dienst entläßt, dann macht euch auf zu ihm; unter den gegenwärtigen Umständen aber haltet aus an dem Platze, auf den euch Gott gestellt hat. Diese Zeit eures Daseins ist ja nur kurz und leicht für Männer, die so gesinnt sind. Denn welcher Tyrann oder Dieb oder welche Gerichtshöfe können fürchterlich sein für Menschen, die so den Körper und seinen Besitz für nichts achten? Bleibt, geht nicht unbedacht fort!«

So etwa sollte der Erzieher zu solchen Jünglingen sprechen, die gute Anlagen haben. Aber jetzt, was geschieht? Tot ist der Erzieher, tot seid ihr! Wenn ihr euch heute satt gegessen habt, dann sitzt ihr da und jammert um das Morgen, wovon ihr leben sollt! Du Sklavenseele, wenn du etwas nicht bekommst, gehst du hinaus. Die Tür steht ja offen. Was grämst du dich da? Wo ist da noch Raum für Tränen? Wo ein Anlaß, andern zu schmeicheln? Wie kann da noch einer auf den andern neidisch sein? Weshalb soll er noch die Leute anstaunen, die viel besitzen oder eine große Macht haben, besonders, wenn sie gewalttätig und jähzornig sind? Was können sie uns denn tun? Was sie tun können, das kümmert uns nicht; was uns kümmert, darüber vermögen sie nichts. Wer wäre noch Herr über einen Menschen, der so gesinnt ist? — — Wie stand Sokrates zu solchen Dingen? Wie denn anders als wie es sich gehörte für einen Mann, der überzeugt ist, daß er mit den Göttern verwandt ist? »Wenn ihr jetzt zu mir sagen würdet — sagt er zu seinen Richtern —: ›Wir wollen dich unter der Bedingung freilassen, daß du nicht mehr solche Gespräche führst, wie du sie bis jetzt geführt hast, und daß du unsere Jünglinge und Greise in Ruhe läßt‹, dann würde ich antworten: ihr macht euch lächerlich, wenn ihr meint, daß ich, wenn mich euer Feldherr auf einen Posten stellte, diesen behaupten und halten müßte und tausendmal lieber sterben, als ihn verlassen, daß ich aber, wenn mich Gott auf einen Platz und Beruf gestellt hat, diesen euretwegen verlassen soll!«

Das ist ein Mann, der in Wahrheit den Göttern verwandt ist. Doch wir, wie faule Bäuche, wie Gedärme, wie Schamteile, so niedrig denken wir von uns, weil uns Furcht und Begierde beherrschen; vor Menschen, die hierauf Einfluß haben könnten, kriechen wir; und diese fürchten wir.

Die Gottheit sieht alle

Als ihn einst jemand gefragt hatte, wie einer glauben könnte, daß alles, was er tut, von Gott gesehen werde, erwiderte er: scheint dir nicht die Gesamtheit aller Dinge eine Einheit zu sein? — »Es scheint so«, sagte der andere. — Wie? Scheinen dir nicht die irdischen Dinge mit den himmlischen in Wechselwirkung zu stehen? — »Ja.« — Woher kommt es denn, daß in so unverbrüchlicher Ordnung, wie auf Befehl Gottes, die Pflanzen, wenn er ihnen befiehlt, zu blühen, alsbald blühen, wenn sie Sprossen treiben sollen, sprossen, wenn sie Frucht bringen sollen, Frucht bringen, wenn sie reifen sollen, reifen und wie auf

Gebot ihre Früchte abwerfen, die Blätter abschütteln und dann, in sich selbst zurückgezogen, still stehen und ausruhen? Woher kommt es, daß je nach dem Wachsen oder Schwinden des Mondes und der Annäherung oder Entfernung der Sonne solcher Wechsel und Wandel der irdischen Dinge in ihren entgegengesetzten Zustand beobachtet wird? Und wenn die Pflanzen und unsere Körper so in das Leben des Alls verflochten sind und mit ihm zusammen Veränderungen erleiden, sollten da unsere Seelen nicht noch viel inniger mit dem Allwesen verknüpft sein? Und wenn die Seelen so in das Alleben verflochten und mit der Gottheit verbunden sind als Teilchen und Stücke von ihr, da sollte Gott nicht jede Regung von ihnen wahrnehmen, wo sie doch zugleich ihm eigen und mit ihm verwachsen ist? Doch du hast die Fähigkeit, über das göttliche Walten und über jede einzelne Offenbarung der Gottheit und zugleich über menschliche Dinge nachzudenken und zu gleicher Zeit mit deinen Sinnen und in deinem Denken von zahllosen Dingen Eindrücke zu empfangen, zu gleicher Zeit auf die einen zustimmend, auf die andern ablehnend oder mit Zurückhaltung zu erwidern, und bewahrst so viele Eindrücke von so vielen und mannigfachen Dingen in deiner Seele und kommst, von ihnen bewegt, auf Gedanken ähnlicher Art wie die jener, die sie zuerst im Wort geformt haben, und bewahrst Künste über Künste und Erinnerungen an zahllose Dinge in deiner Seele – und da sollte Gott nicht imstande sein, alles zu sehen, bei allem gegenwärtig zu sein und von allem Mitteilung zu empfangen? Doch die Sonne vermag einen so großen Teil des Alls zu erleuchten, während sie nur den kleinen Teil unerhellt läßt, der von dem Schatten der Erde bedeckt wird, und da soll er, der auch die Sonne geschaffen hat und als kleinen Teil des Weltganzen herumkreisen läßt, er sollte nicht imstande sein, alles, was geschieht, wahrzunehmen?

»Aber ich«, sagt er, »vermag nicht all diese Dinge zugleich zu erfassen.« – Wer behauptet denn auch, daß du das gleiche vermagst wie Zeus? Aber gleichwohl hat er

auch jedem Menschen seinen eigenen Genius als Beschützer gesellt und beigegeben, um ihn für ihn zu behüten, einen Begleiter, der sich nicht einschläfern und betrügen läßt. Denn welch anderem besseren und wachsameren Wächter hat er einen jeden von uns anvertraut? Wenn ihr Türen und Fenster verschließt und Dunkel im Innern eures Hauses macht, dürft ihr doch niemals glauben, daß ihr allein seid; denn ihr seid es nicht, sondern Gott ist drinnen und euer Schutzgeist. Und was brauchen diese Licht, um zu sehen, was ihr treibt?
Diesem Gott sollten auch wir einen Eid schwören, wie die Soldaten dem Kaiser. Aber diese schwören, wenn sie den Sold empfangen, das Heil des Kaisers allem andern voranzustellen, und da wollt ihr, die ihr so großer und herrlicher Gaben von Gott gewürdigt seid, ihm nicht schwören oder, wenn ihr geschworen habt, euren Schwur nicht halten? Niemals ungehorsam zu sein, niemals das, was er gegeben, zu schelten oder zu schmähen und nie etwas von dem, was notwendig ist, mit Murren zu tun oder zu leiden! — — Dieser Eid ist jenem ja wunderbar ähnlich! Dort schwören sie, niemanden mehr zu achten als den Kaiser, hier aber, ihre eigene Person allem andern vorgehen zu lassen!

PLOTIN

Von der Vorsehung

Aber man fasse jene Gegenüberstellung der Guten und Schlechten ins Auge, daß die Guten arm sind und die Bösen reich und mehr haben von dem, was menschliche Notdurft ist, obgleich sie die geringeren sind, und daß sie die Macht haben und ihnen Völker und Städte gehören! — Darf das vielleicht geschehen, weil die Vorsehung nicht bis zur Erde herabreicht? — Aber wo doch die andern Geschehnisse vernunftgemäß ablaufen, ist bezeugt, daß die Vorsehung sonst bis zur Erde herabsteigt; haben doch Tiere und Pflanzen Teil an rationaler Form, Seele und Leben! — Nun, dann reicht sie wohl herab, vermag aber nicht durchzudringen. – Indessen das All ist doch ein einheitlicher Organismus, da wäre solche Behauptung geradezu als wenn einer sagen wollte, Schädel und Antlitz des Menschen seien von der Natur geschaffen und die Formkraft sei hier durchgedrungen, die übrigen Glieder aber andern Ursachen zuschriebe, dem Zufall oder einer Zwangsläufigkeit, und behauptete, sie seien eben darum oder infolge einer Schwäche der Natur so minderwertig geworden. – Aber es wäre nicht fromm und gottesfürchtig gehandelt, einzuräumen, daß es um diese Stücke nicht wohlbestellt sei und damit das ganze Menschengeschöpf zu verlästern; so bleibt uns nur der Ausweg zu fragen, inwiefern es denn um diese Stücke wohlbestellt sein mag und in welchem Sinne sie an der Ordnung teilhaben, oder doch inwiefern es nicht schlecht um sie steht. Nun sind bei jedem Geschöpf die oberen Stücke, wie Antlitz und Schädel, schöner, die mittleren und unteren kommen ihnen nicht gleich. Die Menschen nun sind in der Welt in der Mitte und unten, oben ist der Himmel mit seinen Göttern; und zwar machen die Götter und das ganze Himmelsrund den größten Teil des Weltalls aus, die Erde aber ist nur wie ein Punkt, nur wie ein einzelner Stern. Man empört sich über das Unrecht unter den Menschen nur deshalb, weil man verlangt, der Mensch müsse im All in der höchsten Ebene stehen, weil kein Wesen weiser sei als er. In Wirklichkeit aber steht er in der Mitte zwischen den Göttern und den Tieren, er kann nach beiden Seiten sich neigen, und einige gleichen sich dem einen, einige dem andern an, andere bleiben dazwischen, und das ist die Menge. Diejenigen nun, welche so entartet sind, daß sie unvernünftigen, reißenden Tieren nahekommen, zerren die Mittleren nach sich und wollen sie vergewaltigen; und diese sind wohl besser als ihre Überwältiger, lassen sich aber doch von dem Schlechteren besiegen, eben weil sie in gewissen Stücken auch selber schlecht sind und keineswegs wirklich gut und gerüstet gegen alle Schädigungen. Wenn Knaben, die körperlich wohlgeübt, seelisch dagegen infolge mangelnder Erziehung hinter der Körperausbildung zurückgeblieben sind, im Ringkampf siegen über solche, die weder körperlich noch seelisch ausgebildet sind, und ihnen ihr Essen wegreißen und ihre weichlichen Gewänder fortnehmen, was wäre das anders als ein Anblick zum Lachen? Oder wäre es nicht vollberechtigt, wenn der Gesetzgeber selber geschehen ließe, daß sie solches erdulden zur Strafe für ihr träges und üppiges Leben: die Ringplätze sind ihnen zugewiesen, sie aber in ihrer Trägheit, Weichlichkeit und Lässigkeit lassen sich selber ganz ruhig zu feisten Schäflein werden, den Wölfen zur Beute! Die andern dagegen, die jenes verübten, haben als erste Strafe, daß sie Wölfe sind, gottverlassene Menschen; sodann wartet ihrer aber auch noch die Sühne, die solchen Wesen gebührt; denn es ist nicht hienieden zu Ende, indem sie nun eben als Bösewichter sterben, sondern die früheren Handlungen haben jeweils das im Gefolge, was ihnen nach Vernunft und Natur entspricht, die schlechten Schlechtes und die guten Gutes. – Aber nein, solche Vorkommnisse sind doch keine Sportschule, wo alles nur Spiel ist! Man müßte, wenn jene Knaben mitsamt ihrem Unverstand groß geworden, beide Parteien sich gürten lassen und ihnen Waffen geben, dann wäre der Anblick schöner, als wenn man sie im Ringkampf sich üben ließe. In Wirklichkeit aber sind die einen gar unbewaffnet und die andern, die die Waffen haben, siegen. – Ja, und da darf man nicht etwa erwarten, daß Gott für die Unkriegerischen persönlich in den Kampf eingreife. Gerettet werden im Kampfe, und so gebietet es das Gesetz, die tapfer Streitenden und nicht die Betenden. Denn auch die Scheuer bekommt voll, nicht wer betet, sondern wer das Land beackert, und gesund bleibt man auch nicht, wenn man nichts dafür tut. Auch darf man nicht hadern, wenn die Schlechten mehr ernten, weil sie allein den Acker bestellen oder ihn besser bestellen. Ferner, wenn die Menschen alle übrigen Dinge im Leben nach ihrem eignen Belieben behandeln, auch wenn dies Handeln nicht so verläuft, wie es den Göttern lieb ist, so ist es kindisch, gerade dies eine von den Göttern zu verlangen, daß sie ihnen das Leben retten, zumal sie noch nicht einmal das tun, was die Götter ihnen zur Rettung des Lebens gebieten. Und schließlich, der Tod ist für sie selber besser als zu leben in einem Zustande, wie ihn die Gesetze des Weltalls nicht wollen; wenn das Gegenteil stattfände und Friede und Ruhe bei aller Unvernunft und Bosheit gewahrt bliebe, würde die Vorsehungsmacht ihr Amt nachlässig üben, indem sie auf diese Weise das Schlechte überhand nehmen ließe. – Was aber die Herrschaft der Schlechten angeht, so beruht sie lediglich auf der Feigheit der Beherrschten; das ist auch nur gerecht, und das Gegenteil wäre es nicht. Denn die Vorsehung darf nicht so beschaffen sein, daß wir ein Nichts sind; wäre die Vorsehung alles und selber allein da, so wäre sie keine Vorsehung mehr – denn auf wen sollte sie sich dann noch richten? –, sondern es wäre nur noch das Göttliche da. In Wirklichkeit ist da gewiß auch das Göttliche; es hat sich zudem aber noch zu einem Andern hinabbegeben, nicht um dies Andere zunichte zu machen, sondern wenn ihm z.B. ein Mensch vorkommt, so waltet es über ihm und gibt ihm dabei Raum, Mensch zu sein – das heißt zu leben nach dem Gesetz der Vorsehung, und das bedeutet dasjenige auszuführen, was ihr Gesetz gebietet. Es verheißt aber dies Gesetz, daß denjenigen, die sich als gut erwiesen haben, ein gutes Leben zuteil wird und auch inskünftig sie erwartet, den Bösen aber das Gegenteil. Wer aber böse ist und dann verlangt, daß andere sich selbst im Stich lassen, um ihn zu retten, der betet, wie man's nicht darf; darum darf er auch nicht verlangen, daß die Götter ihr eignes Leben aufgeben, ihn im Einzelnen zu lenken, und auch nicht, daß die guten Menschen, die ein andres Leben führen, das besser ist als alle menschliche Herrschaft, nun die Herrschaft übernehmen; er hat ja selber sich nie darum gekümmert, daß gute Regenten erstünden, hat sich niemals seinerseits um die andern bemüht; nein, er ist gar neidisch auf diejenigen, die von selber sich zum Guten entwickeln – es gäbe mehr gute Herrscher, wenn man diese zu Regenten machte! Indem nun der Mensch nicht das beste aller Wesen ist, sondern nur einen mittleren Rang einnimmt – er hat ihn sich selber gewählt –, wird er dennoch an dem Orte, auf dem er seine Stätte hat, von der Vorsehung nicht dem Untergang ausgeliefert, sondern immer wieder zur Höhe hinaufgezogen mit den mannigfachen Mitteln, deren sich das Göttliche bedient, um der Tugend das Übergewicht zu verschaffen; und so hat das Menschengeschlecht die Eigenschaft, vernunfthaftes Wesen zu sein, nicht eingebüßt, sondern, ob der Mensch auch gleich nicht das höchste Wesen ist, so nimmt er doch teil an Weisheit und Geist und Kunstfertigkeit und Gerechtigkeit – an der Gerechtigkeit in ihren gegenseitigen Beziehungen haben sie alle Teil; sie glauben, selbst wenn sie jemandem Unrecht tun, ein Recht dazu zu haben, weil er es verdient hat –: und somit ist der Mensch insoweit ein vollendetes Geschöpf, als ihm vollendet zu sein vergönnt ist; und eingefügt in das Gewebe des Alls hat er das bessere Teil gegenüber den andern Lebewesen – soweit sie auf der Erde wohnen.

KAPITEL II

DIE SPRACHE ALS FORMKRAFT DES MENSCHEN

In der frühen griechischen Dichtung sind es göttliche Mächte, die Töchter des Zeus und der Erinnerung, welche die Beziehungen von Gott und Mensch in Worte fassen. Der Mensch ist ja seinem Lose entsprechend so kurzlebig und beschränkt, daß er die Taten der Götter und vergangenen Helden nicht aus eigener Erfahrung kennen kann. So kündet einem Homer die Muse die Taten Achills und nennt ihm den Namen des Dulders Odysseus. Auch Hesiod (s. S. 15), der Bauerndichter, welcher die Fron seines Standes durch den Glauben an eine Herrschaft der göttlichen Gerechtigkeit sinnvoller zu machen sucht, begründet die Wahrheit seiner Dichtung durch die Weihe, welche ihm die Musen zuteil werden ließen. Aber auch der athenische Staatsman Solon (s. S. 16), der sich im ersten Jahrzehnt des 6. Jahrhunderts mit Erfolg um eine politische und soziale Reform seiner im Bürgerkrieg sich zerfleischenden Heimat bemüht hatte, betet zu den Musen, um seinen Mitbürgern die wahre Einsicht über die göttlichen Grundlagen eines gerechten Staatswesens zu verkünden.

Die Sprache wird hier somit als Sage, als verpflichtende Aussage göttlicher Mächte verstanden. Bei Xenophanes (s. S. 20), einem aus Jonien emigrierten, in Sizilien wirkenden Naturphilosophen, der in der Tradition Solons dichtet, wird dieser frühgriechische Göttermythos aufs heftigste angegriffen: die Sprache Homers und Hesiods ist nicht von der Sage der Musen, sondern von menschlicher Rede beseelt. Die homerischen Göttermythen spiegeln die Zufälligkeit einer bestimmten Weltanschauung nicht anders als die schwarzen stumpfsinnigen Götter der Aethioper und die blonden blauäugigen der Thraker. Der Mensch kann über Götter nur Meinungen, jedoch kein Wissen besitzen. Die Sprache ist keine wahre Sage mehr, sondern nur noch eine Rede mit Wahrscheinlichkeitscharakter. Das entbindet den Menschen nicht der Frage nach Wahrheit. Gerade Xenophanes gelangt, wie auch unser Fragment zeigt, durch seine Entmythologisierung der homerischen

Anschauungen zu einem viel reineren, von menschlicher Gestalt und menschlichen Lastern freien Gottesbegriff.
Die Sprache ist hier nur noch an den Menschen und dessen Verstand geknüpft. Zwar wird versucht, ihr wieder einen absoluten Wirklichkeitsgehalt zu geben, indem zum Beispiel der des homerischen Sagengehaltes verlustig gegangene Zeus mit der Wurzel Zen: leben in Verbindung gebracht wird. Einen andern höchst folgenschweren Weg, mit dem Problem der Entmythologisierung fertig zu werden, beschreitet Parmenides von Elea (s .S. 21). Er verwirft den Weg der menschlichen, sich auf die Sinneswahrnehmungen stützenden Meinungen und begibt sich auf dem Wagen der Sonnenmädchen, also mit einem mythischen Vehikel, ins Haus des Lichtes, wo ihm durch eine Göttin die Einsicht in das Wesen der Wahrheit geoffenbart wird: es ist das Reich des reinen Denkens, das mit dem Sein zusammenfällt. Wir finden hier eine neue Sage, aber nicht mehr den homerischen Mythos, sondern den Mythos eines Weges, der allein mit Hilfe des Logos, der Vernunft, wie die Übersetzer diesen vieldeutigen Begriff wiedergeben, gefunden wird. Diesen Weg baut Platon in konsequenter Weise zum dialektisch-logischen Aufstieg ins Reich der ewigseienden Ideen aus. Vom Göttlichen aber spricht er sich nur noch in Mythen aus, wie im herrlichen Mythos der Seelenpferde (s. S. 28), welche im gewaltigen von Zeus als oberstem Feldherrn angeführten kosmischen Feldzug mitgaloppieren.
Die Einsicht, daß die kurzlebigen Menschen nicht im Stande sind, über die Götter die absolute Wahrheit zu wissen und auszusagen, führt bei den Sophisten zu verschiedenen andersartigen Konsequenzen. Die eine, die wir in einem dem Onkel Platons, Kritias (s. S. 26), zugeschriebenen Lehrstück kennenlernen, betrachtet die Göttermythen als Erfindung kluger Männer, die mit Hilfe der Gottesfurcht dem Recht zur Herrschaft verhelfen wollten.
Die Sprache ist hier eine Erfindung des Menschen, die Worte ein Trug, der in pädagogischer Absicht die Wahrheit verhüllt. Andere, wie Protagoras, der infolge der mensch-

lichen Kurzlebigkeit und der Nichtwahrnehmbarkeit des Göttlichen jedes Wissen über Göttliches für unmöglich hält (s. S. 26), nehmen die überlieferten Mythen als Quellen göttlicher Ordnung ernst. Sie greifen Homer nicht an, weil er den Göttern menschliche Züge gibt und fragen nicht nach einem reinern Gottesbegriff, denn der Mensch kann gar keinen reinen Gottesbegriff haben und wird sich das Göttliche immer nach seinem Maß d. h. mit menschlichen Zügen vorstellen. So rügt Protagoras an Homer, daß er die Muse mit einer Befehlsform anspricht und nicht mit der Wunsch- oder Bittform, wie es sich einem göttlichen Wesen gegenüber geziemte. Nicht die mythologische Wahrheit, sondern die grammatische Richtigkeit des Logos tritt in den Mittelpunkt der sophistischen Bemühungen. Das Wort wird in seiner Bedeutung als Instrument, als Waffe der geistigen Selbstbehauptung und Formung des Menschen erkannt und dem entsprechend zum Gegenstand ernsthafter Forschung und Schulung gemacht.

Gorgias weist diese Macht des Wortes in allen Gebieten des geistigen Ausdrucks als Realität nach, keineswegs um diese Macht für unsittliche Zwecke auszunützen; im Gegenteil: ihm wie Protagoras geht es darum, diese bisher in ihrer Gefährlichkeit zu wenig erkannte Waffe des geistigen Kampfes genau zu erfassen, und so dem verantwortlichen Staatsmann dienstbar zu machen für die Verteidigung des Schwächeren in der Demokratie. Dagegen polemisiert Platon in seinen Dialogen ›Protagoras‹ und ›Gorgias‹ aufs entschiedenste. Ihm sind die Mißbräuche dieser geistigen Waffenkunst gerade auch infolge seiner politischen Enttäuschungen in der athenischen Demokratie mit dem Justizmord an Sokrates offenkundig; er lehnt jede kunstvolle Pflege der menschlichen Sprache, wie die Dicht- und Redekunst, als Schmeichel- und Verführungskünste ab. Das Wort muß als Samen der ewigen Wahrheit nach den Kunstregeln der Dialektik in die Seele des Suchenden gelegt werden, wie dies auf Seite 69 im Dialog ›Phaidros‹, der bezauberndsten Dichtung Platons, beschrieben wird. Der Redner, über den Sokrates zum Schluß des ›Phaidros‹

die Hoffnung ausspricht, er möchte sich zum Philosophen entwickeln, Isokrates, hat die Sprache als eigentliche Formkraft des Menschen verstanden und mit dieser Auffassung dem griechischen Menschenbild einen neuen Inhalt gegeben. Der Mensch wird nicht mehr nur als unvollkommenes, eines kleineren Loses teilhaftiges göttliches Wesen begriffen wie in der klassischen Dichtung, auch nicht nur als das mit geistigen und handwerklichen Fähigkeiten begabte Lebewesen, wie dies im Kulturmythos des Protagoras (s. S. 111) ausgedrückt ist. Sondern der Mensch unterscheidet sich grundsätzlich vom Tier durch die Fähigkeit der Sprache. Diese verleiht den Erfindungen erst die sittliche Norm. Die Pflege der Sprache und nicht die Frage nach der Zahl der Elemente oder die dialektische Zergliederung eines Begriffs gilt darum für Isokrates als wirkliche Philosophie.

Diese Bedeutung und Pflege der Sprache als Formkraft des Menschen gibt der antiken, darüber hinaus der abendländischen Geisteswelt ihr Gepräge: Grammatik, Dialektik und Rhetorik, also sophistische, platonische und isokrateische Pflege des Logos, werden als das Trivium zusammen mit den im ersten Band erwähnten Fächern des Quadriviums, der Arithmetik, Geometrie, Musik und Astronomie, die sieben freien Künste bilden.

Unser Kapitel schließt mit drei römischen Anwendungen dieses Triviums. Der letzte republikanische Staatsmann Roms, Cicero, läßt in seinem Dialog »Über den Redner« eine Gesellschaft römischer Staatsmänner in direkter Anknüpfung an den platonischen »Phaidros« das Verhältnis von Philosophie und Rhetorik erörtern. Ungefähr zur gleichen Zeit hat er sein Werk »Über die Republik« verfaßt, aus dem wir den »Traum Scipios« im ersten Kapitel abdruckten. Er gibt darin in platonischer Nachfolge, aber mit ausgesprochen römischer Staatsauffassung eine Einbettung des menschlichen Gemeinwesens in die kosmischen Zusammenhänge. Mit diesen beiden Dialogen (und einem dritten dazugehörigen »Über die Gesetze«) will Cicero der zerfallenden römischen Republik ein neues geistiges

Fundament geben. Diese Bemühung scheitert in der zeitgeschichtlichen Wirklichkeit; die überzeitliche Wirkung jedoch kann nicht hoch genug eingeschätzt werden. Sie hat ihren Grund nicht nur darin, daß Cicero Gedankengut der griechischen Philosophie und Rhetorik in die römische Sprache und Vorstellungswelt überträgt. Entscheidender noch für die kulturelle Wirkung des römischen Reiches ist die Form, in der Cicero alte römische Vorstellungen von Mensch und Gesellschaft, wie sie im römischen Recht und in der altlateinischen Sprache enthalten sind, durch griechische Gedanken ins Allgemeine hob. Die altrömische Kultur versteht die Welt nicht wie die griechische als Kampfplatz einer ritterlichen Götter- und Adelsgesellschaft, sondern als Feld mannigfaltiger Pflichten eines Bauernvolkes. Kultur leitet sich im Wortsinn von der Bebauung des Feldes ab, die Ratio, die römische Vernunft, vom Rechnen des Bauern. Der Rivale ist der Nachbar, welcher das Wasser des Baches (rivus) streitig macht. So ist die Welt für den Römer ganz anders als für den Griechen zum vorneherein ein sinnvolles Arbeitsfeld der menschlichen Persönlichkeit, und der Begriff der Person zeigt, welche Bedeutung gerade die Individualität hier hat. Der Ausdruck Persona wurde zunächst zur lateinischen Bezeichnung der griechischen Schauspielmaske verwendet. Später drückte sie allgemein die Rolle aus, welche das menschliche Individuum im sozialen Leben, ja selbst über den Tod hinaus spielt, werden doch die Totenmasken der Vorfahren in der Vorhalle des Hauses aufgehängt und im Leichenzug eines Verstorbenen mitgetragen, um so das Individuum nicht in eine Natur-, sondern in eine soziale Ordnung einzubetten. So sind in der römischen Geisteswelt, vor allem bei Cicero historische Individualitäten in viel stärkerem Maße Beispiele, ja Urheber geistiger Formen als in der griechischen Weltanschauung, die das Individuelle auf das Typische, Allgemeingültige zu reduzieren sucht. Die Sprache ist darum in Rom zum vornherein an individuelle Träger geknüpft. Ihre Aussagen, ihre Edikte, können rechtliche Norm werden und die isokrateische Be-

stimmung der Sprache als Formkraft des Menschen findet hier eine besonders günstige Aufnahme.

Wenn Cicero die Einsichten der gesamten griechischen Philosophie und Rhetorik mit dem römischen Persönlichkeitsbewußtsein und den konkreten Erfahrungen des römischen Staatsmannes zu verbinden sucht, so zieht Horaz (der sich in seiner Jugend vergeblich als Oberst des republikanischen Heeres um die Rettung der römischen Republik bemüht hatte) als anerkannter, wenn auch innerlich distanzierter Hofdichter des Augustus in seiner »Dichtkunst« die Summe der bis auf die Sophistik zurückgehenden griechischen Dichtungslehren.

Quintilian, der erste kaiserlich besoldete Professor, schließt seine »Ausbildung des Redners«, über deren pädagogischen Charakter im nächsten Kapitel die Rede sein wird, mit einer Mahnung, welche ebenfalls bis auf die Sophistik zurückgeht: die gefährlichste Waffe des Menschen, die Sprache, als Formkraft und nicht als Zerstörungsmacht anwenden zu lernen.

GORGIAS

Die Rede ist eine gewaltige Herrin

Ein gewaltiger Herrscher ist das Wort: gering und unscheinbar ist sein Leib, und doch vollbringt es die wunderbarsten Werke. Es kann Schrecken besänftigen, Trauer lindern, Freude erwecken, Mitleiden mächtig machen. Daß es sich so verhält, will ich nun beweisen; man muß es aber nicht nur beweisen für des Hörers Sinn, sondern auch seinem Meinen glaubhaft erweisen.

Die Dichtung betrachte und bezeichne ich als nichts anderes denn als das Wort in Versform. Wer Dichtung hört, den überkommt schaudernder Schreck, tränenreiches Mitleiden oder leidvolles Sehnen: an Glück und Unglück fremden Schicksals und fremder Menschen leidet die Seele eigenes Leid durch das Wort. Doch von einer Art des Wortes will ich jetzt übergehen zu einer andern: zum Wort der gotterfüllten Zauberlieder, die es vermögen, Lust zu spenden und Schmerz zu wenden. Trifft die Macht des Liedes zusammen mit dem Meinen des Menschen, so bestrickt und berückt und beredet sie den Sinn durch ihren Zauber. Es erweist sich aber, daß Zauber und Bestrickung auf zwei Wegen wirken: durch die Verblendung des Sinnes und durch den Trug des Meinens. Wie oft schon ließen sich Menschen in den wichtigsten Dingen von andern bereden, die trügerische Worte ersannen, und wie oft noch wird es geschehen! Denn hätte jedermann jederzeit das Vergangene im Gedächtnis, überdächte er das Gegenwärtige und bedächte das Zukünftige, dann vermöchte das Wort, so wie es beschaffen ist, nicht zu täuschen, wie es vermag. Aber es ist ja nicht leicht, sich an die Vergangenheit zu erinnern, die Gegenwart zu überblicken und die Zukunft vorauszusehen; deshalb lassen sich die meisten Menschen in den meisten Fällen nicht nur von ihrem Sinn leiten, sondern auch von ihrem Meinen. Das Meinen aber ist trügerisch und unbeständig; und wer sich darauf verläßt, verstrickt sich in Trug und Unbeständigkeit.

Warum sollten wir also nicht glauben, daß auch Helena ihren Gatten in dieser Art verlassen hat, ohne eigenen Willen, von einem Gewalttäter mit Gewalt entführt? Da wurde die Macht der Überredung sichtbar: sie besitzt zwar eine andere Gestalt als der Zwang, aber dieselbe Gewalt. Hat nämlich das Wort den Sinn einmal überredet, so zwingt es ihn, den Worten zu glauben und den Taten zuzustimmen. Der Mann, der eine Frau überredet, tut Unrecht, weil er sie zwingt; die Frau aber, die überredet wird, verdient keinen Tadel, weil sie gezwungen wurde.

Daß aber die Überredung, die dem Wort innewohnt, den Sinn des Hörers formt wie sie will, ist leicht zu erkennen. Man muß nur einige Beispiele bedenken: das Wort der Stern- und Himmelskundigen zerstört eine Meinung und erweckt eine andere, und bewirkt so, daß der Mensch das Unglaubliche und Ungewisse mit Augen zu erblicken meint. Ferner: in den entscheidenden Auseinandersetzungen, die ja mit Worten durchgefochten werden, kann eine einzige Rede eine große Menschenmenge hinreißen und überreden, wenn sie kunstvoll verfaßt, nicht aber wenn sie wahr gesprochen ist. Und drittens die Wortgefechte der Philosophen: da zeigt es sich, wie ein bewegliches Denken und eine gewandte Zunge mit Leichtigkeit die Meinung der Hörer in jede Richtung lenken und überreden können. Die Macht des Wortes steht im gleichen Verhältnis zur Beschaffenheit des Sinnes wie die Beschaffenheit der Heilmittel zum Wesen der Körper. Jedes Mittel führt je nach seiner Beschaffenheit bestimmte Säfte aus dem Körper ab und bietet den Kräften der Krankheit oder des Lebens Einhalt. So wirkt auch das Wort je nach seiner Art auf den Hörer: entweder erweckt es Schmerz und Lust, Schrecken und kühnen Mut — oder es berückt und bezaubert den Sinn durch böse Überredung.

PLATON

Die Rede als Erinnerungsmittel für Wissende

Sokrates: Weißt du nun, auf welche Weise eigentlich du einem Gott gefallen wirst in der eigenen Betätigung des Redens und deinen Lehren darüber?
Phaidros: Durchaus nicht. Aber du wohl?
Sokrates: Wenigstens kann ich eine Sage darüber erzählen von den Alten; für ihre Wahrheit tragen jene die Verantwortung. Doch wenn wir von uns aus die Wahrheit finden sollten, würden wir uns dann wohl noch irgend kümmern um menschliche Mutmaßungen?
Phaidros: Eine lächerliche Frage! Doch erzähle einmal die Sage, die du gehört haben willst.
Sokrates: Also: ich hörte, in der Gegend von Naukratis in Ägypten sei einer der alten Götter des Landes zu Hause, der, dem auch der heilige Vogel geweiht ist, den sie Ibis nennen. Der Dämon selbst aber heiße Theuth. Er sei der erste Erfinder der Zahl und des Rechnens, der Geometrie und Astronomie, außerdem des Brett- und Würfelspiels und namentlich auch der Schrift. Über ganz Ägyptenland habe dazumal als König Thamus geherrscht, in der großen Stadt des oberen Gebiets, welche die Grie-

chen das ägyptische Theben nennen, während der Gott bei ihnen Ammon heißt. Zu diesem kam Theuth und zeigte ihm seine Künste mit dem Ansinnen, sie sollten allen Ägyptern mitgeteilt werden. – Thamus fragte nach dem Nutzen einer jeden. Und wie jener seine Erklärungen gab, tadelte er bald, bald lobte er, was ihm gut oder schlecht schien an der Darlegung. So soll er dem Theuth über jegliche seiner Künste eine eingehende Beurteilung für und wider gegeben haben, die nachzuerzählen zu umständlich wäre. Als er aber bei der Schrift war, sagte Theuth: »Dieser Lehrgegenstand, o König, wird die Ägypter weiser und gedächtnisfester machen; denn als Mittel für Gedächtnis und Weisheit ist er erfunden worden.« Doch Thamus erwiderte: »O du Meister der Kunstfertigkeit, Theuth: der eine ist imstande, die Künste hervorzubringen, ein anderer, zu beurteilen, in welchem Verhältnis Schaden und Nutzen sich verteilen werden für die Leute, die sie brauchen sollen. Auch du hast jetzt, als Vater der Schrift, aus Voreingenommenheit das Gegenteil von dem angegeben, was sie vermag. Denn diese Kunst wird Vergessenheit schaffen in den Seelen derer, die sie erlernen, aus Achtlosigkeit gegen das Gedächtnis, da die Leute im Vertrauen auf das Schriftstück von außen sich werden erinnern lassen durch fremde Zeichen, nicht von innen heraus durch Selbstbesinnen. Also nicht ein Mittel zur Kräftigung, sondern zur Stützung des Gedächtnisses hast du gefunden. Und von Weisheit gibst du deinen Lehrlingen einen Schein, nicht die Wahrheit: wenn sie vieles gehört haben ohne Belehrung, werden sie auch viel zu verstehen sich einbilden, da sie doch größtenteils nichts verstehen und schwer zu ertragen sind im Umgang, zu Dünkelweisen geworden und nicht zu Weisen.«

Phaidros: O Sokrates, leicht erdichtest du Geschichten aus Ägypten und aus welchen Landen du immmer willst.

Sokrates: Mein Freund, die Leute im Heiligtum des Zeus zu Dodona meinten, von einer Eiche seien zuerst Worte der Weissagung gekommen. Den Menschen von dazumal aber, da sie nicht weise waren wie ihr Jungen, genügte es in ihrer Einfalt, auf Eiche und Fels zu hören, wenn sie nur Wahres erzählten. Für dich jedoch ist es wohl nicht gleichgültig, wer der Erzähler ist und aus welchem Lande. Denn nicht darnach allein fragst du, ob es sich so verhalte oder anders.

Phaidros: Du hast recht mit deinem Tadel; und ich glaube wirklich, daß es sich mit der Schrift so verhält, wie der Thebäer sagt.

Sokrates: Also wer da meint, in schriftlicher Aufzeichnung eine Kunstanweisung zu hinterlassen und anderseits, wer solche annimmt in dem Glauben, es könne etwas Deutliches und Sicheres aus schriftlichen Aufzeichnungen entnommen werden, dürfte mit großer Einfalt behaftet sein und wirklich die Weissagung Ammons nicht kennen, indem er geschriebenen Worten eine weiter gehende Bedeutung beilegt, als die, Wissenden zur Erinnerung zu dienen an die Dinge, worüber die Aufzeichnungen handeln.

Phaidros: Ganz richtig.

Sokrates: Denn das ist wohl das Bedenkliche beim Schreiben und gemahnt wahrhaftig an die Malerei: auch die Werke jener Kunst stehen vor uns als lebten sie; doch fragst du sie etwas, so verharren sie in gar würdevollem Schweigen. Ebenso auch die Worte eines Aufsatzes: du möchtest glauben, sie sprechen und haben Vernunft; aber wenn du nach etwas fragst, was sie behaupten, um es zu verstehen, so zeigen sie immer nur ein und dasselbe an. Und dann: einmal niedergeschrieben, treibt sich jedes Wort allenthalben wahllos herum, in gleicher Weise bei denen, die es verstehen, wie auch genau so bei denen, die es nichts angeht, und weiß nicht zu sagen, zu wem es kommen sollte und zu wem nicht. Wenn es dann schlecht behandelt und ungerechterweise geschmäht wird, so bedarf es immer seines Vaters, der ihm helfen sollte: denn selbst kann es weder sich wehren noch sich helfen.

Phaidros: Auch das ist vollkommen richtig.

Sokrates: Doch wie? Sehen wir nach einem andern Wort, dem leiblichen Bruder von jenem, und beachten, auf wel-

che Weise dieses zustande kommt und wieviel besser und wirkungsvoller es seiner Natur nach ist als jenes.
Phaidros: Welches wäre das und wie entsteht es?
Sokrates: Das, welches mit Sachkenntnis aufgezeichnet wird in der Seele des Lernenden, fähig zur Selbstverteidigung und kundig des Redens und Schweigens, je nach Umständen.
Phaidros: Von dem lebendigen und beseelten Wort des Wissenden sprichst du, wovon das geschriebene mit Recht als ein Nachbild bezeichnet werden könnte?
Sokrates: Allerdings. Beantworte mir nun folgendes. Wird wohl ein verständiger Landwirt den Samen, an dem ihm etwas liegt und von dem er Frucht zu ernten wünscht, im Ernst zur Sommerzeit in die Furchen der Adonisgärten legen und sich darüber freuen, wenn er sieht, wie derselbe binnen acht Tagen schön aufgeht? oder mag er das wohl, wenn er es tut, einmal als Spielerei und des Festes wegen so machen, um dagegen, wo es ihm ernst ist, nach den Kunstregeln der Landwirtschaft den Samen in den geeigneten Boden zu säen und zufrieden zu sein, wenn im achten Monat seine Saat zur Reife kommt?
Phaidros: Ja, Sokrates, so wird er wohl behandeln, was ihm ein ernstes Anliegen ist; und das andere, wie du sagst, in davon verschiedener Weise.
Sokrates: Und wer vom Gerechten und Guten und Schönen Sachkenntnis besitzt, wollen wir annehmen, daß dieser für die Behandlung seines Samens weniger Verständnis habe als der Landwirt?
Phaidros: Keineswegs.
Sokrates: Dann wird er ihn auch im Ernst nicht durch die Rohrfeder aussäen und in schwarzes Wasser schreiben mit Worten, die nicht fähig sind, sich selbst redend zu helfen, und unfähig, die Wahrheit ordentlich zu lehren.
Phaidros: Allerdings ist das nicht wahrscheinlich.
Sokrates: Nein. Doch wird er, dünkt mich, wenn er schreibt, zur Spielerei das Gartenland der Schrift besäen und beschreiben, für sich selbst Erinnerungen aufspei-

chernd auf die Zeit, da er das vergeßliche Greisenalter erreichen wird, und für jeden, der derselben Spur folgt; und er wird sich freuen beim Anblick der aufgehenden zarten Pflänzchen. Wenn andere andere Unterhaltungen pflegen, an Gelagen sich erquickend und den anderen Genüssen verwandter Art, dann wird, dünkt mich, er inzwischen anstatt dessen mit diesem Spiel sich unterhalten.

Phaidros: Ein Spiel gar schöner Art ist es, Sokrates, das du einem geringen gegenüberstellst: darin bestehend, daß einer in Worten sich unterhalten kann, indem er plaudert über Gerechtigkeit und die anderen Themen, von denen du sprichst.

Sokrates: So ist's, mein lieber Phaidros, aber noch viel schöner, meine ich, ist es, im Ernst sich damit zu beschäftigen: indem ein Mann, der eine geeignete Seele gefunden, nach den Kunstregeln der Dialektik in ihr mit Sachkenntnis Worte pflanzt und sät, die sich selbst und dem, der sie gepflanzt, zu helfen imstande sind und nicht ohne Ertrag bleiben, sondern Früchte bringen, aus denen immer wieder eine neue Saat an Worten in neuen Herzen sprießt, die das überlieferte Gut immer unsterblich zu erhalten vermag und den Besitzer glücklich macht, soweit es für einen Menschen möglich ist, das zu sein.

Phaidros: Ja, das ist noch viel schöner.

Sokrates: Jetzt endlich, mein Phaidros, können wir die früher aufgeworfene Frage entscheiden, nachdem hierüber Einverständnis erreicht ist.

Phaidros: Welche?

Sokrates: Bei deren Erwägung wir hierher gelangt sind: um nämlich den Vorwurf, der dem Lysias gemacht worden ist bezüglich der Aufzeichnung seiner Reden, zu beurteilen und die Reden selbst, welche kunstmäßig und ohne Kunst geschrieben würden. Der Punkt der Kunstmäßigkeit nun scheint mir genügend aufgeklärt zu sein.

Phaidros: Das schien wirklich. Doch erinnere mich noch einmal inwiefern.

Sokrates: Bevor jemand die Wahrheit kennt von den einzelnen Dingen, über die er redet oder schreibt, und in der Lage ist, jegliches für sich zu definieren und wieder nach Aufstellung der Definition in seine Gattungen zu zerlegen bis zur Grenze der Teilbarkeit; und bevor er ebenso bezüglich der Natur der Seele Unterscheidungen trifft und die Gattung herausfindet, die der einzelnen Seele angemessen ist und hiernach seine Rede setzt und anordnet, einer vielseitigen Seele vielseitige und alle Tonarten umfassende, einer einfachen einfache Worte bestimmend, – eher wird er nicht imstande sein, kunstmäßig, soweit es ihm gegeben ist, das Gebiet der Reden zu bearbeiten, weder um zu lehren noch um zu überreden, wie das unsere ganze vorhergehende Erörterung ausführlich dargetan hat.

Phaidros: Allerdings war das ungefähr unser Ergebnis.

Sokrates: Und nun wiederum bezüglich der Frage, ob es rühmlich oder schimpflich sei, Reden zu halten oder zu schreiben und welche Umstände dabei einen Vorwurf begründen oder nicht, hat uns darüber nicht das kurz zuvor Gesagte Aufklärung gebracht in dem Sinne – –

Phaidros: In welchem?

Sokrates: Daß, mag nun Lysias oder wer sonst immer eine Schrift verfaßt haben oder noch verfassen in persönlicher Angelegenheit oder in öffentlicher als Gesetzgeber, als Verfasser eines politischen Aktenstückes, indem er der Überzeugung ist, damit große Sicherheit und Deutlichkeit zu erreichen, so gereicht das dem Verfasser zum Vorwurf, mag diesen jemand aussprechen oder nicht. Denn wer wachend und träumend nichts versteht von Gerechtigkeit und Ungerechtigkeit, Bösem und Gutem, der vermag in Wahrheit dem Vorwurf der Schande nicht zu entgehen, selbst wenn der große Haufe insgesamt sein Verhalten lobt.

Phaidros: Gewiß nicht.

Sokrates: Dagegen wer der Überzeugung ist, an dem geschriebenen Worte über jedes Thema müsse notwendig das Spiel stark mitbeteiligt sein, und nie sei ein Wort, das recht ernst zu nehmen wäre, in gebundener oder ungebundener Form geschrieben worden oder vorgetragen, so wie die Rhapsodenvorträge, die ohne aufklärende Zwischenfragen und Belehrung nur zu dem Zweck der Überredung gehalten wurden –, vielmehr seien wirklich die besten solcher Worte nur ein Erinnerungsmittel für Wissende; dagegen allein den Schulvorträgen, die, zum Zwecke des Lernens gehalten, wirklich in eine Seele eingeschrieben werden über Gerechtes, Schönes und Gutes, komme die nötige Klarheit, Vollendung und der Anspruch auf ernste Beachtung zu; und solche Worte dürfe der Mann gleichsam als seine echten Söhne bezeichnen, vor allem das innerlich in ihm etwa vorhandene, das von ihm erdacht worden, sodann die etwaigen Abkömmlinge und Brüder davon, die in anderen Seelen in gebührender Weise gezeugt wurden; während er von den übrigen nichts wissen will – – dieser Mann von solcher Art, mein Phaidros, ist am Ende das Vorbild, dem gleich zu werden ich und du für uns beide wünschen möchten.

Phaidros: Mein Wille und Wunsch schließt sich vollständig dem deinen an.

Sokrates: Mag damit denn unsere Spielerei über den Gebrauch der Worte ihr geziemendes Ende erreicht haben. Und du geh' hin und sage dem Lysias, herabgestiegen zum Quell und zur Musenstätte der Nymphen hätten wir beide Stimmen vernommen, die uns auftrugen, dem Lysias und wer sonst etwa Reden verfaßt, und ebenso dem Homer und wer sonst etwa eine Dichtung mit oder ohne Musikbegleitung verfaßt hat, und drittens dem Solon und jedem, der in politischen Ausführungen unter der Bezeichnung von Gesetzen Schriftstücke verfaßt hat, folgendes auszurichten: Ist der Verfasser im Besitz des Wissens um die Wahrheit der Sache, versteht er nachzuhelfen, wenn er ins Verhör kommt über den Inhalt des Geschriebenen und ist fähig, selbst, indem er spricht, die geschriebenen Texte als minderwertig zu erweisen, dann soll man ihn nicht mit einem Namen bezeichnen, der von diesen hergenommen ist, sondern vielmehr von dem, was er als ernste Beschäftigung getrieben hat.

Phaidros: Welchen Namen teilst du ihm demnach zu?
Sokrates: Einen Weisen ihn zu nennen, mein Phaidros, das scheint mir zu hoch zu sein und allein für einen Gott angemessen. Aber Freund der Weisheit (Philosoph) oder etwas Ähnliches: damit dürfte er selbst eher einverstanden sein, und das wäre dann auch entsprechender.
Phaidros: Jedenfalls ist es nicht unpassend.
Sokrates: Anderseits den, der nichts Kostbareres hat als seine Kompositionen und Schriftstücke, die er unter langem Hin- und Herwenden, Aneinanderfügen und Ausstreichen zustande gebracht hat, wirst du den wohl mit Recht einen Dichter oder Schriftsteller oder Gesetzschreiber nennen?
Phaidros: O ja.
Sokrates: Das also richte deinem Freunde aus.
Phaidros: Und du? Was wirst du tun? Auch an deinem Freund dürfen wir doch nicht vorbeigehen.
Sokrates: Welchem denn?
Phaidros: Dem schönen Isokrates! Was willst du ihm melden, Sokrates? Als was werden wir ihn anerkennen?
Sokrates: Mein Phaidros, Isokrates ist noch jung. Was ich jedoch von ihm für eine Erwartung hege, will ich aussprechen.
Phaidros: Also was?
Sokrates: Seiner Begabung nach scheint er mir besser zu sein, als daß er an dem Maß der Reden des Lysias zu messen wäre, dazu von edlerer Charakteranlage. Und so sollte es mich nicht wundern, wenn er mit zunehmenden Jahren selbst in den Reden, auf die er jetzt seinen Fleiß wendet, alle die je mit Reden sich befaßt haben, weiter hinter sich zurückließe als Kinder, und ferner, wenn ihm diese Aufgaben nicht genügten, sondern ein göttlicher Antrieb ihn zu Größerem führte. Denn von Natur, mein Freund, liegt in seiner Seele ein gewisser philosophischer Zug.

ISOKRATES

Die Sprache als Formkraft des Menschen

Durch das Übrige nämlich, was wir Menschen besitzen, zeichnen wir uns vor den andern Geschöpfen nicht aus, sondern stehen vielen in Rücksicht auf Geschwindigkeit und Stärke und die übrigen Eigenschaft nach; weil uns aber die Gabe geworden ist, einander zu überreden und uns selbst aufzuklären, worüber wir nur wollen, so haben wir nicht nur aufgehört, nach Art der Tiere zu leben, sondern wir haben auch durch Zusammentreten Städte gegründet, und uns Gesetze gegeben und Künste erfunden, und beinahe alles, was durch uns mit Vernunft und Kunst erfunden wurde, hat uns auch die Sprache zur Vollendung gebracht. Denn sie hat über das, was gerecht und ungerecht, was edel und schimpflich ist, Gesetze gegeben, Bestimmungen, ohne welche wir nicht imstande wären, beisammen zu wohnen; mit ihr weisen wir die Schlechten zurecht und preisen die Guten; durch sie unterrichten wir die Unverständigen und erproben die Klugen; denn zu sprechen, wie man soll, halten wir für das beste Zeichen des Denkens, und eine wahre und gesetzliche und gerechte Sprache ist ein Spiegel eines guten und treuen Herzens; mit ihr streiten wir über das Zweifelhafte, und untersuchen das Unbekannte; denn dieselben Beweismittel, mit welchen wir andere beim Reden überzeugen, gebrauchen wir auch beim Überlegen, und beredt nennen wir die, welche vor der Menge sprechen können, für wohlüberlegend aber halten wir die, welche über die Dinge am besten mit sich selbst sich besprechen. Wenn man kurz über dieses Vermögen sprechen soll, so werden wir finden, daß nichts, was mit Überlegung getan wird, ohne die Sprache geschieht, sondern daß die Sprache allen Handlungen und Gedanken zu Grunde liegt, und daß diejenigen sich ihrer am meisten bedienen, welche am meisten Verstand haben. Das aber hat Lysimachos nicht bedacht, und hat diejenigen anzuklagen gewagt, welche nach einer Sache verlangen, die der Grund von so vielem und so großem Guten ist.

Was soll man sich über ihn wundern, da auch von denjenigen, welche sich auf die Streitfragen verlegen, einige ebenso über die öffentliche und nützliche Beredsamkeit schimpfen, wie die unverständigsten Leute, nicht, weil sie nicht wissen, welche Wirkung sie hat, und daß sie am schnellsten die, welche sich ihr widmen, fördert, sondern weil sie hoffen, wenn sie diese verlästern, werden sie ihre eigene geehrter machen. Über diese Menschen könnte ich zwar vielleicht noch weit bitterer sprechen, als sie über uns, ich glaube aber weder das tun zu dürfen, daß ich denen gleich werde, die vom Neide bestochen sind, noch das, daß ich diejenigen tadle, welche ihren Schülern zwar nichts schaden, aber weniger, als andere, nützen können. Jedoch etwas weniges will ich von ihnen erwähnen, zumeist weil auch sie es von uns taten; dann, damit Ihr ihr Wesen deutlicher erkennt und gegen jeden von uns so gesinnt seid, wie es recht ist; zudem, damit ich auch das einleuchtend mache, daß wir, die wir uns mit der Staatsberedsamkeit abgeben – sie behaupten, wir seien gehässige Menschen –, eben viel milder gesinnt sind, als sie; denn sie reden immer etwas Unrechtes über uns, ich aber möchte nichts dergleichen sagen, sondern werde die Wahrheit über sie vorbringen. Ich glaube nämlich, daß sie, welche in den Streitreden Meister sind, und die, welche sich mit der Sternkunde und der Geometrie und den ähnlichen Wissenschaften beschäftigen, ihren Schülern nicht schaden, sondern nützen, weniger zwar, als sie versprechen, aber mehr, als es den andern scheint. Die meisten Menschen nämlich haben sich die Ansicht gebildet, diese Wissenschaften seien leeres Geschwätz und nichtswürdiges Gerede; denn keine von ihnen sei weder im privaten noch im öffentlichen Leben anwendbar, ja nicht einmal in dem Gedächtnis derer, welche sie lernten, bleiben sie auch nur einige Zeit, weil sie weder mit dem Leben gleichen Schritt halten, noch im Handeln unterstützen, sondern ganz außerhalb dem Bereiche des Notwendigen liegen; ich aber habe weder genau diese, doch auch nicht eine mehr abweichende Meinung darüber, sondern mir scheinen diejenigen welche glauben, dieser Unterricht sei auf das Handeln nicht anwendbar, richtig zu urteilen, und die, welche sie loben, wahr zu reden. Darum aber habe ich diesen mit sich selbst nicht übereinstimmenden Ausspruch getan, weil auch diese Wissenschaften eine ganz andere Beschaffenheit lieben als die übrigen Dinge, die man uns lehrt. Letztere nämlich können ihrer Natur nach dann erst uns nützen, wenn wir sie vollständig lernen, erstere aber bringen denen, welche sie gründlich verstehen, keinen Vorteil, außer denjenigen, welche als Lehrer derselben davon zu leben sich entschlossen haben, aber sie fördern uns während des Lernens. Denn indem man sich mit der Ausführlichkeit und Genauigkeit der Sternkunde und Geometrie abgibt und indem man schwer zu lernenden Dingen die Aufmerksamkeit zu widmen genötigt ist, indem man sich ferner gewöhnt, bei dem Gesagten und Gezeigten zu verweilen und sich anzustrengen, und die Gedanken nicht umherschweifen zu lassen, kann man, so geübt und geschärft, leichter und schneller die höheren und wichtigeren Dinge fassen und lernen. Philosophie zwar glaube ich nicht, daß man die Studien nennen darf, welche für den Augenblick weder für das Reden, noch für das Handeln Nutzen gewähren, aber eine Übung des Geistes und Vorbereitung zur Philosophie nenne ich sie doch, und eines Mannes würdiger sind sie als die, welche die Knaben in den Schulen treiben, im Ganzen aber diesen ähnlich; denn auch die Knaben haben, wenn sie sich um Grammatik und Musik und die übrigen Bildungsgegenstände bemühen, noch nichts gewonnen, um besser über die Dinge zu sprechen oder besser zu überlegen, aber gelehriger werden sie, als sie von Natur sind, für die höheren und wichtigeren Wissenschaften. Einige Zeit also mit dieser Bildung sich zu befassen, möchte ich den Jüngeren raten, jedoch ihren Geist nicht dabei vertrocknen zu lassen, noch zu den Lehren der alten Sophisten sich zu verirren, von welchen einige behaupteten, die Zahl der Elemente sei unendlich, Empedokles aber, es seien vier und darunter Streit und Liebe; Ion, nicht mehr als drei; Alkmaion bloß zwei; Parmenides und Melissos eines; Gorgias gar keines. Denn ich bin der Meinung, solche Spitzfindigkeiten seien den Gaukeleien ähnlich, die nichts nützen, von den Unverständigen aber angestaunt werden, und die, welche etwas Ersprießliches tun wollen, müssen die unnützen Reden und die in keiner Beziehung zum Leben stehenden Handlungen aus allen ihren Studien verbannen.

Darüber nun gnügt mir für jetzt, dieses gesprochen und geraten zu haben. Was aber die Weisheit und die Liebe zur Weisheit (Philosophie) betrifft, so würde es zwar für die, welche über andres vor Gericht sprechen, nicht passen, über diese Namen zu reden, denn sie sind allen Rechtsgeschäften fremd; mir aber, da ich wegen dergleichen vor Gericht stehe und behaupte, die von einigen sogenannte Philosophie existiere nicht, ziemt es, die mit Recht dafür geltende zu bestimmen und euch zu erklären. Ich habe aber eine ganz einfache Ansicht davon. Da es nämlich nicht in dem Wesen der Menschen liegt, eine Wissenschaft zu erlangen, durch deren Besitz wir wissen könnten, was von allem, das uns vorliegt, man tun oder sagen müsse, so halte ich die für Weise, welche in ihren Urteilen meistens das Beste zu treffen vermögen; für Liebhaber der Weisheit (Philosophen) aber die, welche sich mit dem beschäftigen, wodurch sie am schnellsten eine solche Einsicht erlangen können. Welche Beschäftigungen aber diese Wirkung haben, kann ich zwar sagen, zögere aber, es auszusprechen; denn es ist so sonderbar und so abweichend von der Meinung der andern, daß ich fürchte, ihr möchtet, wenn ihr den Anfang davon gehört habt, mit Lärm und Geschrei den ganzen Gerichtssaal erfüllen. Dennoch aber, obgleich ich dies besorge, will ich es wagen, darüber zu sprechen; denn ich schäme mich, wenn einige von mir glauben würden, aus Furcht für mein Alter und noch kurzes Leben gebe ich die Wahrheit preis. Ich bitte euch aber, mich nicht im Voraus solchen Wahnsinns zu beschuldigen, als hätte ich bei diesem Prozesse mich entschlossen, Äußerungen zu tun, die euren Ansichten widersprechen, wenn ich nicht glaubte, sie seien dem Vorhergesagten entsprechend und dächte, wahre und deutliche Beweise dafür zu haben. Ich glaube, eine solche Kunst, welche denen, die von Natur eine geringe Anlage zur Tugend haben, Tugend und Gerechtigkeit einpflanzen könnte, habe es weder früher noch jetzt gegeben, und die, welche in dieser Beziehung Versprechungen machen, werden ermüden und aufhören, so albern zu reden, ehe ein solcher Unterricht erfunden wird, jedoch werden sie besser und vorzüglicher werden, als sie von Natur sind, wenn sie ihre Ehre darin suchen, gut zu reden, und ihre Zuhörer überzeugen zu können sich bestreben, und zudem nach Überlegenheit trachten, nicht nach jener, welche von den Unvernünftigen dafür gehalten wird, sondern nach der ihrem Wesen nach wirklich und wahrhaften Überlegenheit. Und daß dieses von Natur so ist, glaube ich schnell zeigen zu können. Vor allem einmal kann wer sich entschließt, Reden zu halten oder zu schreiben, welche Lob und Ehre verdienen, unmöglich ungerechte und geringfügige und Privatstreitigkeiten betreffende Gegenstände wählen, sondern wichtige und schöne und solche, die der Menschheit und dem Gemeinwohl dienen; denn wenn er keine solche erfindet, wird er nichts Gehöriges ausrichten. Er wird aber auch unter den auf den Gegenstand sich beziehenden Dingen die angemessensten und zuträglichsten auswählen; wer nun sich gewöhnt, solche zu betrachten und zu untersuchen, wird nicht nur bei der gerade vorliegenden Rede, sondern auch bei den anderen Geschäften diese nämliche Fähigkeit haben. Und so wird denen, welche Liebe zur Weisheit besitzen und in der Beredsamkeit ihre Ehre suchen, beides zu teil werden, daß sie gut reden und verständig sind. Und gewiß wird derjenige, welcher andere überreden will, auch die Tugend nicht hintansetzen, sondern darauf am meisten seine Aufmerksamkeit richten, daß er einen so guten Ruf als möglich bei seinen Mitbürgern erhalte. Denn wer weiß nicht, daß diejenigen Reden wahrer zu sein scheinen, die von gut Beleumdeten gesprochen werden, als die der schlecht Beleumdeten und daß die durch das Leben gegebenen Beweisgründe größere Kraft besitzen als die von der Rede gelieferten. Je mehr daher einer seine Zuhörer zu überzeugen wünscht, desto mehr wird er sich üben, ein braver und rechtschaffener Mann zu sein und bei den Bürgern in gutem Rufe zu stehen. Und niemand von euch glaube, die andern alle erkennen zwar, wie großen Einfluß auf das Überreden es habe, daß man denen, welche entscheiden, gefalle; die aber, welche sich mit der Beredsamkeit beschäftigen, kennen allein nicht die Macht des Wohlwollens. Denn viel genauer als die andern, wissen sie nicht nur dies, sondern auch außerdem, daß das Wahrscheinliche und die Beweise und die ganze Gattung der Überzeugungsmittel nur dem Teile der Rede von Nutzen ist, für welchen ein jedes eben vorgebracht wird; daß aber der Ruf, ein braver und rechtschaffener Mann zu sein, nicht nur die Rede glaubhafter, sondern auch die Handlungen dessen, der diesen Ruf besitzt, geehrter zu machen pflegt; und darum müssen sich die Vernünftigen mehr bemühen als um alles andere.

CICERO

Der Redner muß philosophisch gebildet sein

Zu der Zeit, als der Konsul Philipp schon recht heftig die Partei der Edlen angriff, und der Einfluß des Tribunen Drusus – er hatte das Tribunat übernommen, um das Ansehen des Senates zu verteidigen – schon kraftloser und schwächer zu werden schien, soll sich Lucius Crassus – so wenigstens erinnere ich mich gehört zu haben – während der Tage, da man die Römischen Spiele feierte, gleichsam um sich zu sammeln, auf sein Landgut bei Tusculum begeben haben; eben dahin kamen, hieß es, Quintus Mucius, sein Schwiegervater, und Marcus Antonius, ein Mann, mit dem er sich immer über Staatsgeschäfte zu beraten pflegte und mit dem er in der vertrautesten Freundschaft lebte. Mit dem Crassus selbst aber hatten zwei junge Männer die Stadt verlassen, sehr gute Freunde des Drusus, von denen auch die Älteren sich damals viel für die Verteidigung ihrer Gerechtssame versprachen; es waren dies Gaius Cotta, der sich um das Tribunat des Volkes bewarb, und Publius Sulpicius, der, wie man glaubte, in der Folge sich um dieses Amt bewerben wollte. Am ersten Tage unterhielten sie sich über die damaligen Zeitverhältnisse und über die ganze Lage des Staates – denn deshalb waren sie gekommen – lange miteinander, bis der Tag sich zu Ende neigte. In dieser Unterhaltung wurde, wie aus prophetischer Eingebung heraus, von jenen drei Konsularen, erzählte mir Cotta, vieles beklagt und bedacht, derart daß in der folgenden Zeit den Staat kein Unglück traf, dessen Nahen sie nicht schon so lange vorher gesehen hätten. Nachdem aber einmal dieses Thema erschöpft war, soll Crassus seine ganze Liebenswürdigkeit entfaltet haben, und so würde, als man nach dem Bade sich zu Tische gelagert hatte, alle Bekümmertheit des vorigen Gesprächs vergessen; und Crassus zeigte eine solche Heiterkeit und soviel Anmut in der Unterhaltung, daß der Tag der Kurie (den Staatsgeschäften) gewidmet schien, das Gastmahl dem Landgut. Am folgenden Tage aber, als die Älteren hinlänglich der Ruhe gepflegt hatten, und man sich ins Freie begeben, da sagte Scaevola, nachdem man zwei- oder dreimal auf und abgegangen war: Warum ahmen wir nicht, lieber Crassus, jenen Sokrates aus Platos Phaedrus nach? Denn deine Platane hier gab mir diesen Gedanken ein; geradeso verbreitet sie mit ihren weitausladenden Zweigen Kühle, wie jene, deren Schatten Sokrates aufsuchte, und die mir ihren kräftigen Wuchs nicht so sehr dem dort beschriebenen Bächlein als Platos Rede zu verdanken scheint; und wenn Sokrates, so abgehärtet auch seine Füße waren, sich ins Gras niederwarf, und so jenes redete, was die Philosophen preisen, als käme es von einem Gotte, darf ich dies meinen Füßen gewiß noch eher gönnen. Nein lieber noch etwas bequemer, erwiderte Crassus; und hierauf ließ er Polster holen, und alle nahmen Platz unter der Platane.

Jetzt, damit die Gemüter aller nach der gestrigen Unterhaltung sich wieder entspannen möchten, wurde, wie Cotta öfter erzählte, von Crassus ein Gespräch über die Beredsamkeit eingeleitet. Er begann mit der Erklärung, Sulpicius und Cotta schienen ihm nicht der Ermunterung zu bedürfen, sondern beide eher eines gemeinschaftlichen Lobes würdig zu sein; denn sie hätten schon eine so große Geschicklichkeit erlangt, daß sie nicht bloß den Gleichaltrigen vorgezogen, sondern mit Älteren verglichen würden. Dann fuhr er fort: Auch scheint mir nichts trefflicher, als wenn jemand durch Reden die Scharen der Menschen fesseln, die Gemüter anlocken, die Neigungen hinwenden, wohin er will, und, wovon er will, abziehen kann. Diese eine Kunst war es, die unter jedem freien Volke, und besonders in friedlichen und ruhigen Staaten, vor allen übrigen immer blühte und immer herrschte. Denn was ist bewundernswürdiger, als wenn einer das, was die Natur allen verliehen hat, entweder allein oder mit wenigen bewirken kann? was ist für Geist und Ohr lieblicher, als eine durch weisheitsvolle Gedanken und kräftige Worte verschönerte und ausgeschmückte Rede? was macht einen so mächtigen und erhabenen Eindruck, wie des Volkes Leidenschaften, der Richter Bedenklichkeiten, des Senates Ernst durch eines Einzelnen Rede umgewandelt zu sehen? Was ist ferner eines Königes, eines edlen, eines wohltätigen Mannes würdiger, als Hilfe leisten dem Flehenden, aufrichten die Betrübten, Rettung gewähren, von Gefahren befreien, Menschen zurückhalten im Staate? Was aber ist so notwendig, als immer Waffen in den Händen haben, wodurch man entweder selbst geschützt sein, oder Frevler zum Kampf herausfordern, oder, angegriffen, Ahndung üben kann? Gut! wir wollen nicht immer an Forum, Gerichtsbänke, Rednerbühne und Kurie denken! was kann in der Muße lieblicher, oder der Menschenwürde angemessener sein, als eine feine und nie unbeholfene Art des Ausdrukkes? Denn darin besteht vielleicht unser größter Vorzug vor den wilden Tieren, daß wir uns miteinander besprechen und durch Reden unsre Empfindungen ausdrücken können. Wer also sollte dies nicht mit Recht bewundern, nicht dies seiner größten Anstrengung wert achten dadurch, worin der Hauptvorzug des Menschen vor den Tieren besteht, die Menschen selbst zu übertreffen? Laßt uns weiter jetzt das Wichtigste beherzigen: welche andere

Kraft konnte zerstreute Menschen an einen Ort zusammenscharen, oder von der wilden und rohen Lebensart zu unsrer geselligen und bürgerlichen Verfassung hinleiten, oder für schon gegründete Staaten Gesetze, Gerichte, Rechte anordnen? Und, um nicht noch mehr Vorteile, deren es beinahe unzählige gibt, aufzusuchen und kurz zusammenzufassen, so urteile ich: der vollendete Redner vermag durch leitende Kraft und Weisheit nicht bloß die eigene Würde, sondern auch das Wohl sehr vieler Einzelner und überhaupt des gesamten Staates zu bewahren. Fahrt also fort, wie ihr begonnen, Jünglinge, und strengt für die Beschäftigung, der ihr euch widmet, alle Kräfte an, damit ihr euch selber Ehre, den Freunden Nutzen, dem Staate Gewinn verschaffen mögt.

Hierauf nahm Scaevola mit gewöhnlicher Freundlichkeit das Wort: Im übrigen gebe ich dem Crassus Recht; ich möchte sonst des Gaius Laelius, meines Schwiegervaters, oder meines Schwiegersohnes Kunst oder Ruhm verkleinern; aber jene beiden Dinge fürchte ich dir nicht einräumen zu können; einmal wenn du behauptest, daß von Rednern Staaten anfänglich gegründet und auch oft bewahrt worden seien; und zweitens, wenn du sagst, auch abgesehen von Forum, Volksversammlung, Gericht, Senat, sei der Redner in allen Arten der Vorträge und menschenwürdiger Kenntnisse vollkommen. Denn wer möchte es dir einräumen, daß das anfänglich auf Bergen und in Wäldern zerstreute Menschengeschlecht nicht vielmehr durch weiser Männer Ratschläge bewogen als durch beredter Männer Vorträge bezaubert, sich in Städte und Mauern eingeschlossen habe? oder daß die übrigen nützlichen Anordnungen für die Gründung und Erhaltung der Staaten nicht weisen und braven, sondern beredten und in gewählten Worten sich ausdrückenden Männern zu verdanken seien? Meinst du wirklich, unser Romulus habe Hirten und Fremdlinge zusammengeschart, mit den Sabinern Ehen geknüpft, die Macht der benachbarten Völker zurückgedrängt durch Beredsamkeit und nicht durch ausgezeichnete Einsicht und Klugheit? Und bei Numa Pompilius, bei Servius Tullius, bei den übrigen Königen, die viele treffliche Einrichtungen für die Staatsverfassung gemacht haben, zeigt sich wohl bei ihnen irgend eine Spur von Beredsamkeit? Und nach Vertreibung der Könige – auch diese Vertreibung selbst ist, wie wir sahen, durch den Geist, nicht die Zunge des Lucius Brutus bewirkt worden – finden wir nicht überall in der Folgezeit viel Klugheit, wenig Worte? Ich könnte, wollte ich aus unserm und aus andern Staaten die Beispiele wählen, mehr Nachteile anführen als Vorteile, die den Staaten durch die beredtesten Männer verursacht wurden. Aber um das übrige bei Seite zu lassen, unter allen, wenn ich euch beide, lieber Crassus (und Marcus Antonius) ausnehme, waren, glaube ich, die beredtesten Männer, die ich gehört, Tiberius und Gaius Sempronius; ihr Vater, ein kluger, achtungswürdiger, keineswegs beredter Mann, hat besonders als Censor, aber auch zu anderen Zeiten, die Wohlfahrt des Staates gefördert. Und dieser hat nicht durch den Strom einer kunstvollen Rede, sondern durch Wink und Wort die Freigelassenen in die Stadtbezirke versetzt; hätte er dies nicht getan, so würde die Staatsverfassung, die wir jetzt kaum noch aufrecht erhalten, schon lange für uns aufgehört haben. Aber seine beredten, mit allen Hilfsmitteln sowohl der Natur als der Gelehrsamkeit ausgerüsteten Söhne haben den Staat, den sie teils durch die Ratschläge des Vaters, teils durch die Waffen des Großvaters in einem so blühenden Zustande überkommen hatten, durch jene gar treffliche Lenkerin der Staaten – das sind deine Worte –, durch Beredsamkeit, aus den Fugen gerissen.

Und dann: die alten Gesetze, die Bräuche der Vorfahren, die Vogelschau, die wir, ich und du, mein Crassus, zum großen Heile des Staates leiten, die Gottesverehrungen und Religionsgebräuche, ferner diese bürgerlichen Rechte, deren Kenntnis schon lange ohne irgendwelchen Ruhm der Beredsamkeit in unsrer Familie heimisch ist, sind sie erfunden oder erkannt oder überhaupt nur behandelt worden vom Geschlechte der Redner? Wohl ist es mir noch erinnerlich, wie sowohl Servius Galba, ein unvergleichlicher Redner, als auch Marcus Aemilius Porcina, und Gaius Carbo selbst, den du als du noch ganz jung warst, niederschmettertest, der Gesetze unkundig, über die Gewohnheiten der Vorfahren in Verlegenheit, im bürgerlichen Rechte unwissend waren; und die Redner unserer Zeit, wenn ich dich, mein Crassus, ausnehme, der du mehr aus eigener Neigung als durch rednerische Verpflichtung das bürgerliche Recht von mir gelernt hast, sind – was dich zuweilen mit Scham erfüllt – im Rechte ganz unbewandert.

Wenn du aber am Schlusse der Rede, sozusagen selbstherrlich zu behaupten dir anmaßest, daß der Redner über jeden beliebigen Gegenstand sich auf das befriedigendste aussprechen könne, so würde ich dies, wäre ich nicht in deinem Reiche, nicht geduldet, und vielen geraten haben, entweder ein Interdikt gegen dich auszuwirken, oder dich zu einem gerichtlichen Kampfe aufzufordern, weil du so willkürlich fremde Besitzungen angefallen habest. Rechten würden mit dir nach dem Gesetze zuerst alle Pythagoreer und Demokriteer und die übrigen Naturphilosophen würden mit Fug und Recht ihr Eigentum zurückfordern, Männer, die sich auf einen gewählten und bedeutenden Vortrag verstehen, mit denen du, ohne dein gerichtliches Pfand einzubüßen, nicht kämpfen könntest. Zusetzen würden dir außerdem alle Scharen der Philosophen, gleich von ihrer Quelle und ihrem Haupte Sokrates an; daß du nichts von den Gütern im Leben, nichts von den Übeln, nichts von den Gemütsbewegungen, nichts von den Sitten der Menschen, nichts von dem Verhalten im Leben gelernt, nichts überhaupt untersucht habest, nichts wissest, würden sie erweisen; und nachdem alle gesamt den Angriff auf dich gemacht hätten, dann würden die einzelnen Schulen den Prozeß gegen dich einleiten. Eindringen würde die Akademie, welche dich, was du auch gesagt hättest, selbst abzuleugnen nötigen würde. Unsere Stoiker ferner würden dich in den Schlingen ihrer Erörterungen und Fragen verstrickt halten. Die Peripatetiker aber würden dartun, daß die Hilfsmittel und der Schmuck für die Rede, welche du für eigentümliche Güter der Redner hältst, von ihnen erborgt werden müßten; und daß nicht nur viel Besseres, sondern auch viel mehr als alle Lehrmeister der Beredsamkeit Aristoteles und Theophrast über diese Dinge geschrieben haben. Ich übergehe die Mathematiker, Grammatiker, Musiker, mit deren Künsten diese eure gepriesene Redegewalt nicht die mindeste Gemeinschaft und Berührung hat. So großer also und so vieler Dinge, mein Crassus, meine ich, darf man sich nicht rühmen. Groß genug ist, was du zu leisten vermagst, daß in den Gerichten jegliche Sache, die du verteidigst, die bessere und billigungswürdigere zu sein scheint, daß in Volksversammlungen und bei Beratungen deine Rede den meisten Einfluß hat, endlich, daß du den Einsichtsvollen beredt, den Unwissenden auch wahr zu reden scheinst. Wenn du noch etwas mehr vermagst, so wird mir dies nicht der Redner, sondern Crassus durch eine ihm eigene Fähigkeit, woran die Redner keinen Teil haben, zu vermögen scheinen.

Hierauf erwiderte jener: Wohl ist es mir bekannt, mein Scaevola, daß die Griechen über solche Dinge viel reden und streiten. Denn ich habe ihre berühmtesten Männer gehört . . ., die fast alle einstimmig den Redner vom Steuer der Staaten fortjagen, von aller Gelehrsamkeit und Kunde höherer Dinge ausschließen und ihn nur in den Bezirk der Gerichte und Volksversammlungen, wie (den Sklaven) in eine Tretmühle, verstoßen und einzwängen wollten. Aber ich konnte weder jenen Beifall geben, noch ihm, von dem diese Streitigkeiten herrühren und ausgehen, der alle im kräftigen und beredten Vortrage so sehr übertraf, dem Plato, dessen Gorgias ich damals zu Athen mit dem Charmadas zusammen recht sorgfältig las; in diesem Buche bewunderte ich insofern Plato so sehr, als er mir bei der Verspottung der Redner selbst der größte Redner zu sein schien. In Wortgezänk pflegen sich schon lange die Griechlein abzumartern, sie, die nach Streit begieriger sind als nach Wahrheit. Gesetzt, wir wollten nur den als Redner gelten lassen, der bloß in Rücksicht auf das Recht entweder vor den Gerichten oder vor dem Volke oder im

Senate beredt sprechen kann: so muß man doch diesem selbst vieles einräumen und zugestehen. Denn ohne daß er öffentliche Geschäfte aller Art verwaltet, ohne daß er sich Kunde von den Gesetzen, dem Herkommen, dem Rechte erworben, ohne daß er die Natur der Menschen und ihre Sitten erkannt hat, vermag er selbst diese Dinge nicht verständig und geschickt genug zu behandeln. Wer aber solche Kenntnisse besitzt, ohne welche niemand nicht einmal das Geringste in den Rechtsdingen gehörig wahrnehmen kann, was wird dem von der Kunde der wichtigsten Dinge abgehen können? Verlangst du auch von dem Redner nichts weiter, als daß er einen geordneten, schönen und beredten Vortrag habe: so frage ich, wie er sich diesen selbst verschaffen könne ohne die Wissenschaft, die ihr ihm nicht zugesteht? Denn Vorzüglichkeit im Reden ist nur möglich, wenn derjenige, der redet, die Sache, worüber er redet, erfaßt hat. Wenn also der bekannte Naturphilosoph Demokrit einen schönen Vortrag gehabt hat, wie man sagt, und auch mir scheint, so gehörte der Stoff, worüber er redete, dem Naturphilosoph, die schöne Darstellung aber muß dem Redner zugeeignet werden. Und wenn Plato über Dinge, die mit bürgerlichen Streitigkeiten überhaupt nichts zu tun haben, unvergleichlich geredet hat, was ich zugebe; wenn ebenso Aristoteles, Theophrast, Carneades die Dinge, die sie behandelten, beredt, anmutig und schön vortrugen, so mag der Inhalt ihrer Reden andern Wissenschaften angehören; die Darstellung selbst aber ist nur der Kunst eigentümlich, der unsre Unterhaltung und Forschung gilt. Denn wir sehen, daß einige eben diese Dinge nüchtern und trocken, wie z. B. jener Chrysipp, dessen großen Scharfsinn man rühmt, erörtert haben, ohne daß sie aber deshalb der Philosophie nicht Genüge geleistet hätten, weil sie diese Redekunst, die aus einer ganz andern Quelle stammt, nicht besaßen.

Was macht also die Verschiedenheit? oder wie willst du den reichen und vollen Vortrag der genannten Männer von der Nüchternheit derjenigen unterscheiden, denen es bei ihrem Vortrage an Mannigfaltigkeit und Gewähltheit mangelt? Eines wahrlich wird derjenige, der sich gut ausdrückt, als Eigenes hinzufügen, die wohlklingende, verschönerte, durch Kunst und Feile gehobene Rede. Eine solche Rede aber, wenn ihr nicht eine vom Redner wohl gefaßte und erkannte Sache zu Grunde liegt, muß entweder ganz unmöglich sein, oder als lächerlich verspottet werden. Denn was kann man sich Unsinnigeres vorstellen, als einen leeren Schall von Worten, selbst den besten und schmuckvollsten, mit denen kein Gedanke, keine Erkenntnis verbunden ist? Was es also auch sein mag aus jeglicher Kunst, und welchen Gegenstand es betreffe, so wird der Redner darüber, wenn er es, wie die Sache seines Klienten kennen gelernt hat, immer besser und schöner reden, als derjenige selbst, der diese Sache erfunden und gebildet hat. Denn will man auch sagen, daß es gewisse, den Rednern eigentümliche Gedanken und Sachen und eine in die Schranken der Gerichte eingeschlossene Kenntnisse von bestimmten Gegenständen gebe: so will ich freilich gestehen, daß unsre Art des Vortrages sich gewöhnlicher hierbei verweile, aber doch gibt es dabei selbst sehr vieles, was jene Lehrmeister, die man Rhetoren nennt, weder lehren, noch verstehen. Denn wem ist es unbekannt, daß die größte Geschicklichkeit des Redners darin sich zeige, die Gemüter der Menschen entweder zum Zorne oder zum Hasse, oder zum Schmerze aufzureizen, oder von eben diesen Leidenschaften zur Sanftmut oder zum Mitleiden zurückzurufen? Das aber wird, wer nicht die Gemütsarten der Menschen und die ganze innere Beschaffenheit der menschlichen Natur und die Ursachen, wodurch die Gemüter entweder angespornt oder umgelenkt werden, tief durchschaut hat, nicht, wie er es will, durch Reden bewirken können. Und alles, was man hierzu wissen muß, ist, glaubt man, der Philosophie eigentümlich, und der Redner wird, wenn er meinen Rat befolgen will, es nie bestreiten; aber wenn er jenen die Kenntnis der Sachen eingeräumt hat, weil sie hierauf allein ihren Fleiß verwenden wollen, so wird er die Behandlung des Vortrages, welche ohne jene Wissenschaft gar nicht möglich ist, sich zuerkennen; denn das ist gerade das Eigentümliche des Redners, wie ich schon oft gesagt habe, die kräftige, schöne, den Empfindungen und Gesinnungen der Menschen angemessene Rede.

Daß über diese Dinge Aristoteles und Theophrast geschrieben haben, gebe ich zu. Aber bedenke, lieber Scaevola, ob dies nicht ganz für mich spricht. Denn was der Redner mit jenen Philosophen gemein hat, erborge ich nicht von ihnen; jene aber gestehen zu, daß, was sie über die Redekunst abhandeln, den Rednern angehöre. Denn sowie sie ihre andern Schriften nach dem Namen ihrer Wissenschaft bezeichnen, so gelten ihnen diese für rhetorische nach Überschrift und Benennung. Aber wenn beim Reden es Veranlassung gibt – wie dies sehr häufig der Fall ist – von den unsterblichen Göttern, von Frömmigkeit, Eintracht, Freundschaft, dem gemeinschaftlichen Rechte der Bürger, Menschen, Völker, von Billigkeit, Mäßigung, Seelengröße, von jeder Art der Tugenden zu reden; so werden, glaube ich, alle Schulen der Philosophen laut erklären, daß dies ihr Eigentum sei, den Redner ganz und gar nichts angehe. Aber wenn ich diesen auch einräume, über alle diese Dinge in ihren vier Wänden, um sich die Muße zu vertreiben, sich auszureden, so werde ich doch dies dem Redner zusprechen und vorbehalten, daß er dieselben Gegenstände, die sie in einer dürftigen und blutlosen Sprache abhandeln, mit voller Kraft und Lieblichkeit entwickeln könne. Dies erörterte ich damals zu Athen mit den Philosophen selbst; denn es nötigte mich dazu unser Marcus Marcellus, welcher wahrlich, wenn er nicht jetzt die Spiele besorgen müßte, unsrer gegenwärtigen Unterhaltung beiwohnen würde und der schon damals als junger Mann sich ungemein gerne mit solchen Dingen beschäftigte. Was ferner anzuordnende Gesetze, Krieg, Frieden, Bundesgenossen, Steuern, bürgerliches Recht, so wie es nach den verschiedenen Gattungen für die Stände und Alter entworfen ist, betrifft, so mögen die Griechen ihrerseits behaupten, wenn sie wollen, daß Lykurg oder Solon – obwohl unserer Meinung nach diese schon zu den Beredten gezählt werden müssen – bessere

Kenntnisse hierüber gehabt haben als Hyperides und Demosthenes, schon vollendete und ganz ausgebildete Redner; oder die Unsrigen können die Decemvirn (10-Männer-Kollegium), welche die 12 Tafelgesetze abgefaßt haben und einsichtsvolle Männer gewesen sein müssen, in dieser Hinsicht dem Servius Galba und deinem Schwiegervater Gaius Laelius vorziehen, die bekanntlich vorzüglich berühmt als Redner waren. Denn nie werde ich es leugnen, daß es Wissenschaften gibt, die denjenigen eigentümlich sind, welche auf ihre Erforschung und Behandlung ihren ganzen Fleiß verwandt haben; aber nur den werde ich einen vollkommenen und ausgebildeten Redner nennen, der über alle diese Dinge schön und gewandt reden kann. Oft nämlich enthalten die Sachen selbst, die nach aller Geständnis den Rednern eigentümlich angehören, etwas, was nicht aus der gerichtlichen Erfahrung, die allein ihr den Rednern einräumt, sondern aus einer verborgeneren Wissenschaft geschöpft und entlehnt werden muß. Denn ich frage, ob man gegen einen Feldherrn oder für einen Feldherrn reden könne, ohne Erfahrung vom Kriegswesen, oder oft selbst ohne Kenntnis von Land- oder Seestrichen; ob vor dem Volke über Gesetze, die entweder genehmigt oder verworfen werden sollen; ob im Senate von öffentlichen Angelegenheiten jeglicher Art, ohne Kenntnis und Einsicht vom Gemeinwesen; ob eine Rede Gemütsempfindungen zu erregen, und Leidenschaften entweder zu entflammen oder auch zu dämpfen vermag – worin des Redners Hauptstärke besteht –, ohne die sorgfältigste Erforschung aller derjenigen Lehrsätze, welche von den Philosophen über die Gemütsarten und Sitten des menschlichen Geschlechtes entwickelt werden. Vielleicht werde ich auch euch überzeugen; ich wenigstens will ohne Zögern, was ich denke, äußern: was aber jene Naturlehre und Mathematik betrifft, und was du kurz vorher andern Wissenschaften zugeeignet hast, so sind das freilich Kenntnisse derjenigen, die sich derselben rühmen; erläutern aber durch die Rede kann einer, wenn er es wünscht, diese Wissenschaft selbst nur in so ferne, als er zu der Rednergeschicklichkeit seine

Zuflucht nimmt. Denn ist es wahr, daß der bekannte Baumeister Philon, welcher für die Athener eine Rüstkammer baute, sehr beredt dem Volke von seinem Werke Rechenschaft abgelegt hat, so darf man nicht glauben, daß er mehr durch des Baumeisters Geschicklichkeit, als die des Redners beredt gewesen sei. Und hätte unser Marcus Antonius über den Hafenbau für den Hermodor reden sollen, so hätte er sicher, wenn er von jenem die Sache erlernt, über ein fremdes Kunstwerk schön und gewandt geredet. Auch Asklepiades, unser Arzt und Freund, verdankte damals, als er durch Beredsamkeit die andern Ärzte besiegte, seine glänzenden Reden nicht der Arzneikunde, sondern der Beredsamkeit. Recht wahrscheinlich freilich, aber doch nicht wahr ist dasjenige, was Sokrates zu sagen pflegte: alle seien in dem, was sie wissen, hinlänglich beredt; wahrer lautet es so: niemand kann in dem beredt sein, was er nicht weiß; noch kann er, wenn er dieses auch noch so gut weiß, aber nicht versteht, eine Rede zu bilden und zu glätten, eben das, was er weiß, beredt vortragen.

Will man also das Wesentliche was den Redner ausmacht, umschreiben, so wird der, meines Erachtens, auf diesen so ehrwürdigen Namen eines Redners gerechte Ansprüche haben, der über jegliche vorkommende Sache, die durch Rede entwickelt werden soll, mit Einsicht, in wohlgeordneten Worten, schön und aus dem Gedächtnisse reden kann, mit Würde auch in der Gestik. Wenn aber jemandem der von mir gebrauchte Ausdruck ›über jegliche Sache‹ zu unbestimmt scheint, so mag er davon, so viel ihm gut dünkt, abziehen und wegschneiden; jenes aber lasse ich mir nicht nehmen, daß der Redner, wenn er auch die Kenntnisse, welche zu den andern Künsten oder Wissenschaften erforderlich sind, nicht besitzt, und nur dasjenige weiß, was auf Rechtserörterungen und gerichtliche Übung Beziehung hat, doch über diese Sachen selbst, wenn er darüber reden soll, nachdem er sich von denen hat belehren lassen, die das, was zu jeglicher Sache gehört, inne haben, viel besser, als diejenigen selbst, denen diese Wissenschaften eigen sind, reden werde. Wenn zum Beispiel unser Sulpicius über Kriegssachen reden soll, so wird er bei Gaius Marius, meinem Verwandten, Erkundigungen einziehen, und, wenn er sie erhalten, sich so darüber aussprechen, daß Gaius Marius selbst glauben wird, jener verstehe sich darauf fast besser, als er, Marius, selber; wenn über das bürgerliche Recht, so wird er mit dir Rat pflegen und dich, einen so einsichtsvollen und erfahrenen Mann, in den Dingen selbst, die er von dir erlernt hat, dank der Redekunst übertreffen; sollte eine Sache vorkommen, wobei er über Natur, Laster der Menschen, Begierden, Mäßigung, Enthaltsamkeit, Schmerz, Tod reden soll, so wird er vielleicht, wenn es ihm gut scheint – wiewohl solche Kenntnisse der Redner schon besitzen muß –, Rücksprache halten mit Sextus Pompejus, einem in der Philosophie bewanderten Manne; ganz sicher wird er es dahin bringen, daß, worüber auch immer er reden und von wem auch immer er belehrt sein mag, er den Stoff schöner vorträgt, als derjenige selbst, von dem er belehrt wurde. Aber wenn mein Rat gilt, so wollen wir von den drei Teilen, in welche die Philosophie gesondert ist – ich meine die dunkle Naturwissenschaft, die spitzfindige Dialektik, die Lebens- und Sittenlehre –, die beiden ersteren andern überlassen und unserer Trägheit zugutehalten; wollen wir aber den dritten, der immer des Redners Eigentum war, uns nicht erhalten, so werden wir dem Redner nichts, worin er sich groß zeigen kann, zurücklassen. Das ganze Fach also, das Leben und Sitten behandelt, muß der Redner gründlich kennenlernen; das übrige wird er, wenn er es auch nicht erlernt hat, sobald es einmal nötig sein sollte, doch schön vortragen können, wenn er darüber unterrichtet und belehrt worden ist.

HORAZ

Über die Dichtkunst

Wofern ein Maler einen Venuskopf
auf einen Pferdehals setzte, schmückte drauf
den Leib mit Gliedern von verschiednen Tieren

und bunten Federn aus, und ließe, um
aus allen Elementen etwas anzubringen,
das schöne Weib von oben – sich zuletzt
in einen grausenhaften Fisch verlieren,
sich schmeichelnd, nun ein wundervolles Werk
euch aufgestellt zu haben: Freunde, würdet ihr
bei diesem Anblick wohl das Lachen halten?

Und gleichwohl werden Werke dieser Art
in einem andern Fach uns oft genug
zur Schau gebracht. Denn, glaubet mir, Pisonen,
ein Dichterwerk, von schlechtverbundenen
Ideen, die, wie Fieberträume, durch-
einander schwärmen, so daß weder Kopf noch Fuß
zusammenpaßt – und eine Malerei
von jenem Schlag, sind trefflich einerlei.

»Wie? Ist den Malern und Poeten nicht
von jeher freigestanden, alles was sie wollen
zu wagen?« – Freilich! auch wir machen Anspruch
an diese Freiheit, und verlangen keinem
sie abzustreiten – Nur nicht, daß man paare,
was unverträglich ist, nicht Schlang und Vogel,
nicht Lamm und Tiger in einander menge!

Wie häufig sehn wir einem ernsten, viel-
versprechenden Gedichte hier und da
wie einen Purpurlappen angeflickt,
der weithin glänzen soll? Da wird ein Hain
Dianens, nebst Altar, ein Silberbach,
der schlängelnd seiner Flut durch anmutsvolle
Gefilde wälzt, ein schöner Regenbogen,
und Vater Rhein auf seiner Urne liegend,
gar prächtig hingepinselt – nur daß hier
der Ort dazu nicht war! – Der Maler ist

Vielleicht im Baumschlag stark, kann eine hübsche
Zypresse malen – aber auf dem Täfelchen,

worauf ein armer Mann, der Schiffbruch litte,
halbtot ans Ufer treibend, für sein Geld
sich malen läßt, was hilft dein schöner Baum?
Du fingest eine prächtge Vase an
zu drehn, und da die Scheibe abläuft, kommt
ein halber Topf heraus! – Kurz, mache was du willst,
nur, was du machst, sei mindestens Eins und Ganz!

Wir andern Dichter, meine edlen Freunde,
wir fehlen meistens nur vom Schein des Guten
getäuscht, und oft wenn wirs am besten meinen.
Man gibt sich Mühe kurz zu sein, und wird
darüber dunkel, oder nervenlos,
indem man leichte Dinge leicht behandeln will.
Ein andrer strebt nach Größe auf, und schwillt;
dafür kriecht jener dort, aus Furcht des Sturms,
der in der Höhe weht, am Boden hin:
und dieser, um, was nur auf eine Art
sich sagen läßt, recht unerhört zu sagen,
malt euch Delphinen in den Busch, und läßt
die Nereid' auf einem Eber schwimmen.

Die Furcht zu fehlen wird die reichste Quelle
von Fehlern, wenn sie nicht vom Kunstgefühl
geleitet wird. Der letzte unter allen
den Meistern, die wir um die Fechterschule
Aemils beschäftigt sehen, drückt vielleicht
an seinem Bilde jeden Nagel aus,
ahmt weicher Locken sanftes Wallen bis
zum Wunder nach, und ist und bleibt doch stets
der Letzte, weil er Alles – nur, zum Unglück
nichts Ganzes machen kann. Für meinen Teil,
ich wollte gleich so lieb, bei schwarzem Haar
und schönen schwarzen Augen, mich der Welt
mit einer krummen Nase zeigen, als
der Dichter sein, der diesem Künstler gliche.

Ihr, die ihr schreiben wollt, vor allen Dingen
wählt einen Stoff, dem ihr gewachsen seid,
und wäget wohl vorher, was eure Schultern
vermögen oder nicht, eh ihr die Last
zu tragen übernehmt. Wer seinen Stoff
so wählte, dem wirds an Gedanken
und Klarheit nie, auch nie an Ordnung fehlen;
und unter manchem Vorteil, der durch Ordnung
gewonnen wird, ist sicher keiner von
den kleinsten: daß man immer wisse, was
zu sagen ist, doch vieles, was sich auch
noch sagen ließe, jetzt zurückbehalte,
und für den Platz, wo man's bedarf, verspare.

Auch Sprach' und Versebau und Rhythmus sei
Dem wohl empfohlen, der ein echtes Werk
zu schaffen wünscht. Er kann nicht leicht zuviel
Bescheidenheit und Vorsicht in der Wahl
der Wörter zeigen. Öfters wird ein Vers
vortrefflich, bloß wenn ein alltäglich Wort
durch eine schlaue Stellung unverhofft
zum neuen wird. Wo neuentdeckte Dinge
zu sagen sind, da ist's mit Recht erlaubt
auch unerhörte Wörter zu erfinden,
wenn diese Freiheit mit Bescheidenheit
genommen wird. Auch können neue Wörter
und Redensarten, die vor kurzem erst
aus griechschem Quell auf unsern Grund und Boden
geleitet worden sind, mit Sparsamkeit
gebraucht, ein Recht an gute Aufnahm fordern.
Was kann der Römer einem Plautus und
Cäcil gestatten, das Virgil und Varius
nicht wagen dürften? Oder, soll mir übel
genommen werden, wenn ich etwas Weniges
erwerben kann, da Ennius und Cato
die Sprache mit so vielen neuen Wörtern
bereichern durften? Immer wars und bleibts
erlaubt, ein neugestempelt Wort

von gutem Korn und Schrot in Gang zu bringen.
So wie von Jahr zu Jahr mit neuem Laube
der Wald sich schmückt, das alte fallen läßt:
so lässet auch die Sprache unvermerkt
die alten Wörter fallen, und es sprossen neue
ins Leben auf, und füllen ihren Platz.
Wir sind uns selbst und alles Unsrige
dem Tode schuldig. Laß dort einen mit dem Meer
verbundnen Landsee seinen weiten Busen öffnen,
um ganze Flotten vor den Aquilonen
zu schirmen, traun! ein königliches Werk!
Laß jenen schon so lang unfruchtbarn und des Ruders
gewohnten Sumpf den Pflug erdulden lernen,
und nachbarliche Städte rings umher
mit reichen Ernten nähern – jenen Strom
den Lauf, der unsern Feldern schädlich war,
mit einem neuen bessern Weg vertauschen:
Das alles, Freunde, wird, als Menschenwerk,
die Zeit zerstören! – Und die Sprache sollte
allein in ewgem Jugendglanze blühen?
Viel abgestorbne Wörter werden wieder
ins Leben kehren, viele andere fallen,
die jetzt in Ehren sind, so wie der Brauch
es fügen wird, bei welchem doch allein
die Macht, hierin Gesetz zu geben, steht.

In welcher Versart Taten edler Helden
und Könige zu singen sich gezieme,
hat uns Homer gezeigt. – In jener, die
den Vers Homers mit einem kürzern wechselt,
verseufzte anfangs nur die Traurigkeit
den sanften Schmerz; allein man fand, daß auch
die Freude, und die ihres süßen Wunsches
gewährte Liebe dieses leichten Ganges
gar schicklich sich bediene: aber wer
Erfinder dessen sei, darüber streiten
die Sprachgelehrten, und der Handel ist
noch unentschieden. Mit dem raschen Jambus

bewaffnete die Wut den zürnenden
Archilochus: doch später wurde dieser Fuß
sowohl der niedern Socke, als dem hohen
Cothurn der Schauspiel-Musen angepaßt.
Man fand, er schicke sich zum Dialog
am besten, sei zur Handlung wie gemacht,
und übertöne leichter als ein andrer
das Volksgetös' im hallenden Theater.

Zur saitenreichen Leier hieß die Muse
die Götter und der Göttersöhne Taten,
die Sieger in den Kämpfen, und das Roß
im Wettlauf siegend, und die Schwärmereien
der feur'gen Jugend, Wein und Liebe, singen.

Ein jedes Werk in jedem Dichterfach
hat seinen eignen Farbenton und Stil.
Versteh ich nichts von dieser Farbengebung,
mit welcher Stirne kann ich einen Dichter
mich schelten hören? Oder, warum lieber
aus falscher Scham unwissend sein, als lernen?
Was komisch ist, will nicht im Schwung und Pomp
des Trauerspieles vorgetragen sein;
hingegen ists was unausstehliches,
Thyestens Gastmahl im Gesellschaftston
und Versen, die beinah zur Socke passen,
erzählen hören. Jedes schicke sich
für Ort und Zeit! – Indessen mag zuweilen
auch die Komödie ihre Stimm' erheben,
und einen alten Chremes, dem's der Sohn
zu toll gemacht, den Sturm des ersten Zorns
mit Blitz und Donnerschlag vertoben lassen:
so wie Melpomene, sobald sie klagt,
den Ton herabstimmt, und zum simplen Ausdruck
des Volkes sinkt. Wenn Telephus und Peleus
im tiefsten Elend, dürftig und verbannt
aus ihrem Vaterland, des Hörers Herz
mit ihren Klagen rühren wollen, lehrt

sie die Natur ganz einen andern Ton!
Da werfen sie die hohen Stelzen und
die ellenlangen Wörter gerne weg!

Ein Dichterwerk sei schön, sei fehlerfrei,
dies ist sehr viel, viel allein noch nicht genug;
um zu gefallen sei es lieblich auch,
und stehle sich ins Herz des Hörers ein,
um, was der Dichter will, aus ihm zu machen.

Ein lachend oder weinend Angesicht
bringt, wie wirs ansehn, augenblicklich auch
ein Lächeln oder einen traur'gen Zug
in unsers. Willst du, daß dein Unglück mich
zu Tränen rühren soll, mein guter Peleus
und Telephus, so mußt du selber weinen!
Sind deine Reden deiner Lage nicht
gemäß, so werd' ich – gähnen oder lachen.
Zu einem trauernden Gesichte ziemen sich
auch traur'ge Worte. Ruhig, oder zürnend,
mutwillig oder ernsthaft, immer sei die Sprache
der Leidenschaft, der Stimmung angemessen,
die erst aus Miene und Gebärde spricht.
Denn jeder Wechsel unsers Glücks erregt
zuerst im Innern eine Leidenschaft;
Zorn, der zum Widerstand das Blut erhitzt,
die Arme ausstreckt – oder Traurigkeit,
die hoffnungslos zur Erde, wie zum Grabe,
uns niederzieht: und dies, bevor die Zunge
der Seele Dolmetsch wird, und ihre Regung
in Worte ausbricht. Dies ist allezeit
Gang der Natur. Verfehlt der Dichter ihn,
legt seinem Peleus in den Mund, was nicht
zu seiner Lage paßt: so darfs ihn nicht befremden,
wenn Ritterschaft und Fußvolk überlaut
ihm, statt zu weinen, an die Nase lachen.

QUINTILIAN

Der Redner muß rechtschaffen sein

Es sei also der Redner, den wir heranbilden, ein solcher, wie ihn Marcus Cato charakterisiert: ein rechtschaffener, redekundiger Mann; allein, was auch er vorangestellt hat und was von Natur aus das Wichtigere und Größere ist, vor allem ein durchaus rechtschaffener Mann.
Und dies nicht nur deshalb, weil für das öffentliche und private Interesse nichts verderblicher sein würde, als die Beredsamkeit, welche im Dienste der Bosheit stände – sondern auch, weil ich selbst, der ich nach Kräften etwas zur Redekunst beizutragen gesucht habe, mich sehr schlecht um die Angelegenheiten der Menschen verdient gemacht haben würde, wenn ich diese Waffe für einen Straßenräuber, nicht für einen edlen Krieger verfertigt hätte. Doch was rede ich von mir? Die Natur selbst müßte, wenn sie uns dieses ganz besondere Geschenk verliehen und uns dadurch vor den übrigen lebenden Wesen ausgezeichnet hat, nicht als Mutter, sondern als Stiefmutter gegen uns gehandelt haben, wenn sie die Redegewandtheit zur Genossin des Lasters, zur Gegnerin der Unschuld und zur Feindin der Wahrheit gemacht hätte. Unter solchen Umständen wäre es besser gewesen, wir würden stumm geboren und vernunftlos geblieben sein, als daß wir das Geschenk der Vorsehung zum wechselseitigen Verderben anwenden. Doch mein Urteil geht noch weiter. Ich sage nicht bloß, daß einer, der Redner ist, ein rechtschaffener Mann sein müsse, sondern auch, daß niemand Redner werden könne, als nur der rechtschaffene Mann. Denn man wird doch weder Verstand zuschreiben denjenigen, die, wenn man ihnen den Weg einerseits der Ehre, andererseits der Schande zeigt, den schlechteren Weg vorziehen würden – noch Klugheit denjenigen, die sich bisweilen den härtesten gesetzlichen Strafen, unter allen Umständen jedoch den Peinigungen des bösen Gewissens durch einen unvorhergesehenen Ausgang der Sache aussetzen möchten. Wenn nun nicht bloß nach der Meinung der Weisen, sondern auch nach einem allgemein verbreiteten Glauben ein

schlechter Mensch auch ein Tor ist: so wird ein Tor wohl niemals Redner werden. Ferner kann der Geist dem Studium dieser herrlichen Wissenschaft nicht obliegen, ohne von allen Gebrechen frei zu sein, erstens aus dem Grunde, weil in einer und derselben Seele eine Vereinigung des Edlen und Schändlichen nicht stattfindet und eine Seele ebensowenig die edelsten und gemeinsten Gedanken hegen kann, als ein und derselbe Mann zugleich rechtschaffen und nichtswürdig sein kann; ferner aus dem Grunde, weil der auf einen so wichtigen Gegenstand gerichtete Geist von allen übrigen, auch schuldlosen Gedanken frei sein muß. Denn nur so kann er mit ungeteilter Aufmerksamkeit, ohne sich von einem andern Gegenstande beirren zu lassen, bloß dem Einen sich zuwenden, das er erstrebt. Wenn übertriebene Pflege der Äcker, allzu ängstliche Sorge für das Hauswesen, Lust zur Jagd und tagelange Schauspiele dem Studium viel Zeit rauben: wie müssen wir uns die Wirkungen der Wollust, Habsucht, des Neides vorstellen, da die zügellosen Gesinnungen solcher Leidenschaften sogar den Schlaf und die Träume der Nacht beunruhigen? Denn nichts ist so in Anspruch genommen, so vielförmig, von so vielen und so verschiedenen Affekten durchwühlt und zerfleischt, als ein böser Sinn. Rüstet er sich heimtückisch, so wird er von der Hoffnung, von Sorgen und Anstrengungen gequält; hat er aber bereits das Verbrechen verübt, so wird er von Angst, Reue und Furcht vor der Strafe gefoltert. Wie bleibt da für die Wissenschaften, oder für irgend eine schöne Kunst ein Raum übrig? Wahrlich ebensowenig, als in einem mit Dornen und Disteln überschütteten Boden. Ist nun nicht zur Ertragung der mit gelehrten Studien verbundenen Anstrengung Mäßigkeit notwendig? Was kann man also von der Unzucht und Schwelgerei erwarten? Erregt nicht edler Ehrgeiz besonders den Eifer für die Wissenschaft? Können wir nun aber glauben, daß sich böse Gemüter um Ehre kümmern? Weiß nicht jedermann, daß der größte Teil der Rede mit der Entwicklung dessen sich beschäftigt, was billig und gut ist? Kann also ein böser und ungerechter Mann darüber mit der dem Gegenstande gebührenden Würde sprechen? Zugegeben, was indessen in der Wirklichkeit nie und nimmer stattfinden kann, daß der schlechteste und rechtschaffenste Mann gleiche natürliche Anlage, gleichen Fleiß und gleiche Kenntnisse haben: welcher von beiden wird der bessere Redner genannt werden müssen? Unleugbar derjenige, welcher auch der bessere Mensch ist. Folglich kann niemand ein böser Mensch und ein vollkommener Redner in einer Person sein, denn nichts ist vollkommen, das nicht zugleich das Beste ist. Allein, um nicht nach Art der Sokratiker mir selbst eine Antwort erdichtet zu haben, so sei jemand gegen die Wahrheit so abgehärtet, daß er es wage zu behaupten, ein böser Mensch werde, wenn er mit denselben Anlagen, demselben Fleiße und denselben Kenntnissen versehen sei, ein nicht minder guter Redner werden, als ein rechtschaffener Mann: ich will ihm auch diesen Wahn benehmen. Es wird doch niemand leugnen, daß die Absicht jedes Redners die sei, zu bewirken, daß sein Vortrag dem Richter als wahr und edel einleuchte. Wer wird nun den Richter leichter überzeugen? Der Rechtschaffene oder der Schlechte? Der Rechtschaffene wird in den meisten Fällen nur was wahr und edel ist, reden; wenn er schon einmal, genötigt durch seine Berufspflicht, fälschlich etwas als wahr zu verteidigen wagt: wird er doch immer mit größerem Vertrauen angehört werden. Bei den Bösen verfehlt dagegen ihre Verstellungskunst oft den Zweck, teils weil die öffentliche Meinung bereits ein abfälliges Urteil über sie gefällt hat, teils weil sie die Tugend, die sie heucheln, nicht kennen. Sie tragen daher ihre Sache unbescheiden vor und stellen unverschämte Behauptungen auf. Abscheuliche Hartnäckigkeit und vergebens angewandte Mühe auf das, was sie unmöglich bewirken können, sind hievon die Folgen. Denn sie hegen im gewöhnlichen Leben wie in Rechtsverhandlungen übermäßige Hoffnungen. Oft kommt es auch vor, daß sie, wenn sie auch Wahrheit reden, an dieselbe nicht glauben, so daß ein solcher Anwalt das Kennzeichen einer schlechten Sache wird...

Doch zugegeben – was jedoch der Natur geradezu widerstreitet –, daß ein böser Mensch mit vortrefflicher Rednergabe zu finden wäre, so leugne ich doch, daß er ein Redner sei. Denn nicht jedem, der faustgewandt ist, kann ich den Namen eines tapferen Mannes zugestehen, weil es ohne Tugend keine Tapferkeit gibt. Muß nicht der, den man zur Verteidigung wichtiger Angelegenheiten beruft, redlich sein, so daß ihn weder der Geiz bestechen, noch Parteilichkeit leiten, noch auch Furcht erschüttern kann? Oder sollen wir den Verräter, den Parteigänger mit dem heiligen Namen des Redners beehren? Wenn nun aber diese Rechtschaffenheit auch mittelmäßigen Verteidigern zur Pflicht gemacht werden muß: warum sollte nicht jener Redner, der noch nicht gelebt hat, aber künftig leben kann, ebenso in sittlicher, wie in rednerischer Beziehung durchaus vollkommen sein? Denn ich will nicht etwa einen Gerichtsdiener unterrichten, oder einen um Lohn gedungenen Sprecher, noch auch – um nicht härtere Ausdrücke zu gebrauchen – einen nichtsnutzigen Advokaten für Streitsachen, einen sogenannten Prozeßmacher, unnützen Prozeßschlichter oder einen Menschen, den der gemeine Haufe Advokat nennt; sondern einen Mann, der von der Natur mit herrlichen Geistesanlagen ausgestattet, alle schönen Künste im Geiste umfaßt; der dem Menschengeschlechte als eine seltene Erscheinung zuteil wurde, wie sie das Altertum bisher nicht kannte; einen ganz besondern und durchaus vollkommenen Mann, der das edelste Herz und die glänzendste Rednergabe besitzt. Wie viel wird dieser nicht schon vermögen, wenn er die Unschuld beschützt, die Bösewichter im Zaume hält, und in Geldstreitigkeiten der Wahrheit gegen tückische Verleumdung beisteht? In allem diesen wird er der größte sein, aber in noch wichtigeren Angelegenheiten wird er erst recht glänzen, sei es, daß er die Beratungen des Senats leiten, sei es, daß er den Irrgeist eines Volkes auf die richtige Bahn leiten soll. Scheint nicht Vergil an einen solchen gedacht zu haben, wenn er im Aufstande des Pöbels, der schon Fackeln und Felsen schleudert, einen Bändiger aufstellt:

»Wenn jetzt nahet ein Mann, durch Verdienst und Tugend geachtet
Jen' ihn sehen, so schweigen sie alle, die Ohren gespitzet.«

Mit diesen Worten ist also vor allem der rechtschaffene Mann bezeichnet. Den beredten Mann bezeichnet er, wenn er weiter sagt:

»Dieser beherrscht mit Worten die Geister und stillet die Herzen.«

Wie? Sollte nicht eben der Mann, den wir heranbilden, auch im Kriege, wenn der Soldat zum Kampfe ermuntert werden soll, mitten aus der Fülle weiser Lehren Stoff zum Reden schöpfen? Denn wie wollten sich Krieger, wenn sie in den Kampf ziehen, jeglicher Furcht vor Anstrengungen, Schmerzen und dem Tode selbst entschlagen, wenn nicht Vaterlandsliebe, Tapferkeit und ein lebhaftes Bild dessen, was edel ist, an die Stelle träten? Und hiezu wird gewiß der am besten andere überreden können, der zuvor sich selbst davon überzeugt hat. Die Verstellung aber verrät sich, wie sehr sie sich auch hüten mag; nie wird die Redegewandtheit so groß sein, daß sie nicht schwanke und stocke, so oft die Worte der Gesinnung widersprechen. Der schlechte Mann ist aber gezwungen, anders zu reden, als er denkt. Dem Rechtschaffenen wird nie der würdige Ausdruck fehlen, nie die Erfindung der angemessensten Dinge, die, wenn sie auch jeglichen Schmukkes beraubt wäre, immer durch ihren inneren Gehalt glänzt. Denn was edel gesagt ist, ist auch schön gesagt.

Darum lasset uns von Jugend an und unser ganzes Leben hindurch – denn es ist nie zu spät, das Rechte zu wollen – mit dem ganzen Sinne darnach trachten, dahin arbeiten. Vielleicht gelingt es uns, das Ziel zu erreichen. Denn verbietet es die Natur nicht, rechtschaffen und beredt zu sein: warum sollte nicht einer allein beides in sich vereinigen können? Warum sollte nicht jeder hoffen, daß er dieser eine werden könne? Wenn auch hiezu die Kräfte des Geistes nicht genügen würden: so wird doch, wie weit auch immer wir es in beidem gebracht haben, eine doppelte Anstrengung uns besser machen.

KAPITEL III

GESCHICHTE ALS SELBSTBESTIMMUNG DES MENSCHEN

Götter und Helden sind dem archaischen Menschen Vorbilder, welche die Grenzen und Möglichkeiten seines Menschseins veranschaulichen. Die Sage ihrer vorbildlichen Taten ist die ursprüngliche Formkraft, die den Menschen bestimmt. In ihr erfährt der Gehorchende die allgegenwärtige, durch göttliche Kräfte beherrschte Ordnung der Natur als ewiges Gebot. Diese Bestimmung durch die ewige Gegenwart des Göttlichen vermag jedoch dem in der Zeit lebenden Menschen nur eine Dimension des Erlebens sinnvoll zu machen; sein geschichtlicher Ort, die Einmaligkeit der erlebten Gegenwart und damit das persönliche Selbstbewußtsein ist durch sie noch nicht bestimmt. Bei Homer fehlt die geschichtliche Bestimmung ganz und mit ihr die Selbstbestimmung des erlebenden Menschen, des Dichters. Vergangenheit und Gegenwart fallen in eins zusammen, ebenso Dichter und Werk. Bei Hesiod finden wir den ersten Versuch, die göttliche Bestimmung als geschichtliche Vergangenheit darzustellen, alte und neue Götter zu unterscheiden, auch zwischen göttlichem Ursprung und menschlicher Gegenwart einen in zeitlicher Folge sich entwickelnden Sinnzusammenhang, eine Dimension aufzuzeigen und so den Menschen nicht nur durch den natürlichen Unterschied, sondern auch in der geschichtlichen Distanz zum Göttlichen zu bestimmen: Der Mensch bestimmt sich von nun an in seiner Gegenwart durch die Geschichte als das sinnvolle Maß seiner Vergangenheit.

In seiner konkreten geschichtlichen Situierung des Menschen ist H e s i o d von orientalischen Vorstellungen beeinflußt. Sie führen die traurige Erfahrung der Gegenwart auf den Abstieg der Weltalter vom goldenen Ursprung zur eisernen Gegenwart zurück. Hesiod schiebt in diese absteigende Linie der vier Weltalter – offensichtlich aus Hochachtung vor dem homerischen Zeitalter – eine glorreiche Heroenzeit vor der eisernen Gegenwart ein und erreicht mit diesem an sich unlogischen Vorgehen sein Hauptziel noch besser: Das Unrecht, welches ihm sein Bruder Perses und die von diesem bestochenen Richter zugefügt haben, wird ihm so als Kennzeichen einer verfluchten Gegenwart und einer dem Untergang geweihten Zukunft sinnfällig, und damit ersteht um so mächtiger das Wunschbild einer Welt, in der Gerechtigkeit und Arbeitsfleiß durch Zeus belohnt, Überheblichkeit und Ungerechtigkeit bestraft werden. So mündet die Klage über die Gegenwart und die geschichtliche Sinngebung der Vergangenheit aus in ein Lehrgedicht, welches dem Bruder Ratschläge zu einem auf ehrlicher Arbeit in Landbau und Handel beruhenden Lebensglück bietet. Dieses erste Lehrgedicht der abendländischen Geisteswelt, das die geschichtliche Bestimmung des Menschen zur Voraussetzung hat, hat bereits in der Antike weiteste Nachahmung gefunden, wie dies in unserer Auswahl die Ausschnitte aus Parmenides, Empedokles, Lukrez und Horaz zeigen.

In der griechischen Tragödie steht das Problem der Kulturgeschichte und der Geschichte als Selbstbestimmung des Menschen überhaupt im Mittelpunkt. Der erste der drei großen Tragiker, Aischylos, hat den Übergang von den alten auf die jungen Götter, die Entwicklung des Zeus von einem despotischen zu einem gerechten Herrscher der Welt, die Ablösung der Blutrache durch die attische Rechtsordnung, die historische Auseinandersetzung von Persern und Griechen zum Thema seiner Werke gemacht. Sophokles' Lied über die Größe und Gefahr der menschlichen Kultur aber ertönt mitten im Konflikt zwischen göttlichem Gesetz und menschlicher Satzung, wie er dramatisch verkörpert durch die Antigone zu einem Grundproblem der griechischen Kultur im fünften Jahrhundert geworden war.

Ein psychologischer Grundsatz der Kulturgeschichte ist ebenfalls bei Hesiod in exemplarischer Weise enthalten: Während die Weltentstehung, die Göttergeschichte und die Beziehung von Gott und Mensch mit dem Verhältnis von Eltern und Kindern symbolisiert wird, bei Homer in der aufgeklärten Heiterkeit eines selbst in blutigen Streitigkeiten in sich ruhenden, zukunftslosen Ancien Régime, bei Hesiod in den Greueln einer ihre Kinder fressenden, die

Eltern vergewaltigenden Revolution, nimmt die menschliche Geschichte ihren Ausgangspunkt im Unterschied, ja Gegensatz von Brüdern. Das könnte ein Zufall sein bei Hesiod und seinem Bruder Perses, so deutlich auch gerade hier die Auseinandersetzung mit dem fremd gewordenen Bruder als eigentlicher Antrieb zu seinem kulturgeschichtlichen Lehrgedicht erscheint. Wir finden das Brüderpaar jedoch nicht nur in der Bibel am Anfang der menschlichen Kulturgeschichte, bei der Ermordung des Hirten Abel durch seinen acker- und städtebauenden Bruder Kain, dessen einer Nachkomme Thubalkain die handwerkliche Seite der Kultur, der andere, Jubal, die musische repräsentiert. Auch in der griechischen Sage steht ein Bruderpaar, Prometheus und Epimetheus am Anfang der menschlichen Kultur. Hesiod berichtet den Mythos, um die menschliche Arbeit, Landwirtschaft und Handel, geschichtlich zu begründen. Bei Protagoras ist dieser Mythos schon weit entwickelt, um den bei Sophokles in seiner Unheimlichkeit aufgedeckten menschlichen Kulturwillen durch die göttliche Gabe des Naturrechtes an alle Menschen sittlich zu verankern.

Während Demokrit aus dem Prometheusmythos eine eigentliche naturphilosophisch-materialistische Kulturtheorie entwickelt, welche in der ganzen Antike in den verschiedensten Formen abgewandelt wird (vgl. beispielsweise Bd. I 60 ff), beginnt mit Herodot, dem »Vater der Geschichte«, wie ihn Cicero genannt hat, ein neuer Abschnitt: derjenige der politischen Geschichte. Auch sie knüpft bis hinunter zu den Römern, welche sich von den Troianern herleiten, an den homerischen Mythos an; mit diesem verbindet sie auch die für die antike Geschichtsschreibung bezeichnende Gleichsetzung der geschichtlichen mit natürlichen Kräften: Begierde und Rachsucht sind für Herodot schuld am Konflikt Asien – Europa; klimatische Verhältnisse, Mangel, Stärke, in spätern Kapiteln auch Übermut, Machtgier und vor allem die Pest bilden für Thukydides die geschichtlichen Beweggründe. In dieser Hinsicht unterscheidet er sich nicht von der Haltung der homeri-

schen Epen: Die Konstanz der Menschennatur und ihrer Konflikte beseelt die antike Geschichtsschreibung und trennt sie radikal von der modernen, welche auf die Erfassung der historischen Individualität und Totalität beim Einzelnen und bei sozialen Körpern gerichtet ist. Die methodischen Unterschiede freilich, welche die antike Geschichtsschreibung vom Mythos trennt und diese zu einem Kampfplatz der naturwissenschaftlich exakten Forschung, der naturrechtlichen Spekulation, der politischen Anteilnahme und der rhetorischen Formung macht, diese auch unter sich differenzierten methodischen Anliegen erklären die in zeitlicher Reihenfolge abgedruckten Einleitungen zu den Werken einiger der bedeutendsten griechischen und römischen Historiker von selbst.

HESIOD

Die fünf Weltalter

Erst ein goldnes Geschlecht der vielfach redenden Menschen
Schufen die Ewigen einst, die Bewohner im Haus des Olympos;
Als die lebten, da war noch Kronos König im Himmel;
Und wie die Götter, so lebten sie all' – ganz ohne Betrübnis,
Weit von Mühe getrennt und Arbeit; klägliches Alter
Nahete nicht; sie blieben an Hand und Fuße sich immer
Gleich, voll Freud' am Mahle, des Übels ledig in allem;
Sterben – es war, als schliefe man ein; das Erfreuliche sämtlich
Hatte man hier; Frucht brachte die nahrungsprossende Feldflur
Ganz freiwillig in Hüll' und Fülle; nach eigenem Antrieb,
Still arbeitete man sein Werk mit gesegneter Habe.
Aber sobald dies Volk im Tode die Erde bedeckte,
Wurden nach Zeus', des Allmächtigen, Rat zu Dämonen sie alle,

Freundlichen, über der Erde, zu Hütern sterblicher Menschen.
Darum achten sie jetzt auf Recht und schändliche Taten,
Schweben umher im Nebelgewand durch alle Gefilde
Segnend; denn solch königlich Amt und Ehre belohnt sie. –

Wiederum aber ein ander Geschlecht, um Vieles geringer,
Silbern, schufen hernach die Bewohner im Haus des Olympos,
Weder am Wuchse dem goldenen gleich, noch durch die Gesinnung.
Hundert Jahr' ward jetzo das Kind bei würdiger Mutter
Zärtlich gepflegt und wuchs unmündig im eigenen Haus auf;
War es am Ende gereift und kam zur Blüte des Alters,
Lebten sie dann nur wenige Zeit und hatten Betrübnis
Durch unsinnige Tat; sie konnten ja frevelen Hochmuts
Nimmer sich unter einander enthalten; die Ewigen ehren
Mochten sie nicht, noch opfern auf heiligem Herde der Götter,
Wie sich's Menschen gebührte nach altem Brauche. So tilgte
Zeus, der Kronide, sie weg im Grimme, dieweil sie die Ehre
Doch nicht gaben den seligen Göttern in dem Olympos!
Als dies andre Geschlecht nun wieder die Erde bedeckte,
Wurden sie sterbliche Götter im untern Reiche genennet,
Zweite von Art; doch folgt auch selbigen Ehre noch immer.

Jetzt ein anderes, drittes Geschlecht vielstimmiger Menschen
Machte von Erz Allvater, in allem dem silbernen ungleich,
Wild und schrecklich mit eschener Lanz' und welche des Ares
Traurige Werke betrieben und Unrecht; Früchte der Erde
Aßen sie nicht; die trugen von Demant harte Gemüter,
Unnahbar; entsetzliche Kraft und schreckliche Fäuste

Hingen herab von der Schulter auf mächtigem Gliedergebäude.
Dort war jegliche Waffe von Erz, Erz jegliche Wohnung,
Erz ihr Ackergerät; noch gabs kein dunkeles Eisen.
Diese zuletzt, von der Stärke der eigenen Hände gebändigt,
Gingen hinab zu dem Moderpalast des schaurigen Hades
Ruhmlos, weil sie der dunkele Tod, so schrecklich sie waren,
Faßte; da schieden sie hin vom glänzenden Lichte der Sonne.

Aber sobald auch dieses Geschlecht zum Grabe gesunken,
Schuf noch ein anderes, viertes, auf vielernährendem Erdreich
Zeus, der Kronid', und dies war rechtlicher, edleren Herzens,
War der Heroen göttlicher Stamm. Die wurden in alter
Zeit wohl auch Halbgötter genannt auf unendlicher Erde.
Aber sie tilgte der traurige Krieg und die blutige Feldschlacht
Im Kadmeischen Land, beim siebentorigen Theben;
Allda starben sie hin beim Kämpfen um Oedipus' Herden;
Oder er hatte sie erst durch mächtige Tiefe des Meeres
Fern gen Troja geführt, schönlockiger Helena wegen;
Dort nun war's, wo alle das Ende des Todes umhüllte.
Diesen gewährte, getrennt von den Menschen, Leben und Wohnsitz
Zeus, der Kronide, der Vater; sie wohnten am Rande der Erde,
Und dort wohnen sie jetzo, von Sorge befreiet im Herzen,
An des Okeanos wirbelnder Flut auf der Seligen Inseln,
Glücklich Heroengeschlecht, dem Früchte, so süß, wie der Honig,
Dreimal reifet im Jahre die Nahrungspenderin Erde!

Drauf – o müßte ich nicht im fünften Geschlechte
daheim sein,
Stürbe zuvor schon, oder – ich würd' erst später geboren!
Denn jetzt ist es ein eisernes Volk; und nimmer am Tage
Ruh'n sie von Arbeitslast und Leid, ja selber die Nacht
nie, –
Sündiges Volk! Dem senden die Götter beschwerliche
Sorgen;
Dennoch wird auch ihnen zum Unheil Freude gemengt sein.
Einst tilgt Zeus auch dieses Geschlecht viellautiger Menschen,
Wann sie bei ihrer Geburt schon grauende Schläfen be-
kommen.
Nicht ist der Vater dem Kind, noch das Kind dem Vater
gewogen,
Oder dem Wirte der Gast, auch nicht der Gehilf' dem
Gehilfen;
Selbst ein Bruder – er ist nicht lieb mehr, wie er es einst
war!
Bald entehren sie noch die bejahrten, ergraueten Eltern,
Schmäh'n auf sie und schwatzen heraus unfreundliche
Worte,
Frevler, der göttlichen Rach' Unkundige! Diese bezahlen
Greisenden Eltern nimmer den Dank für Pflege der
Kindheit;
Faust ist Recht; so verheeret die Stadt auch einer dem
andern.
Redliche Treue dem Eide belohnt sich nimmer,
gerecht sein,
Gutsein nimmer; o nein, wer Sünde verübte, des Unrechts
Tat wird Ehre gezollt; kein Recht in den Händen,
noch Ehrtrieb
Gibt's dann noch; da betrügt ein Schurke den edleren
Menschen,
Spricht durch krumme, betrügliche Wort' und schwöret
den Eid noch.
Scheelsucht folget den Menschen, den unglückseligen,
allen –

Widriger Stimm', am Schaden erfreut, mit schrecklichem
Antlitz.
Jetzt zu dem hohen Olymp von der weitgebreiteten Erde,
Beide den herrlichen Leib in weiße Gewande verhüllet,
Gehen hinauf zu der Ewigen Chor und lassen die
Menschen
Scham und heilige Zucht. Was bleibt, ist trauriges Elend
Sterblichem Erdengeschlecht – und nirgends Hilfe des
Unheils!

SOPHOKLES

Größe und Gefahr der menschlichen Kultur

Vieles Gewaltge lebt, und nichts
Ist gewaltiger als der Mensch.
Denn selbst über die dunkle
Meerflut zieht er, vom Süd umstürmt,
Hinwandelnd zwischen den Wogen
Die rings umtoste Bahn.
Er müdet ab der Götter höchste,
Gäa, die ewige, nie sich erschöpfende,
Während die Pflüge sich wenden von Jahr zu Jahr,
Wühlt sie durch der Rosse Kraft um.

Flüchtiger Vögel leichten Schwarm
Und wildschweifende Tier' im Wald,
Auch die wimmmelnde Brut der See
Fängt er listig umstellend ein
Mit netzgeflochtenen Garnen,
Der vielbegabte Mensch.
Er zähmt mit schlauer Kunst des Landes
Bergedurchwandelndes Wild und den mähnigen
Nacken umschirrt er dem Roß mit dem Joche rings
Und dem freien Stier der Berghöhn.

Und das Wort und den luftigen Flug
Des Gedankens erfand er, ersann
Staatordnende Satzungen, weiß dem ungastlichen

Froste des Reifes und
Zeus' Regenpfeilen zu entfliehn.
Überall weiß er Rat;
Ratlos trifft ihn nichts
Zukünftiges; vor dem Tode nur
Späht er kein Entrinnen aus;
Doch für der Seuchen schwerste Not
Fand er Heilung.

In Erfindungen listiger Kunst
Weit über Verhoffen gewandt,
Neigt bald er zu Bösem, zu Gutem bald, achtet hoch
Der Heimat Gesetz,
Der Götter schwurheilig Recht,
Segen der Stadt! Aber zum Fluch
Lebt ihr, wer, gesellt
Dem Laster, frechem Trotze frönt.
Nimmermehr an meinen Herd
Gelange, noch in meinen Rat
Solch ein Frevler!

PROTAGORAS

Der Mythos vom Ursprung der menschlichen Gesellschaft

Es war einmal eine Zeit, wo es zwar Götter gab, aber noch keinerlei Art von sterblichen Wesen. Als aber für diese die vom Schicksal bestimmte Zeit ihrer Erzeugung gekommen war, da formen die Götter im Innern der Erde sie aus einer Mischung von Erde und Feuer und allem, was sich dem Feuer und der Erde durch Mischung beigesellt. Als es nun so weit war, daß diese Geschöpfe an das Tageslicht emporkommen sollten, gaben sie dem Prometheus und dem Epimetheus den Auftrag, sie auszustatten und einem jeden die ihm nötigen Kräfte zuzuteilen. Epimetheus aber weiß durch Bitten den Prometheus zu bewegen, ihm die Austeilung allein zu überlassen. Habe ich sie vollzogen, fügte er hinzu, so magst du sie nachprüfen. Seine Bitte findet Erhörung und er nimmt die Verteilung vor. Dabei verfuhr er so: einigen verlieh er Stärke ohne Schnelligkeit, die Schwächeren hinwiederum versah er mit Schnelligkeit, den einen gewährte er Waffen, für die anderen, denen er eine wehrlose Natur gab, ersann er irgend ein anderes Schutzmittel. Denjenigen nämlich von ihnen, die er mit kleiner Gestalt bekleidete, schenkte er Flügel zur Flucht oder unterirdische Wohnstätte; denjenigen dagegen, die er durch Größe auszeichnete, gewährte er eben durch diese ihre Größe auch Sicherheit. Und so vollzog er die Austeilung aller übrigen Gaben mit ausgleichender Gerechtigkeit. Bei diesem Verfahren war er aber mit aller Vorsicht darauf bedacht, daß keine Gattung etwa dem Untergange geweiht wäre. Nachdem er ihnen nämlich ausreichenden Schutz gegen die Vernichtung im Kampfe miteinander gewährt, sann er darauf, ihnen den Wechsel der Witterung erträglich zu machen. Zu dem Ende umkleidete er die einen mit dichten Haaren und starken Fellen, hinreichend zum Schutze gegen die Winterkälte und geeignet auch zur Abwehr der Hitze; und wenn sie sich ihrer Lagerstätte zuwandten, so sollten eben diese Schutzmittel ihnen zugleich als eigene und von der Natur selbst mitgegebene Decke dienen; ihr Fußwerk aber sicherte er teils durch Hufe, teils durch starke und blutlose Häute. Des weiteren sodann verschaffte er ihnen Nahrung, den einen diese, den anderen jene, den einen die Kräuter der Erde, anderen Früchte von Bäumen, wieder anderen Wurzeln; und einigen sollten andere Tiere zur Nahrung dienen; die Zahl dieser reißenden Tiere schränkte er auf ein geringes Maß ein, wogegen die ihnen zur Beute dienenden mit großer Fruchtbarkeit bedacht wurden, um die Gattung vor dem Untergang zu bewahren. Epimetheus nun, mit Blindheit geschlagen, bemerkte nicht, daß er seinen Vorrat an schutzkräftigen Gaben schon völlig aufgebraucht hatte, ehe noch das Menschengeschlecht ausgestattet war, das nun allein noch übrig war; so war er denn ratlos, was er mit ihnen anfangen sollte. Wie er so nicht ein und nicht aus wußte, nahet sich ihm Prometheus in der Absicht, die

Verteilung nachzuprüfen. Alle anderen Geschöpfe nun findet er wohl versehen mit allem Nötigen, den Menschen aber nackend, ohne Schutz für die Füße, ohne Decke und Wehr. Und schon war auch der vom Schicksal bestimmte Tag erschienen, an dem auch der Mensch aus der Erde ans Tageslicht hervortreten sollte. In seiner Bedrängnis und Ratlosigkeit über das Schutzmittel, das er für den Menschen ausfindig machen sollte, stiehlt nun Prometheus die kunstreiche Weisheit des Hephaistos und der Athene mitsamt dem Feuer – denn ohne Feuer konnte sich niemand in den Besitz dieser Weisheit setzen und sie sich nutzbar machen –, und so beschenkte er denn damit den Menschen. Dadurch gewann denn der Mensch zwar die zur Erhaltung des Lebens nötige Einsicht, aber die staatsbürgerliche hatte er noch nicht. Denn sie war hoch oben in der Hut des Zeus; und in die Burg, die hohe Behausung des Zeus einzudringen war auch dem Prometheus nicht möglich, zumal sie auch außerdem noch durch furchtbare Wachen gesichert war. Wohl aber gelingt es ihm, heimlich in die gemeinsame Behausung der Athene und des Hephaistos einzudringen, diese Werkstätte für ihre Kunstliebe. Da stiehlt er die Feuerkunst des Hephaistos und die anders geartete Kunst der Athene und macht sie dem Menschen zum Geschenk. Und damit wird der Grund gelegt zu der leiblichen Wohlfahrt des Menschen, den Prometheus aber traf später infolge der Torheit des Epimetheus, wie die Sage erzählt, die Strafe für den Diebstahl.

Da aber der Mensch nun göttlicher Güter teilhaftig geworden war, war er erstens unter allen Geschöpfen wegen dieser Verwandtschaft mit den Göttern das einzige, das an Götter glaubte, und machte sich daran, den Göttern Altäre und Standbilder zu errichten. Ferner schied und gliederte er auch bald die Laute der Stimme und gestaltete sie zu Worten; auch Wohnstätten, Kleider, Schuhe und Nahrung aus der Erde wußte er sich zu schaffen. So ausgerüstet wohnten die Menschen anfangs noch zerstreut, und Städte gab es noch nicht. Sie wurden daher eine Beute der wilden Tiere, weil sie ihnen durchweg an Kraft unterlegen waren; denn ihre kunstmäßige Geschicklichkeit bot ihnen zwar für den Lebensunterhalt hinreichende Sicherung, für den Kampf aber gegen die wilden Tiere war sie unzureichend. Denn noch fehlte ihnen die staatsbürgerliche Kunst, von der die Kriegskunst einen Teil ausmacht. So waren sie denn von dem Wunsche beseelt, sich zusammenzutun und zu sichern durch Gründung von Städten. Jedesmal aber, wenn sie sich zusammentaten, kam es zu Vergehungen und Beleidigungen gegeneinander, denn noch waren sie nicht im Besitz der staatsbürgerlichen Kunst; sie zerstreuten sich also bald wieder und fielen so dem Verderben anheim. Dem Zeus also ward bange um das Menschengeschlecht, dessen völliger Untergang sich vorzubereiten schien; darum entsandte er den Hermes als Bringer der Ehrfurcht und des Rechtes an die Menschen, auf daß durch diese den Staaten Ordnung und freundschaftlicher Zusammenhalt zuteil werde. So fragt denn Hermes den Zeus, auf welche Art er Recht und Ehrfurcht an die Menschen verleihen solle. Soll ich mich hierbei, fragt er, nach dem Muster richten, das die Verteilung der Künste bietet? Diese Verteilung ist folgender Art: ein Einzelner, der im Besitz der ärztlichen Kunst ist, reicht aus für viele Laien, und so steht es auch mit den anderen Werkmeistern. Soll ich es nun mit der Gründung von Recht und Ehrfurcht unter den Menschen ebenso halten, oder soll ich sie an alle austeilen? An alle, erwiderte Zeus, und jeder soll daran teil haben. Denn nie wird es zum Bestehen von Staaten kommen, wenn nur wenige jener Güter teilhaftig sind wie bei den anderen Künsten. Ja, du sollst in meinem Namen das Gesetz geben, daß, wer nicht imstande sei, sich Ehrfurcht und Recht zu eigen zu machen, dem Tod verfallen sei; denn er ist ein Geschwür am Leibe des Staates.

DEMOKRIT

Grundriß einer Kulturtheorie

Die zuerst entstandenen Menschen, so sagt man, hätten in einem ungeordneten und halbtierischen Zustande gelebt, seien vereinzelt auf Nahrung ausgegangen und hätten sich die zuträglichsten Kräuter und wildwachsenden Baumfrüchte gesucht. Da sie von den wilden Tieren angegriffen wurden, seien sie, durch ihren Vorteil belehrt, einander zu Hilfe gekommen, und da sie sich nun zusammenhielten, hätten sie allmählich ihre Züge unterscheiden gelernt. Ihre Sprache war anfangs ein Durcheinander undeutlicher Laute, allmählich aber wurde sie zu gegliedertem Ausdruck, und indem sie über bestimmte Bezeichnungen der einzelnen Gegenstände übereinkamen, schufen sie sich hierdurch ein Mittel, über alles und jedes ihre Gedanken auszudrücken. Da aber solche Genossenschaften in allen Teilen der bewohnten Erde entstanden, so konnten nicht alle einerlei Sprache haben, denn eine jede bildete die Worte, wie es sich gerade zufällig traf, und daher kommt es, daß es so vielerlei Sprachen gibt, und aus jenen ersten Genossenschaften wurden die Urstämme der Menschen. Diese ersten Menschen nun konnten nur ein mühseliges Leben führen, da noch keine nützliche Erfindung gemacht war; sie gingen in ihrer Blöße daher, kannten weder Obdach noch Feuer und hatten noch ganz und gar keinen Begriff vom Zubereiten der Speisen. Ja nicht einmal die wildwachsende Frucht wußten sie einzusammeln und sich einen Vorrat derselben für den Fall der Not aufzuspeichern, weshalb denn auch zur Winterszeit viele durch Kälte und Mangel an Nahrung zu Grunde gingen. Erst allmählich wurden sie durch die Erfahrung gelehrt, im Winter in den Höhlen Zuflucht zu suchen und sich Vorräte an den Früchten anzulegen, die sich aufbewahren lassen. Erst nachdem sie das Feuer und die andern nützlichen Dinge kennen gelernt, erfanden sie auch die Handwerke und Künste und was sonst für die menschliche Gesellschaft von Nutzen ist, denn überhaupt ist in allen Dingen nur die Not selbst die Lehrerin der

Menschen gewesen, und sie mußte ein sonst wohlgeschaffenes Wesen, das zu allen Dingen die Hilfe seiner Hände bereit hat und Überlegung und Scharfsinn besitzt, auf die einfachste und natürlichste Weise zu allen Kenntnissen und Geschicklichkeiten anleiten.
Über die erste Entstehung der Menschen und die älteste Form des Lebens unter ihnen wollen wir uns an dem, was hier gesagt ist, genügen lassen, da wir uns der Gleichmäßigkeit befleißen müssen.

HERODOT

Mythos und Geschichte

Von Herodot aus Halikarnaß ist dies die Darlegung seiner Forschung, damit weder das, was von Menschen geschehen ist, mit der Zeit ausgelöscht werde, noch große und bewundernswerte Taten, wie sie teils von Hellenen, teils von Barbaren vollbracht wurden, ihres Ruhmes verlustig gehen, außer dem andern auch, aus welchem Grund sie miteinander in Krieg gerieten.
Bei den Persern behaupten die Geschichtskundigen, die Phoiniker seien die Urheber des Streites. Denn die seien vom sogenannten Roten Meer an unser Mittelmeer gekommen, hätten sich dort in dem heute von ihnen bewohnten Land angesiedelt und sich sofort auf große Seefahrten verlegt, wobei sie ägyptische und assyrische Waren mitgeführt hätten. Sie fuhren nach verschiedenen Ländern, darunter auch nach Argos. Argos aber besaß zu jener Zeit unter allen andern den Vorrang in dem Lande, das heute Hellas heißt. Als nun die Phoiniker nach diesem Argos gekommen waren, suchten sie ihre Ladung zu verkaufen. Als sie am fünften oder sechsten Tag nach ihrer Ankunft beinahe alles ausverkauft hatten, kamen viele Frauen ans Meer, unter ihnen des Königs Tochter, mit Namen Io, Tochter des Inachos, wie auch die Griechen berichten. Die traten ans Heck des Schiffes und kauften von den Waren, wonach ihr Herz begehrte; da verständigten sich die Phoiniker untereinander und stürzten sich auf sie. Die

Mehrzahl der Frauen konnte entrinnen; Io jedoch wurde mit einigen andern ergriffen; sie warfen sie ins Schiff und fuhren in Richtung Ägypten davon.
So sei Io – erzählen die Perser im Gegensatz zu den Griechen – nach Ägypten gelangt, und das sei der Ausgangspunkt all der Übeltaten gewesen. Später landeten, so berichten sie weiter, einige Griechen – ihre Namen nämlich wissen sie nicht zu melden – bei Tyros in Phoinikien und raubten des Königs Tochter, namens Europa; es mögen Kreter gewesen sein. Mit dieser Tat nun sei ihnen nur Gleiches mit Gleichem vergolten worden; hierauf aber seien für den zweiten Frevel die Griechen verantwortlich geworden. Sie fuhren nämlich mit einem langen Schiff nach Aea im Kolcherland zum Phasis und raubten dort, nachdem sie alles andere, weswegen sie hingefahren waren, ausgeführt hatten, die Königstochter Medea. Als nun der Kolcherfürst nach Hellas einen Herold sandte, um Bestrafung dieser Entführung zu fordern und seine Tochter herauszuverlangen, gaben sie Bescheid, jene hätten ihnen für den Raub der Io aus Argos auch keine Genugtuung gegeben, und so würden sie ihnen auch keine geben.
In der folgenden Generation, erzählen sie, bekam Alexander, des Priamos Sohn, Lust, sich eine Frau aus Griechenland zu entführen, völlig der Meinung, er werde nicht bestraft werden, denn jene Griechen hatten ja auch keine Strafe erhalten. Als er nun Helena entführt hatte, schien es den Griechen fürs erste gut, Unterhändler zu senden, um Helena zurückzufordern und Genugtuung für die Entführung zu verlangen. Jene aber hielten ihnen, als sie ihre Forderungen vorbrachten, den Raub der Medea vor und daß sie, die selbst ja keine Genugtuung geleistet noch sie ausgeliefert hatten, nun von andern solches verlangten.
Bis zu diesem Zeitpunkt habe es nur gegenseitige Raubzüge gegeben, von da an aber stünden die Griechen in großer Schuld, denn sie seien eher nach Asien hinüber in den Krieg gezogen als die Asiaten nach Europa. Ist nun

nach dem Dafürhalten der Perser Frauen zu rauben das Werk ungerechter Menschen, so sich um geraubte Frauen abzumühen und sie zu rächen das von unvernünftigen; nur sich nicht um geraubte Frauen zu kümmern, sei verständig, denn es sei ja offenkundig, daß sie nicht entführt worden wären, wenn sie nicht selbst einverstanden gewesen wären. Sie selbst, sagen die Perser weiter, die Asiaten also, hätten wegen der entführten Frauen kein Wort verloren, die Griechen dagegen hätten wegen einer lakedämonischen Frau eine große Kriegsmacht versammelt, seien gegen Asien gezogen und hätten dann die Macht des Priamos gestürzt. Von nun an hätten sie immer alles Griechische für feindlich angesehen. Denn Asien und die dort niedergelassenen Barbarenvölker betrachten die Perser als ihr Eigentum, doch Europa und insbesondere die griechische Welt haben sie stets als davon abgetrennt aufgefaßt.

So ist es nach der Aussage der Perser gekommen und in Ilions Fall sehen sie den Ursprung ihrer Feindschaft gegen die Griechen. Was die Io angeht, so sind die Phoiniker mit den Persern nicht einverstanden. Denn nicht gewaltsam hätten sie jene nach Ägypten entführt, sondern sie habe sich in Argos mit dem Schiffskapitän eingelassen, und als sie festgestellt hatte, daß sie schwanger war, sei sie aus Angst vor den Eltern freiwillig mit den Phoinikern ausgefahren, um nicht entdeckt zu werden.

Das also erzählen Perser und Phoiniker. Ich aber will nicht hingehen und mich darüber äußern, weder zustimmend noch ablehnend, den Mann aber, von dem ich selbst weiß, daß er als erster mit unrechten Handlungen wider die Griechen begonnen hat, den will ich angeben und mich dann der weiteren Darstellung zuwenden, indem ich gleicherweise die kleinen und großen Städte der Menschen berühre. Denn die einstmals groß waren, sind nun zur Mehrzahl klein geworden; die aber zu meiner Zeit groß waren, waren früher klein. Da ich nun weiß, daß menschliches Glück nicht gleich bleibt, so will ich beider gedenken.

THUKYDIDES

Geschichte ein dauernder Besitz

Thukydides von Athen hat den Krieg der Peloponnesier und Athener, den sie gegeneinander führten, aufgezeichnet. Er begann damit gleich beim Ausbruch, in der Erwartung, der Krieg werde bedeutender werden und denkwürdiger als alle früheren; das erschloß er daraus, daß beide auf der vollen Höhe ihrer Macht in den Kampf eintraten und daß er das ganze übrige Hellenentum Partei ergreifen sah, teils sofort, teils nach einigem Zögern. Es war bei weitem die gewaltigste Erschütterung für die Hellenen und einen Teil der Barbaren, ja sozusagen unter den Menschen überhaupt. Denn was davor war und noch früher, das war zwar wegen der Länge der Zeit unmöglich genau zu erforschen; aber aus Zeichen, die sich mir im großen ganzen bei der Prüfung als verläßlich erwiesen, glaube ich, daß es nicht erheblich war, weder in Kriegen noch sonst.

Es ergibt sich nämlich, daß was heute Hellas heißt, nicht von alters her fest besiedelt gewesen ist, sondern daß es Völkerwanderungen gab früher und die einzelnen Stämme leicht ihre Sitze verließen unter dem Druck der jeweiligen Übermacht. Denn da noch kein Handel war und kein gefahrloser Verkehr weder übers Meer noch auf dem Land, da alle ihr Gebiet nur nutzten, um grade davon zu leben und keinen Überschuß hatten, auch keine Bäume pflanzten bei der Ungewißheit, wann vielleicht ein Feind, zumal auch nichts befestigt war, kommen und ihnen alles wegnehmen würde, und da sie die nötige Nahrung für den Tag überall gewinnen zu können meinten, so fiel es ihnen nicht schwer auszuwandern, und darum waren sie weder durch große Städte stark noch durch sonstige Kriegsmacht. Je besser aber das Land, desto häufiger wechselte es die Besiedler, so das heutige Thessalien, Boiotien, die meisten Teile des Peloponnes außer Arkadien, und wo sonst ein Landstrich vorzüglich war. Denn die Güte des Landes gab manchen größere Macht und führte damit zu inneren Fehden, in denen sie umkamen, und lockte zugleich fremde Stämme eher zum Angriff. Wenigstens ist Attika, weil es mit seinem kargen Boden die längste Zeit von Parteihader frei war, immer von denselben Menschen besiedelt gewesen. Und das ist nicht der schwächste Beweis für den Satz, daß die andern Gegenden wegen der vielen Wanderungen nicht ebenso erstarken konnten. Denn aus ganz Hellas wandten sich die Verdrängten oder Verbannten, immer die Mächtigsten, nach Athen, als an einen sichern Ort, wurden dort Bürger und machten so schon seit alters her die Stadt noch größer und volkreicher, weshalb sie von hier aus auch später in Jonien, da Attika nicht ausreichte, neue Städte gründeten.

Es erhellt mir aber die Ohnmacht der Vorzeit nicht zuletzt auch daraus: vor dem troischen Krieg nämlich hat Hellas offenbar nichts gemeinsam unternommen, ja mich dünkt, es trug noch nicht einmal diesen Namen als ein Ganzes, sondern in der Zeit vor Hellen Deukalions Sohn gab es diese Bezeichnung überhaupt noch nicht, und nur einzelne Stämme, zumal der pelasgische, breiteten ihren eignen Namen möglichst weit aus; als dann Hellen und seine Söhne in der Phthiotis mächtig wurden und man sie oft zu Hilfe in die andern Städte rief, hießen wegen dieser Gemeinschaften schon einzelne da und dort Hellenen, doch ist es noch gar nicht so lange her, daß sich der Name allgemein durchsetzte. Das bezeugt am besten Homer, der doch viel später ist als selbst der troische Krieg: nirgends nennt er die Gesamtheit so, ausschließlich die Mannen Achills aus der Phthiotis, die ja auch die ersten Hellenen waren; dafür spricht er von Danaern in seinen Epen und Argeiern und Achaiern. So hat er ja auch für die Barbaren kein Wort, weil auch die Hellenen, meine ich, noch nicht unter einem gegensätzlichen Namen zusammengefaßt waren. Diese einzelnen Völker also, erst Stadt um Stadt, soweit sie einander verstanden, später insgesamt Hellenen genannt, haben vor dem troischen Krieg in ihrer Ohnmacht und ohne Verkehr miteinander nichts gemeinsam vollbracht.

Ja auch zu diesem Zug vereinigten sie sich erst, als sie mit dem Meer schon besser vertraut waren. Minos nämlich war der erste, von dem wir Kunde haben, daß er eine Flotte besaß, das heutige hellenische Meer weithin beherrschte und die Kykladen eroberte und meistenteils zuerst besiedelte, wobei er die Karer verdrängte und seine eignen Söhne als Fürsten einsetzte. Auch von den Seeräubern reinigte er vermutlich das Meer nach Kräften, um seine Einkünfte zu verbessern.

Denn die ältesten Hellenen und auch die Barbaren an den Küsten des Festlands und die die Inseln bewohnten, hatten kaum begonnen, mit Schiffen häufiger zueinander hinüberzufahren, als sie sich auch schon auf den Seeraub verlegten, wobei grade die tüchtigsten Männer sie anführten, zu eignem Gewinn und um Nahrung für die Schwachen; sie überfielen unbefestigte Städte und offne Siedlungen und lebten so fast ganz vom Raub. Dies Werk brachte noch keine Schande, eher sogar Ruhm; das zeigen heut noch manche Stämme auf dem Festland, wo es ehrenvoll ist, sich darin auszuzeichnen, und die älteren Dichter, bei denen die Frage an Landende immer gleich lautet, ob sie Seeräuber seien, ohne daß die Befragten beleidigt wären oder, wer sich so erkundigt, in diesem Tun etwas Böses sähe. Gegenseitige Raubzüge gab es ja auch auf dem Festland. Und bis auf den heutigen Tag herrscht in weiten Teilen von Hellas noch die alte Sitte, bei den ozolischen Lokrern, Aitolern, Akarnanen und dort herum; auch das Waffentragen hat sich dort auf dem Festland wegen der alten Räuberei gehalten.

Denn ganz Hellas ging einst in Waffen wegen der mauerlosen Siedlungen und der unsichern Straßen, und das Leben mit dem Schwert war ihnen vertraut wie den Barbaren. Zum Beweis dient dieser dort in Hellas noch lebendige Brauch für die gleichen Gepflogenheiten einst auch aller übrigen. Die allerersten, die das Eisen ablegten, waren die Athener, die die alte Straffheit lockerten und sich mehr den Annehmlichkeiten zuwandten. Noch ist es ja nicht so lange her, daß dort die älteren Leute unter den Begüterten aufhörten, in ihrer verfeinerten Art leinene Röcke zu tragen und sich durch Einführen goldner Zikaden die Haupthaare zu einem Schopf aufzustecken; weshalb auch in dem verwandten Jonien unter den älteren Leuten lange Zeit diese Tracht herrschte. Die heutige knappere Art der Kleidung stammt von den Spartanern, die ja auch sonst zwischen der Menge und den größern Besitzern die Unterschiede der Lebensweise ziemlich aufgehoben haben. Sie waren auch die ersten, sich öffentlich nackt auszuziehn und beim Turnen sich mit Öl einzureiben. Ursprünglich kämpften nämlich sogar in Olympia die Wettkämpfer mit Gürteln um die Scham, es ist noch nicht viele Jahre her, seit das abkam, und noch heute gibt es bei den Barbaren manchenorts, besonders in Asien, Faust- und Ringkämpfe, und sie tun das gegürtet. So ließe sich noch an vielen andern Beispielen zeigen, wie das alte Hellenentum nach gleicher Sitte lebte wie die heutigen Barbaren.

Alle Städte aber, die in jüngerer Zeit gegründet wurden und die bei schon entwickelter Seefahrt schon eher Überschuß hatten, wurden unten am Strand selbst angelegt und riegelten mit Mauern die Landzungen ab um des Handels willen und der Sicherung gegen die jeweiligen Nachbarn, während die alten Städte wegen der noch lang vorherrschenden Seeräuberei vom Meer weiter entfernt gebaut wurden, die auf den Inseln so gut wie auf dem Festland; – denn sie überfielen einander gegenseitig wie auch die Küstenstädte nicht seefahrender Völker – und so sind sie bis heut landeinwärts gelegen. Dabei waren die Inselvölker nicht etwa weniger räuberisch, die Karer und Phoiniker; diese bewohnten nämlich die meisten der Inseln. Zum Zeugnis: als die Athener in diesem Kriege Delos reinigten und die Gräber, die von Toten auf der Insel waren, entfernten, zeigte sich, daß über die Hälfte karisch waren, wie man aus den mitbegrabenen Rüstungen ersehen konnte und aus der heut noch üblichen Art der Beisetzung.

Mit dem Auftreten der kretischen Flotte nun wurde der

Seeverkehr reger, denn die Räuber von den Inseln mußten vor Minos weichen, als er überall seine Städte gründete, und die Menschen am Meer konnten, mit ihrem zunehmenden Erwerb, ihre Siedlungen besser sichern; manche umgaben sich auch schon mit Mauern, da sie immer reicher wurden. Denn um der Vorteile willen duldeten die Schwächern das Joch der Stärkeren, und die Mächtigern, mit ihrem Überschuß, konnten sich die Kleineren als Untertanenstädte aneignen. Dies erst war der Zustand, in dem sie dann später gegen Troia zogen.
Auch Agamemnon hat, meine ich, das Heer als der größte Machthaber seiner Zeit zusammengebracht und nicht, weil die Freier der Helena dem Tyndareos Heeresfolge zugeschworen hatten. So sagen auch manche Peloponnesier, die, bei denen sich aus der Vorzeit die sicherste Überlieferung findet, Pelops habe zuerst durch eine Menge Geld, mit dem er aus Asien zu bedürftigem Volk gekommen, sich eine Macht geschaffen, und habe so dem Land (Peloponnes = Pelops-Insel), er, der Fremdling, seinen Namen verliehen; und später sei seinen Nachkommen noch Größeres widerfahren: denn da Eurystheus in Attika gegen die Herakliden fiel und vor seinem Auszug Mykene und das Reich seinem Verwandten Atreus, dem Bruder seiner Mutter, anvertraut hatte – der damals gerade seinen Vater (Pelops) meiden mußte wegen des Mordes an Chrysippos (Stiefbruder) –, da hätten die Mykener, als Eurystheus nicht mehr heimkehrte, aus Angst vor den Herakliden freiwillig den Atreus, der ihnen fähig schien und sich auch beliebt gemacht hatte bei den Massen in Mykene und im ganzen Reich des Eurystheus, diesen Atreus also hätten sie zu ihrem König gemacht, und so sei Pelops' Geschlecht gestiegen, das des Perseus (Großvater des Eurystheus) gesunken. Als Erbe dieses Reiches hat, glaube ich, Agamemnon, und weil er auch zur See stärker geworden war als die andern, durch Furcht, nicht durch Freundschaft, das Heer zu dem Zug zusammengebracht. Wir sehen ihn nämlich mit der größten Zahl von Schiffen kommen und dazu noch den Arkadern welche leihen, nach den Angaben

Homers, wenn jemand auf dessen Zeugnis geben will. Auch bei der Übergabe des Szepters sagt er von ihm, daß er »viele der Inseln beherrsche und Argos von Ende zu Ende«. Nie jedoch hätte er als Festländer über die Inseln geherrscht außer über die vorgelagerten – und das wären wieder nicht »viele« gewesen –, hätte er nicht auch eine Flotte gehabt. Auch aus diesem Feldzug mag man aber schließen auf das, was vorher war.

Daß zwar Mykene klein war oder sonst eine der damaligen Burgen heut unbeträchtlich wirkt, wäre kein ganz sicheres Zeichen, um zu zweifeln, ob die Heerfahrt so großartig war wie die Dichter sie darstellen und die Sage geht. Denn wenn Sparta verödete und nur die Tempel und Grundmauern der Bauten blieben, würden gewiß die Spätern nach Verlauf langer Zeit voller Unglauben seine Macht im Vergleich zu seinem Ruhm bezweifeln – und doch haben die Spartaner vom Peloponnes zwei Fünftel zu eigen und sind die Vormacht des ganzen und noch vieler Verbündeten außerhalb; aber da sie nicht in einer Stadt beisammenwohnen und keine kostbaren Tempel und Bauten haben, sondern nach altgriechischem Brauch dorfweise siedeln, so könnte Sparta eher armselig wirken. Wenn es aber Athen ebenso ginge, so würde seine Macht nach der sichtbaren Erscheinung der Stadt doppelt so hoch eingeschätzt werden als sie ist. Also ist kein Grund zu zweifeln und auf die Pracht einer Stadt mehr zu geben als auf ihre Macht, sondern ist glaublich, daß der troische Krieg wirklich der bedeutendste war aller früheren, jedoch zurückbleibt hinter den heutigen, wenn man sich auch hier wieder auf die Dichtung Homers verlassen will, der ihn als Dichter sehr wahrscheinlich überhöht hat: auch so erweist er sich noch als recht bescheiden.

Homer läßt von 1200 Schiffen die der Boioter 120, die des Philoktetes 50 Mann fassen, womit er, dünkt mich, die größten und die kleinsten nennt; jedenfalls hat er der Größe der andern bei der Aufzählung der Schiffe nirgends gedacht. Daß sie selbst an den Riemen saßen und alles Krieger waren, gibt er bei den Schiffen des Philoktetes an: alle Ruderer dort läßt er Schützen sein. Bloße Mitfahrer sind auf den Schiffen schwerlich viele gewesen außer den Königen und den Allervornehmsten, zumal sie mit Kriegsgerät übersee wollten, und das auf Kähnen, die ohne Verdeck mehr nach alter Seeräuberart gebaut waren. Nimmt man nun die Mitte zwischen den größten und den kleinsten Schiffen, so waren es offensichtlich nicht viele, die mitkamen – für einen gemeinsamen Auszug aus ganz Hellas. Der Grund dafür lag nicht so sehr in einem Mangel an Menschen als an Mitteln. Denn wegen der Schwierigkeit der Ernährung führten sie nur ein kleineres Heer hin, von dem sie hoffen durften, daß es von dort aus seinen Bedarf erkämpfen könne, und als sie nach der Ankunft in einer Schlacht gesiegt hatten – das ist gewiß, sonst hätten sie die Schanzen um das Lager nicht aufführen können –, da setzten sie offenbar immer noch nicht die gesamte Macht ein, sondern trieben Ackerbau auf der Chersones oder Seeräuberei, wegen der Schwierigkeit der Ernährung. Desto eher konnten die Troer den zersplitterten Gegnern zehn Jahre lang trotzen: dem jeweiligen Rest waren sie gewachsen. Wären sie aber mit Überfluß an Vorräten gekommen und hätten vereint ohne Raubzüge und Landbau den Krieg in einem Zuge durchgeführt, leicht hätten sie Troia durch einen Sieg im Felde gewonnen, sie, die doch auch nicht vereinigt, mit dem jeweils kämpfenden Teil sich halten konnten; und auch durch Belagerung und Einschließung hätten sie es in kürzerer Zeit und mit geringerer Mühe eingenommen. Aber wegen der Armut war alles Frühere so kraftlos, und sogar diese Tat, die meistgenannte der Vorzeit, war in Wirklichkeit, wie sich zeigt, viel geringer als ihr Ruf und die wegen der Dichter jetzt noch davon verbreitete Sage.

Gab es doch auch nach dem troischen Krieg in Hellas noch lauter Wanderungen und Neugründungen, so daß es nicht in Ruhe wachsen konnte. So brachte die Heimkehr der Hellenen aus Ilion, nach so langer Zeit, manchen Umsturz, und häufig gab es in den Städten Bürgerkrieg und die Verbannten siedelten sich anderwärts an; sodann wurden die heutigen Boioter 60 Jahre nach der Einnahme von Ilion durch die Thessaler aus Arne vertrieben und ließen sich nieder im jetzigen Boiotien, das früher das kadmeische Land hieß – nur ein Splitter von ihnen hatte schon vorher in diesem Land gewohnt, von denen kamen die Kämpfer vor Troia. Und die Dorier eroberten im 80. Jahr mit den Herakliden den Peloponnes. Nur mühsam und langsam kam Hellas zu Ruhe und Stetigkeit und konnte, als die Vertreibungen aufhörten, die Tochterstädte anlegen; Jonien wie auch die meisten Inseln wurden von Athen aus, Italien und Sizilien meist vom Peloponnes und der oder jener andern Hellenenstadt besiedelt. Alle diese Gründungen sind später als der troische Krieg.

Als Hellas mächtiger wurde und Erwerb und Gewinn mehr als früher gediehen, kamen in fast allen Städten Tyrannen auf, eine Folge der wachsenden Einkünfte – vorher hatte man erbliche Königtümer mit gesetzlichen Erbrechten –; und Flotten wurden in Hellas ausgerüstet, das Meer zu erobern. Die Korinther seien die ersten gewesen, die annähernd in der heutigen Weise sich auf Seefahrt verlegten, und die ersten hellenischen Trieren seien in Korinth gezimmert worden. Nach allem war es auch ein korinthischer Schiffbauer, Ameinokles, der den Samiern vier Schiffe baute – es waren etwa 300 Jahre bis zum Ende dieses Krieges, daß Ameinokles nach Samos kam. Und die älteste Seeschlacht, von der wir wissen, schlug Korinth gegen Kerkyra; auch das war etwa 260 Jahre bis zum gleichen Zeitpunkt. Denn dank seiner Lage an der Landenge war Korinth ja von je ein Handelsplatz, da die Hellenen von innerhalb und die außerhalb des Peloponnes, zu Land ursprünglich mehr als zur See, nur auf dem Weg über Korinth miteinander verkehrten; so wurde es geldmächtig, wie sich auch aus alten Dichtern ergibt: »die reiche« ist ihr Beiwort für die Stadt. Und als dann die Hellenen Seefahrer wurden, legte es sich die Schiffe zu und unterdrückte den Seeraub; und indem es einen Markt bot auf beiden Wegen, wurde es durch das zuströmende Geld eine mächtige Stadt. Auch die Jonier hatten später eine starke Flotte, zur Zeit des Kyros, des ersten Perserkönigs, und seines Sohnes Kambyses, und konnten gegen Kyros eine zeitlang ihr Meer behaupten. Und Polykrates, der zur Zeit des Kambyses Tyrann von Samos war, unterwarf sich durch die Kraft seiner Flotte eine Reihe von Inseln, darunter Rhenaia, das er dem delischen Apollon weihte; und die Phokaier, die Massalia gründeten, besiegten die Karthager in einer Seeschlacht. Das waren die mächtigsten Flotten, und auch diese, so manches Menschenalter nach dem troischen Krieg, kannten offensichtlich noch kaum die Triere, waren vielmehr mit Fünfzigruderern ausgestattet und Langschiffen wie die früheren. Erst kurz vor den Perserkriegen und dem Tod der Dareios, der nach Kambyses König von Persien war, hatten die sizilischen Tyrannen und Kerkyra Trieren in beträchtlicher Anzahl. Das waren die letzten nennenswerten Flotten, die vor dem Heerzug des Xerxes in Hellas bestanden. Denn in Aigina und Athen und vielleicht noch sonstwo gab es wenig, und fast nur Fünfzigruderer; erst zuletzt bewog Themistokles die Athener, im Krieg gegen Aigina und zugleich in Erwartung der Barbaren, die Schiffe zu bauen, mit denen sie dann die Seeschlacht schlugen – und selbst diese hatten noch kein durchgehendes Verdeck.

So stand es mit den hellenischen Flotten der Vorzeit und der späteren; und doch gelangten die Städte, die sich eine hielten, zu erheblicher Macht, durch Eingang von Geld und Herrschaft über andere: sie fuhren nämlich die Inseln an und unterwarfen sie, namentlich wenn ihr eigenes Gebiet nicht genügte. Einen Landkrieg, durch den ein Staat zu Macht gelangt wäre, gab es nicht; alle Kriege, wenn welche ausbrachen, waren Grenzhändel der Einzelnen; auswärtige Heerzüge weit von der Heimat zur Unterwerfung anderer unternahmen die Hellenen nicht. Denn sie fügten sich nicht in Gruppen unter das Gebot der mächtigsten Städte, noch zogen sie selbständig und gleichberechtigt zu gemeinsamen Fahrten aus, sondern gegen-

seitig bekämpften sich die einzelnen Nachbarstädte. Höchstens in dem zwischen Chalkis und Eretria früher einmal geführten Krieg teilte sich auch das übrige Hellas in Verbündete der einen und der andern Partei.
Dazu kamen bei jeder Stadt wieder besondere Gründe, die ein Wachstum hinderten: als Jonien ins Große zu gedeihen begann, zog Kyros heran, der mit der persischen Macht Kroisos und alles Land zwischen Halys und Meer niedergeworfen hatte; er unterjochte die festländischen Städte, und Dareios später, siegreich mit der phoinikischen Flotte, auch die Inseln. Und alle Tyrannen, die es in den hellenischen Städten gab, in ihrer engen Sorge bloß für die eigne Person und die Mehrung ihres Hauses, lenkten ihre Städte so vorsichtig sie irgend konnten, und keine nennenswerte Tat ward von ihnen vollbracht als höchstens gegen ihre nächsten Nachbarn. So kam alles zusammen, Hellas lange Zeit niederzuhalten, daß es gemeinsam nichts Herrliches leistete und die einzelnen Städte sich wenig zutrauten.
Als dann die Tyrannen in Athen und im übrigen Hellas, wo sie fast überall schon früher aufkamen, wieder gestürzt waren, die meisten und letzen außer den sizilischen durch Sparta – denn Sparta, das nach seiner Besiedlung durch die jetzt dort ansässigen Dorier von allen Städten, die wir kennen, die längsten Bürgerkriege hatte, kam doch am frühesten auch zu Gesetz und Ordnung und war immer tyrannenfrei; es mögen gut 400 Jahre sein bis zum Ende dieses Krieges, daß Sparta dieselbe Verfassung hat; das gab ihm die Stärke, auch in den andern Staaten einzugreifen – also nach der Vertreibung der Tyrannen aus Hellas begab sich nicht viele Jahre später auch die Schlacht der Perser gegen die Athener bei Marathon; und im zehnten Jahre danach kam der Barbar wieder mit dem großen Heerzug, um Hellas zu knechten. In der großen Gefahr, die über ihnen hing, wurden die Spartaner dank ihrer überlegenen Macht Führer der mitstreitenden Hellenen, und die Athener, vorm Angriff der Perser entschlossen, ihre Stadt preiszugeben, gingen mit Hab und Gut zu

Schiff und wurden Seefahrer. Nach gemeinsamer Abwehr des Barbaren schieden sich nicht viel später die vom Großkönig abgefallenen Hellenen und die Streitgenossen und unterstellten sich teils Athen, teils Sparta; denn diese beiden Städte hoben sich ab als die mächtigsten; es herrschte die eine zu Lande, die andere mit ihren Schiffen. Eine kurze Zeit dauerte die Waffenbrüderschaft noch, aber dann entzweiten sich Sparta und Athen und führten mit ihren Verbündeten Krieg gegeneinander, und wo sonst in Hellas eine Fehde ausbrach, schlossen sich die Städte jetzt an diese an. So daß sie die ganze Zeit von den Perserkriegen bis zu diesem jetzigen, im Wechsel von Waffenstillstand und Krieg, sei's gegeneinander, sei's gegen ihre abgefallenen Verbündeten, ihr Kriegswesen wohl ausbildeten und um so erfahrener wurden, als sie ihre Übungen unter Gefahren abhielten.

Dabei hielt Sparta seine Verbündeten nicht abgabenpflichtig und sah nur darauf, daß überall ein herrschender Adel in Spartas Sinn die Dinge lenkte, während Athen mit der Zeit seinen Städten außer Chios und Lesbos die Schiffe wegnahm und allen eine Abgabe in Geld zumaß. So war jeder der beiden Gegner für diesen Krieg besser gerüstet als sie je zur Zeit des lautersten Bündnisses in gemeinsamer Kraft geblüht hatten.

So also fand ich die Vorzeit, in mühsamer Untersuchung, da nicht jedem ersten besten Zeugnis zu trauen war. Denn die Menschen nehmen alle Nachrichten von Früherem, auch was im eignen Lande geschah, gleich ungeprüft voneinander an. So meinen z. B. die meisten Athener, Hipparchos sei von Harmodios und Aristogeiton als Tyrann erschlagen worden, und wissen nicht, daß Hippias als der älteste der Peisistratos-Söhne herrschte und Hipparchos und Thessalos seine Brüder waren, und daß Harmodios und Aristogeiton an jenem Tage, argwöhnisch, einer ihrer Mitwisser möchte sie im Augenblick dem Hippias verraten haben, diesen sein ließen, weil er gewarnt war, und dafür, um doch vor der Verhaftung noch eine Tat zu wagen, den Hipparchos suchten, der gerade am sogenannten

Leokoreion den Panathenäenzug ordnete, und diesen erschlugen. Und so gibt es noch manches, auch Heutiges, nicht durch die Zeit Verschollenes, was auch die andern Hellenen irrig meinen, wie etwa, daß die Spartanerkönige nicht jeder einen Stimmstein dazulegen, sondern zwei, und daß der pitanatische Trupp (Heeresteil) ihnen gehöre – den es gar nie gegeben hat. So unbemüht sind die meisten in der Erforschung der Wahrheit und bleiben lieber bei den herkömmlichen Meinungen. Wer sich aber nach den genannten Zeichen die Dinge doch etwa so vorstellt, wie ich sie geschildert habe, wird nicht fehlgehn, unverführt von den Dichtern, die sie in hymnischer Aufhöhung ausgeschmückt haben, noch von den Geschichtenschreibern, die alles bieten, was die Hörlust lockt, nur keine Wahrheit – meistenteils unglaubhafte, durch die Zeit sagenartig eingewurzelte Unbeweisbarkeiten; vielmehr wird man sie nach den augenfälligsten Anzeichen für ihr Altertum zur Genüge aufgehellt finden. Und obgleich die Menschen den Krieg, den sie gegenwärtig gerade führen, immer für den größten halten, um nach seinem Ende wieder das Frühere höher zu bewundern, so wird doch dieser Krieg sich dem, der auf das wirklich Geschehene merkt, als das größte aller bisherigen Ereignisse erweisen.

Was nun in Reden hüben und drüben vorgebracht wurde, während sie sich zum Kriege anschickten und als sie schon drin waren, davon die wörtliche Genauigkeit wiederzugeben war schwierig sowohl für mich, wo ich selber zuhörte, wie auch für meine Gewährsleute von anderwärts; nur wie meiner Meinung nach ein jeder in seiner Lage etwa sprechen mußte, so stehn die Reden da, in möglichst engem Anschluß an den Gesamtsinn des in Wirklichkeit Gesagten. Was aber tatsächlich geschah in dem Kriege, erlaubte ich mir nicht nach Auskünften des ersten besten aufzuschreiben, auch nicht »nach meinem Dafürhalten«, sondern bin Selbsterlebtem und Nachrichten von andern mit aller erreichbaren Genauigkeit bis ins einzelne nachgegangen. Mühsam war diese Forschung, weil die Zeugen der einzelnen Ereignisse nicht dasselbe über dasselbe aussagten, sondern je nach Gunst oder Gedächtnis. Zum Zuhören wird vielleicht diese undichterische Darstellung minder ergötzlich scheinen; wer aber vom Geschehenen klare Erkenntnis sucht wie auch von der Zukunft, die dereinst wieder nach der Menschennatur so und ähnlich sein wird, der mag es so für nützlich halten, und das soll mir genug sein: zum dauernden Besitz, nicht als Prunkstück fürs einmalige Hören ist es aufgeschrieben.

POLYBIOS

Römisches Reich und Universalgeschichte

Wenn diejenigen, welche vor uns Geschichte schrieben, das Lob der Geschichte selbst versäumt hätten, so würde es vielleicht nötig sein, jedermann zur Erwerbung und eifrigem Lesen von solchen Geschichtsbüchern zu ermahnen, da es kein geeigneteres Mittel der Belehrung für den Menschen gibt als die Wissenschaft von den Taten der Vorzeit. Da aber nicht einige, und nicht nebenbei, sondern alle sozusagen damit anfingen und damit schlossen, daß sie sagten, der Unterricht aus der Geschichte sei die echteste Bildungs- und Übungsschule für die Staatsgeschäfte, und die Erinnerung an fremde Schicksale sei die wirksamste und einzige Lehrmeisterin, die Wechsel des Glückes würdevoll zu tragen: so kann man offenbar von keinem erwarten, daß er über das oft und gut Gesagte noch einmal Worte mache, am wenigsten aber von uns. Denn das Außerordentliche der Begebenheiten, über welche wir uns zu schreiben vorgesetzt, ist an sich geeignet, jeden, sei er ein Jüngling oder ein älterer Mann, zum Lesen des Werkes einzuladen und zu ermuntern. Denn wo gibt es einen so niedrig denkenden und gleichgültigen Menschen, der nicht zu wissen wünschte, wie und durch welche Mittel der Staatskunst beinahe die ganze bewohnte Welt in nicht ganz dreiundfünfzig Jahren bewältigt und unter die einzige Herrschaft der Römer gebracht worden ist? ein Fall, der früher niemals sich ereignet hat! Oder wer hinwiederum ist für ein anderes Schauspiel oder eine

andere Wissenschaft so eingenommen, daß er irgend etwas höher achtete, als diese Kenntnis?
Wie außerordentlich und wichtig aber der Gegenstand unserer Betrachtung ist, wird alsdann am deutlichsten werden, wenn wir die berühmtesten der früheren Reiche, die von den Geschichtsschreibern auf das ausführlichste behandelt sind, mit der Herrschaft der Römer zusammenstellen und vergleichen. Es sind aber folgende, die eine solche Zusammenstellung und Vergleichung verdienen. Die Perser besaßen einst eine große Herrschaft und Macht; allein so oft sie die Grenzen von Asien zu überschreiten wagten, so wurde dies nicht bloß ihrer Herrschaft, sondern ihnen selbst gefährlich. Die Lakedämonier rangen lange Zeit nach der Oberherrschaft über die Griechen, und hatten dieselbe, nachdem sie endlich Meister geworden, kaum zwölf Jahre unbestritten inne. Die Makedonier herrschten in Europa von den Küsten des Adriatischen Meeres bis an den Ister-Fluß (Donau), was als ein ganz geringer Teil des ebengenannten Weltteils erscheint; sodann aber fügten sie die Herrschaft über Asien hinzu, nachdem sie dem Reiche der Perser ein Ende gemacht. Allein so groß ihr Gebiet und ihre Macht zu sein schien, so ließen sie noch einen sehr großen Teil des Erdbodens unberührt. Denn um Sizilien und Sardinien und Libyen zu kämpfen, fiel ihnen niemals ein, und von den streitbarsten unter den westlichen Völkern Europas fehlte ihnen, im eigentlichen Sinne des Wortes, sogar die Kunde. Die Römer aber, nachdem sie nicht einzelne Teile, sondern beinahe den ganzen Erdboden sich unterworfen, haben eine Herrschaft von solcher Größe aufgerichtet, daß die Mitwelt sie nur anstaunen kann, die Nachwelt aber niemals über dieselbe wird hinausschreiten können. Dies wird im einzelnen sich deutlicher aus unserem Werke erkennen lassen, und zugleich wird dasselbe den Beweis liefern, wie vielen und großen Nutzen die Art der Geschichtsschreibung, die die Staatenverhältnisse darstellt, den Lernbegierigen zu gewähren vermöge...
In früheren Zeiten nun waren alle Weltbegebenheiten

gleichsam abgerissen, da alles, was geschah, sowohl nach Zweck und Erfolg, als nach den Orten geschieden war. Von den Zeiten (der Römerherrschaft) an geht die Geschichte gleichsam in einen Körper zusammen, und die italischen und libyschen Ereignisse verflechten sich mit denen in Asien und Griechenland, und alle bewegen sich nach einem Ziele hin. Daher haben wir auch den Anfang unseres Geschichtswerkes mit diesen Zeiten gemacht. Denn nachdem die Römer die Karthager besiegt hatten, und nun das hauptsächlichste und größte für die Eroberung der Welt getan zu haben glaubten, so wagten sie es jetzt zum erstenmal, ihre Hände nach dem übrigen auszustrecken, und nach Griechenland und in die Gegend von Asien mit Kriegsheeren überzusetzen.

Wenn wir nun mit den Staaten, welche über die Weltherrschaft stritten, bekannt und vertraut wären, so hätten wir vielleicht nicht nötig, auf die frühere Zeit zurückzugehen und den Plan oder den Machtbesitz darzulegen, von welchem aus die Römer sich in solche und so große Unternehmungen einließen. Da aber die meisten Griechen weder von dem römischen noch karthagischen Staate wissen, welches vorher seine Macht gewesen, und welche Taten diese Völker ausgeführt, so erachteten wir für nötig, noch vor der Geschichte dieses und das folgende Buch niederzuschreiben, damit niemand, wenn er gleich an die Erzählung der Ereignisse selbst ginge, dieselben unbegreiflich fände und die Frage aufwürfe, auf welche Entwürfe oder auf welche Kräfte und Mittel sich diese Unternehmungen der Römer, durch welche sie alles uns bekannte Land und Meer sich unterwarfen, gegründet hätten, sondern damit aus diesen Büchern und der Einleitung, die sie enthalten, den Lesern deutlich werde, daß allerdings die Mittel bedeutend genug waren, welche die Römer den Gedanken der Herrschaft und Gewalt über die ganze Erde fassen und die Ausführung ihnen gelingen ließen.

Denn das Eigentümliche unseres Geschichtswerkes und das Wunderbare unserer Zeiten ist dieses: daß, wie das Schicksal fast allen Weltereignissen die Richtung nach einem Punkte hin gegeben hat, und alle mit Notwendigkeit nach einem und demselben Ziele sich hat bewegen lassen, so auch die Geschichte den Gang, den das Schicksal eingeschlagen, um alle Ereignisse zur Vollendung zu führen, mit einem Blicke übersehen lassen soll. Denn was uns ermunterte und antrieb, die Geschichtsschreibung zu unternehmen, war eben dieser Gedanke, in Verbindung mit dem Umstande, daß noch niemand in unserer Zeit unternommen hatte, eine allgemeine Geschichte zu schreiben; denn dann hätte ich weit weniger an diese Aufgabe mich gewagt. Nun aber, da ich sah, daß zwar manche die einzelnen Kriege und gewisse mit ihnen zusammenhängende Taten behandelten, den allgemeinen, alles einzelne umfassenden Zusammenhang der Ereignisse aber, wann und wovon sie ihren Ursprung, und wie sie dieses Ende nahmen, kein einziger, so viel wir wissen, zu untersuchen auch nur sich vorsetzte, so hielt ich es für durchaus nötig, das schönste und zugleich nützlichste Werk des Schicksals nicht zu übersehen und nicht zu dulden, daß man gleichgültig daran vorübergehe. Denn obgleich das Schicksal vieles Neue bringt und beständig in dem Leben der Menschen sich wirksam erweist, so hat es doch wirklich niemals ein solches Werk hervorgebracht und von dem, was es vermag, eine solche Probe gegeben, wie in unserer Zeit. Dies läßt sich aus denjenigen, welche besondere Geschichten schreiben, nicht erkennen; es müßte denn einer, der die vornehmsten Städte, eine nach der andern, besucht, oder gar sie im Bilde, eine jede besonders, gesehen hat, darum glauben, er habe auch die Gestalt der gesamten bewohnten Erde und ihre ganze Lage und Ordnung kennen gelernt, was gewiß niemand annehmen wird. Denn denjenigen, welche durch die besondere Geschichte eine ordentliche Kenntnis des Ganzen zu gewinnen glauben, scheint es mir gerade so zu ergehen, als wenn Leute, die die abgerissenen Stücke eines vorher beseelten und schönen Körpers sehen, dadurch eine wirkliche Anschauung von der Kraft und Schönheit des lebenden Wesens selbst zu gewinnen meinten. Denn wenn einer die

Glieder selbst zusammensetzen und das lebende Wesen nach seiner Gestalt und mit dem Adel der Beseelung vollkommen wiederherstellen und dann jenen Leuten zeigen würde, so würden sie alle, denke ich, sogleich eingestehen, daß sie vorher gar weit von der Wahrheit entfernt und den Träumenden zu vergleichen waren. Denn aus einem Teile kann man zwar eine Vorstellung von dem Ganzen bekommen; einen rechten Begriff und eine wirkliche Einsicht aber kann man nicht daraus gewinnen. Woraus zu schließen ist, daß die besondere Geschichte gar wenig zu einer zuverlässigen Kenntnis das Ganzen beitrage. Nur die Verknüpfung und Nebeneinanderstellung sämtlicher Teile, sowie die Ähnlichkeit und der Unterschied kann hierzu führen; und wer die Geschichte in diesem Sinne sorgfältig erforscht, vermag ebensoviel Nutzen als Vergnügen aus derselben zu ziehen.

DIODOR

Der Sinn der Geschichtsschreibung

Wer die gemeinsame Geschichte der Menschheit schreibt, dem sollen billigerweise alle Menschen großen Dank wissen, weil er seine Ehre darein setzt, durch eigene Müh' und Arbeit dem allgemeinen Nutzen zu dienen. Durch sein Geschichtswerk nämlich teilt er den Lesern die schönste Erfahrung mit und lehrt so, was wahrhaft nützt, ohne daß der Belehrte darum erst Gefahr zu bestehen hat. Denn wer aus eigener Erfahrung klug werden will, lernt nur unter vieler Mühseligkeit und Gefahr das Nützliche in allen Dingen herausfinden, und darum heißt es auch vom vielerfahrensten Helden (Odysseus), daß er unter großer Mühsal und Not »Vieler Menschen Städte gesehn und Sitte gelernet«. Die Einsicht aber in das Unglück sowie in die glücklichen Erfolge anderer Menschen, welche durch die Geschichte erteilt wird, gewährt uns Belehrung, ohne daß wir selbst dabei Schlimmes erfahren. Und nicht genug damit; die Geschichtsschreiber gehen auch darauf aus, alle Menschen, die doch insgesamt unter einander ver-

wandt sind, durch Raum und Zeit aber von einander geschieden werden, als Glieder eines und desselben Ganzen darzustellen, und hiedurch erscheinen sie gleichsam als Diener der göttlichen Vorsehung. Wie diese nämlich die schöne Ordnung der sichtbaren Gestirne und die Natur der Menschen unter das gleiche Gesetz und gemeinsame Wechselbeziehung gestellt hat und so das All in immer gleichem Kreislaufe bewegt, indem sie jedem Wesen zuteilt, was das ewige Verhängnis ihm bestimmt, so haben auch die, welche die allgemeine Geschichte der bewohnten Erde wie die eines einzigen Staates beschrieben haben, in ihrem Werke ein einziges Gesetz und ein Gericht für alles Geschehene aufgestellt.
Es ist aber etwas Schönes darum, wenn man sich an den Fehlern anderer ein Beispiel nehmen und es selbst besser machen kann, und wenn man in den oft schwierigen Wechselfällen des Lebens nicht erst lange untersuchen darf, was zu tun ist, sondern nur das nachtun, was andere schon mit Glück vorgetan haben. Ziehen doch bei Beratungen alle das höhere Alter der Jugend vor, wegen der Erfahrung, welche die Alten bei ihrer längeren Lebensdauer voraushaben. Nun ist aber die Belehrung, welche die Geschichte gewährt, um so viel höher als jene Erfahrung zu schätzen, als die Zahl der Tatsachen größer ist, die wir durch sie kennen lernen, und man darf darum wohl annehmen, daß es für sämtliche Verhältnisse des Lebens nichts Nützlicheres gibt als die Kenntnis der Geschichte. Den Jüngeren gibt sie die Einsicht der Alten, den Älteren vervielfacht sie die selbstgewonnene Erfahrung, Privatleute macht sie zur Leitung der Staatsgeschäfte tüchtig, und die Staatslenker treibt sie durch Hoffnung unsterblichen Ruhmes zu den herrlichsten Unternehmungen; durch Ruhm und Ehre, die nach dem Tode winken, macht sie auch den Krieger bereitwilliger, für das Vaterland in Gefahr zu gehen, und die schlechten Menschen schreckt sie durch die Vorstellung ewiger Schande davon ab, daß sie dem Drange ihrer Schlechtigkeit und Feigheit nachgeben.

Überhaupt ist es der Ruhm des Namens, den die Geschichte verheißt, durch welchen die einen getrieben wurden, die Gründer von Städten zu werden, die andern, Gesetze zu geben, welche die Sicherheit des Gemeinwesens begründeten, und viele andere, ihren Eifer auf die Erfindung von Wissenschaften und Künsten zum Besten des Menschengeschlechtes zu wenden. Da aber in diesen Dingen zusammengenommen alle Glückseligkeit besteht, so muß man das höchste Lob der Geschichte erteilen, welche alle jene Dinge zumeist veranlaßt; denn man hat in ihr die Wächterin der Tugend der Guten zu sehen, die Zeugin der Schlechtigkeit der Schlechten und die Wohltäterin des ganzen Menschengeschlechts. Denn wenn schon die Erzählung von den Dingen der Unterwelt, die doch ihrem ganzen Wesen nach erdichtet ist, soviel beiträgt, die Menschen fromm und gerecht zu machen, um wie viel mehr ist man da zu dem Glauben berechtigt, daß die Geschichte, die Verkünderin der Wahrheit und gleichsam die Urquelle aller Weisheit, die Sitten der Menschen mehr und mehr zur Schönheit und Tugend zu bilden vermöge. Alle Menschen leben ja ihrer natürlichen Schwäche wegen nur einen höchst kleinen Teil des gesamten Weltlebens, und für alle spätere Zeit sind sie tot; wer also im Leben nichts Ruhmvolles getan, dem stirbt mit dem Tode des Körpers zugleich auch alles andere ab, was noch Leben ist; wer sich aber durch Tugend Ruhm erworben, dessen Taten werden durch alle Ewigkeit genannt, überall hin und durch alle Zeiten getragen durch den göttlichen Mund der Geschichte. Dem Wohldenkenden aber muß es erwünscht scheinen, wenn er für vorübergehende Mühe unsterblichen Ruhm eintauschen kann. So hat denn auch Herakles, wie übereinstimmend erzählt wird, sein ganzes irdisches Leben hindurch große und ununterbrochene Mühseligkeiten und Gefahren freiwillig übernommen, um durch Wohltaten gegen das menschliche Geschlecht der Unsterblichkeit teilhaftig zu werden, und auch von den übrigen trefflichen Männern sind die einen mit den Ehren des Heroentums, die andern mit denen der Göttlichkeit belohnt worden, alle aber wurden großes Lobes gewürdigt, da die Geschichtsschreibung ihre Tugenden unsterblich gemacht hat. Die andern Denkmäler nämlich dauern nur kurze Zeit, und vielerlei Zufälle können sie vernichten, die Macht der Geschichte aber, die sich über die ganze Erde erstreckt, zwingt die sonst alles vernichtende Zeit, von Geschlecht zu Geschlecht bis in alle Ewigkeit den Ruhm weiter zu überliefern.

Aber auch der Redekunst dient die Geschichtsschreibung und Herrlicheres als Redegewalt könnte einer wohl nicht leicht finden. Denn in ihr besteht der Vorzug der Hellenen vor den Barbaren, der Gebildeten vor den Ungebildeten, und nur durch sie allein vermag es der einzelne, die Menge zu bewältigen. Und überhaupt erscheint jedes Ding so, wie die Redegabe des Sprechenden es darzustellen vermag. Auch nennen wir treffliche Männer der Rede wert, als ob sie sich hiemit das höchste Lob ihrer Tugend erworben hätten. Die Redekunst zerfällt nun zwar in mehrere Teile, aber die Kunst der poetischen Rede ergötzt mehr, als daß sie nützte, und die der Gesetzgebung straft nur und lehrt nicht, und in gleicher Weise tragen auch die übrigen Teile zur Glückseligkeit entweder gar nichts bei, oder ihr Nutzen wird durch Schaden beeinträchtigt, und einige gehen sogar darauf aus, die Wahrheit zu entstellen; die Geschichtsschreibung allein aber ist es, in welcher Rede und Tat zusammenstimmen, und ihre Darstellung der Dinge vereinigt in sich auch jeden andern Nutzen.

SALLUST

Geist und Körper als geschichtliche Prinzipien

Will der Mensch der erhabenen Stellung, die er unter den Geschöpfen der Erde einnimmt, würdig erscheinen, so muß er es seine vornehmste Sorge sein lassen, daß er nicht still und unbeachtet durch das Leben hindurch gehe, wie die Tiere, welche die Natur zur Erde gebeugt und dem Bauche frönend geschaffen hat. Unser ganzes Wesen beruht ja in dem Zusammensein von Körper und

Geist, und zwar ist der Geist das Herrschende, der Körper das Dienende in uns; der Geist ist uns mit den Göttern gemein, der Körper stellt uns auf gleiche Linie mit den Tieren. Darum scheint es mir das Naturgemäßere zu sein, durch geistige als durch körperliche Kraft Ruhm zu erstreben und einen Ersatz für die Kürze des uns zum Genusse gegönnten Lebens darin zu suchen, daß wir uns ein möglichst dauerndes Andenken schaffen. Denn der Ruhm des Reichtums und der Schönheit ist flüchtig und vergänglich; die Tugend dagegen ist ein herrliches und unvergängliches Besitztum.

Doch brauchte es lange, bis man in der Welt ein klares Bewußtsein darüber gewann, ob im Kriege leibliche Stärke oder geistige Tüchtigkeit das wichtigere sei. Denn einerseits muß dem Beginne jeder Tat besonnene Überlegung vorangehen, andererseits muß der Überlegung die rasche Tat folgen. So sind beide Stücke für sich genommen unzureichend und das eine bedarf der Ergänzung durch das andere. Im Anfang nun bemühten sich die Könige – denn die monarchische Staatsform war die erste in der Welt – in entgegengesetztem Streben die einen um die Entwicklung der geistigen, die andern der körperlichen Kraft. Damals lebten die Menschen noch ohne weitergehende Wünsche; ein jeder freute sich mit Genügsamkeit des Seinigen. Später aber, als in Asien Cyrus, in Griechenland die Lacedämonier und Athener anfingen, erobernd aufzutreten, aus bloßer Herrschsucht Kriege anzufangen, den größten Ruhm im größten Herrschergebiete zu suchen, da erst gelangte man auf dem Wege der Erfahrung durch Not und durch Gefahr zu der Erkenntnis, daß im Kriege der Geist die Entscheidung gebe.

Bliebe nun die geistige Kraft der leitenden Personen im Frieden in der gleichen Stärke wie im Krieg, so würde die Entwicklung der menschlichen Dinge eine gleichmäßigere und stetigere sein und die Geschichte würde unsern Blikken nicht das Bild beständiger Veränderung, das Bild unaufhörlicher Wechsel und Wirren darbieten. Denn die Gewalt erhält sich leicht durch die Mittel, mit welchen sie im Anfang gewonnen wurde: wenn aber anstatt Anspannung Schlaffheit, anstatt Selbstbeherrschung und Gerechtigkeit Willkür und Despotismus einreißen, dann zieht die Veränderung im inneren Leben notwendig eine Veränderung in den äußeren Verhältnissen nach sich und so geht die Herrschaft immer von den weniger Tüchtigen an den Tüchtigsten über.

Aber alles menschliche Tun überhaupt – der Mensch mag pflügen, schiffen oder bauen – ist bedingt durch die Betätigung der geistigen Kraft. Viele Menschen jedoch gehen dem Bauche und dem Schlafe frönend in Unwissenheit und Unbildung durchs Leben hindurch, wie durch ein fremdes Land. Ihnen ist, offenbar in höchst naturwidriger Weise, der Körper die Quelle der Lust, die Seele eine Last. Solcher Leute Sein oder Nichtsein achte ich gleich, beides gehört der Vergessenheit an. Ich aber bin überzeugt, daß nur der wirklich lebt und den rechten Genuß des Lebens hat, der in irgend einer Sphäre menschlicher Tätigkeit beschäftigt den Ruhm einer herrlichen Tat oder eines edlen Strebens sucht.

Doch bei der großen Mannigfaltigkeit der Dinge weist die Natur den einen auf diesen, den andern auf jenen Weg hin. Gewiß ist es etwas Schönes, durch praktische Tätigkeit zum Besten des Staats zu wirken: aber nicht verwerflich ist es, dasselbe durch das Mittel des Worts und der Schrift zu tun. Es gibt einen Ruhm des Friedens so gut als einen Ruhm des Krieges und neben denen, welche Taten verrichtet, werden auch solche, welche die Taten anderer beschrieben haben, mit Ruhm genannt. Aber obgleich der Ruhm, welchen der Geschichtsschreiber erntet, dem weit nicht gleich kommt, welcher dem Helden seiner Geschichte zuteil wird, scheint es mir doch etwas besonders Schwieriges zu sein, Geschichte zu schreiben. Die erste Schwierigkeit liegt in der Aufgabe, sich in der Darstellung stets auf der Höhe des Gegenstandes zu halten, die zweite ergibt sich aus der Art der Leser. Denn wo man einen Fehler tadelt, da glauben sie gleich die Sprache der Böswilligkeit und der Mißgunst zu hören, und spricht man von dem hohen Verdienste und dem Ruhme der Edlen, so hört jeder das, was er auch sich selbst zutraut, ohne Interesse an, was darüber hinausgeht, das hält er als erdichtet für falsch.

Was nun mich selbst betrifft, so zog auch mich in meinen jüngeren Jahren, wie die meisten jungen Leute, die innere Neigung hin zu der Bahn des politischen Lebens. Aber es warteten meiner dort viele schmerzliche Enttäuschungen. Wo ich Ehrgefühl, Uneigennützigkeit, Tugend suchte, da sah ich Frechheit, Bestechung und Habsucht im Schwange gehen. Zwar sträubte sich dagegen mein argloses Herz, aber mein schwaches Alter, geblendet vom Schimmer der Ehre, hatte nicht die Kraft, sich loszureißen von der lastervollen Umgebung, und so kam es, daß, obgleich ich das schlechte Treiben der übrigen nicht teilte, mein Streben nach Ehre mir die gleiche üble Nachrede, die gleiche Mißgunst zuzog wie allen andern.

Als ich nun nach vielen Jämmerlichkeiten und Anfechtungen wieder zu innerer Ruhe gekommen war und der Entschluß bei mir feststand, den Rest meines Lebens ferne von der Politik zu verleben, da war meine Absicht nicht, in trägem Müßiggang die glückliche Muße zu verderben, oder mit den sklavischen Verrichtungen des Ackerbaus und der Jagd beschäftigt, meine Tage hinzubringen, sondern ich kehrte zurück zu einer schon früher begonnenen Beschäftigung, von der leidiger Ehrgeiz mich abgebracht hatte, und beschloß, die Geschichte römischer Nation in einzelnen Abschnitten, so wie mir der eine oder der andere der Erinnerung wert erschien, ausführlich zu beschreiben, um so mehr, als ich mir bewußt war, über Furcht und Hoffnung und über politisches Parteiinteresse erhaben zu sein.

So will ich denn die ›Verschwörung Catilinas‹ kurz und möglichst wahrheitsgetreu erzählen. Denn diese Begebenheit halte ich für besonders merkwürdig wegen des Ungewöhnlichen des frevelhaften Beginnens sowohl als der Gefahr, die sie für den Staat herbeiführte.

* * *

Da uns der Zusammenhang auf den sittlichen Zustand des Volkes geführt hat, so scheint der Gegenstand selbst aufzufordern, einen Blick rückwärts zu werfen und in kurzer Übersicht die Grundsätze unserer Vorfahren im Frieden und im Krieg zu entwickeln und zu schildern, in welchem Geiste sie den Staat gehalten und wie mächtig sie ihn hinterlassen haben, wie er allmählich sich ändernd aus dem besten und schönsten der schlechteste und lastervollste geworden ist.

Die Stadt Rom gründeten und bewohnten, so viel ich habe ermitteln können, im Anfange Trojaner, die unter der Anführung des Aeneas ihre Heimat verlassen mußten und unstet umherirrten, und mit ihnen die Aboriginer, ein roher Menschenschlag, ohne Gesetze, ohne Obrigkeit, frei und ungebunden. Es ist überaus merkwürdig, wie schnell und leicht diese beiden Stämme, so verschieden an Herkunft, Sprache und Lebensweise sich mit einander verschmolzen haben, sobald sie in einer Stadt vereinigt waren.

Wie nun aber der neugegründete Staat durch Bürgerzahl, Gesittung und Länderbesitz gewachsen war und einen anständigen Grad von Wohlhabenheit und Macht erreicht zu haben schien, da erzeugte, wie es meist in der Welt geht, der Wohlstand Neid und Eifersucht. Benachbarte Könige und Völker versuchten sich mit ihnen im Krieg, wenige nur von ihren Freunden leisteten Hilfe; die übrigen hielten sich aus Furcht der Gefahr ferne. Aber die Römer, voll Kraft im Frieden und im Krieg, entwickelten die angespannteste Tätigkeit, sprachen einander Mut ein, suchten den Feind im Felde auf und schützten ihre Unabhängigkeit, Vaterland und Eltern mit den Waffen in der Hand. Und als – dank ihrer Tapferkeit – die Gefahr überwunden war, da brachten sie ihrerseits Bundesgenossen und Freunden Hilfe und schufen sich Freunde mehr durch Erweisen als durch Annehmen von Diensten.

Die Gewalt der Herrscher war an das Gesetz gebunden; die Form dieser Gewalt die des Königtums: auserlesene Männer, infolge der Jahre körperlich schwach, aber im

Geiste stark durch Weisheit und Erfahrung, berieten den Staat: sie hießen Väter, sei es, daß ihr Alter oder die Ähnlichkeit ihres Waltens den Namen schuf.

Als aber im Laufe der Zeit die Königsgewalt, anfangs gerichtet auf Erhaltung der nationalen Unabhängigkeit und auf Vergrößerung der Macht des Staats, in Despotismus und Gewaltherrschaft sich verkehrte, änderten sie die Verfassung und schufen sich jährlich wechselnde Gewalten mit je zwei Männern an der Spitze: damit glaubten sie das Mittel gefunden zu haben, um der Versuchung vorzubeugen, die Gewalt in übermütiger Weise zu mißbrauchen.

Jetzt begann die Zeit, in welcher den einzelnen die Möglichkeit sich emporzuschwingen und ein freierer Spielraum zur Entfaltung ihrer Fähigkeiten gegeben ward. Denn einem Monarchen flößt der Tüchtige immer mehr Argwohn ein als der Schlechte: fremde Tüchtigkeit wird demselben stets ein Dorn im Auge sein. Es ist unglaublich, welchen Aufschwung der Staat, nun in eine Republik verwandelt, in kurzer Zeit nahm: so mächtig wirkte die Begierde nach Ruhm, welche alle ergriffen hatte.

Gleich der Jüngling lernte, sobald er kriegsfähig war, im Lager unter Strapazen durch praktische Übung den Dienst des Kriegs: er hatte seine Freude mehr an schönen Waffen und an Streitrossen als an Dirnen und Trinkgelagen. Solchen Leuten war natürlich, wenn sie Männer geworden waren, keine Anstrengung ungewohnt, kein Ort zu schwierig oder zu steil, kein Feind in Waffen furchtbar: Mannessinn hatte sie alles überwinden gelehrt. Streit gab es unter ihnen nur um den Preis des Ruhms: jeder wollte der erste sein, wenn es galt, einen Feind zu erlegen oder eine Mauer zu ersteigen, wollte gesehen werden, während er eine solche Tat verrichtete: das galt ihnen als Reichtum, als guter Name, als hoher Adel. Ruhm war es, nach dem sie strebten, Geld kümmerte sie nicht: Ruhm wollten sie ohne Maß, Reichtum nur so viel, als ein anständiges Leben erforderte. Ich könnte hier erzählen, an welchen Orten Römer in kleiner Anzahl zahllose Feindesscharen in die Flucht geschlagen, welche Städte, die die Natur unbezwinglich gemacht zu haben schien, sie mit stürmender Hand erobert haben, wenn es uns nicht zu weit von unsrem Gegenstand abführen würde.

Aber freilich in allen Dingen treibt der Zufall sein Spiel: er stellt mehr nach Laune als der Wahrheit gemäß die Dinge bald ins Licht, bald in Schatten. Die Taten der Athener sind nach meiner Schätzung immerhin bedeutend und herrlich gewesen, aber in Wirklichkeit stehen sie doch um ein ziemliches unter dem Wert, welchen die allgemeine Meinung ihnen gibt. Aber weil jener Staat große schriftstellerische Talente erzeugte, werden in der ganzen Welt die Taten der Athener gepriesen, wie wenn es nichts Größeres gebe. So wird das Verdienst derer, welche sie vollführt haben, wirklich für so groß gehalten, als die Darstellung geistvoller Schriftsteller es erscheinen ließ. So gut ging es dem römischen Volke nie: je talentvoller einer war, desto mehr lebte er den öffentlichen Geschäften: an rein wissenschaftliche Beschäftigung ohne unmittelbar praktische Verwertung dachte niemand; der Tüchtige wollte lieber handeln als reden, lieber das Lob der eigenen Verdienste aus dem Munde anderer hören als selbst fremde preisen.

So hielt man zu Haus und im Feld auf gute Sitte. Der stark entwickelte Gemeingeist ließ keinen Raum für Hab- und Selbstsucht. Recht und Sittlichkeit hielt nicht sowohl der gesetzliche Zwang, als der natürliche Rechtssinn der Bürger in Geltung. Händel, Zwist, Feindschaft unterhielt man gegen den Feind; Bürger mit Bürger wetteiferten um Mannestugend; im Dienste der Götter scheuten sie keine Kosten, zu Haus lebten sie einfach und sparsam, gegen Freunde übten sie Treue. Kühner Mut im Krieg und Billigkeit nach geschlossenem Frieden – das war das einfache Geheimnis ihrer inneren und äußeren Politik. Der beste Beweis dafür liegt darin, daß ihre Kriegsgeschichte mehr Fälle aufweist, wo man gegen solche einschreiten mußte, welche dem ergangenen Befehl zuwider mit dem Feinde gekämpft und welche auf das Zeichen zum Rückzug nicht schnell genug den Kampfplatz geräumt, als gegen solche, welche die Fahnen verlassen oder vom Feinde gedrängt ihren Posten aufgegeben hatten, und daß sie im Frieden lieber durch Milde als durch Schrecken regierten, erlittenes Unrecht lieber verzeihen als rächen wollten.

Als aber nun durch angespannte Tätigkeit und durch gerechtes Regiment die Macht des Staates gewachsen, große Könige im Kriege bezwungen, wilde Nationen und mächtige Staaten durch Waffengewalt unterjocht, Karthago, diese Nebenbuhlerin Roms um die Weltherrschaft, von Grund aus untergegangen war, und den Römern alle Meere, alle Länder offen standen, da begann das Glück seine Tücke zu zeigen und alles zu verkehren. Den Männern, denen es ein Leichtes gewesen war, Anstrengung und Gefahr, Mißgeschick und Unglück zu ertragen, ward nun Müßiggang und Reichtum, sonst ein Gegenstand des Wunsches, eine Quelle der Unzufriedenheit und des Unglücks.

Zuerst war es die Begierde nach Geldbesitz, dann das Streben nach Gewalt, was zunahm und um sich griff. Diese beiden Laster waren die Wurzel aller Übel. Denn die Habsucht war es, die Treu und Glauben, Rechtlichkeit und alle anderen guten Eigenschaften untergrub, die an ihre Statt Übermut und Grausamkeit treten ließ, durch die man lernte, die Götter zu vernachlässigen und alles feil zu haben. Ehrgeiziges Streben nach Gewalt brachte viele dazu, die eigene Überzeugung zu verleugnen, etwas anderes verschlossen in der Brust, etwas anderes auf der Zunge bereit zu haben, Freundschaft und Feindschaft nicht nach dem inneren Werte, sondern nach dem äußeren Vorteil zu schätzen, und mehr den Schein als den Sinn eines rechtschaffenen Mannes zu haben. Dies machte sich anfangs nur ganz allmählich, fand sogar bisweilen Ahndung: als aber die Ansteckung wie eine Seuche um sich griff, da änderte sich der ganze Geist des Volks, und das Regiment, einst so gerecht und milde, ward grausam und unerträglich.

Doch war es zunächst nicht sowohl die Habsucht als vielmehr der Ehrgeiz, der die Gemüter beherrschte, der Ehrgeiz, der immerhin ein Laster ist, aber doch der Tugend näher steht. Denn Ruhm, Ehre, Herrschergewalt wünscht sich der Gute wie der Schlechte in gleicher Weise: nur daß jener sein Ziel auf geradem Wege verfolgt, während der Schlechte in Ermanglung edler Mittel es durch Trug und auf Schleichwegen zu erreichen sucht. Die Habsucht dagegen hat nichts als das Geld im Auge, einen Besitz, nach dem noch nie ein Weiser getrachtet hat: sie, als wäre sie schlimmen Giftes voll, entnervt Körper und Mannessinn, sie kennt keine Grenze, keine Sättigung, und weder Überfluß noch Mangel kann sie vermindern.

TACITUS

Geschichtsschreibung ›sine ira et studio‹

Beginnen werde ich mein Werk mit des Servius Galba zweitem Konsulat und dem des Titus Vinius (69 n. Chr.). Denn von den 820 Jahren der alten Zeit nach Erbauung der Stadt haben viele Geschichtsschreiber berichtet; solange man der Taten des römischen Volkes zu gedenken hatte, mit gleicher Beredsamkeit und Freimütigkeit; als man bei Actium gekämpft und alle Gewalt einem einzigen zu übertragen im Interesse des Friedens lag, da schwanden jene großen Geister; zugleich ward die Wahrheit mehrfach entstellt, zuerst aus Unbekanntschaft mit dem Staatswesen als einem entfremdeten, dann aus Schmeichelsucht, oder auf der andern Seite aus Haß gegen die Gewalthaber. So trug unter diesen Erbitterten oder knechtisch Gesinnten keiner für die Nachwelt Sorge. Doch mag man sich vor der Gunstbuhlerei eines Schriftstellers leicht verwahren; Mißgunst und Scheelsucht finden ein geneigtes Ohr. Denn in der Schmeichelei liegt ja des Sklavensinnes schimpflicher Vorwurf, im Übelwollen der täuschende Schein der Freimütigkeit. Ich habe von Galba, Otho und Vitellius weder Gutes noch Böses erfahren. Daß meine Würden von Vespasian ausgegangen, von Titus vermehrt, von Domitian weiter befördert sind, will ich nicht leugnen; aber von denen, die unbestechliche Treue gelobt, darf auch mit Vorliebe niemand, so wenig als mit Haß geschildert werden. Reicht mein Leben so weit, dann hab ich des verewigten Nervas Prinzipat und Trajans Herrschaft, einen reicheren und sicherern Stoff dem höheren Alter vorbehalten, wobei ja ein so seltenes Glück die Zeiten mir gewähren, wo erlaubt ist, was man will, zu denken, was man denkt, zu sagen.

Zu einem Werke schreite ich, das eine Fülle von Mißgeschicken, Greuel in Schlachten, Zwietracht in Aufständen, ja selbst im Frieden Blutiges aufzuweisen hat. Vier Fürsten wurden durch das Schwert gemordet, Bürgerkriege gab es im ganzen drei, noch mehr auswärtige und meistens beiderlei zusammen; Glück im Orient, im Abendlande Unglück, Illyricum in Aufruhr, Gallien schwankend, bezwungen schon Britannien und sogleich dann wieder aufgegeben, in Aufstand wider uns die Völker der Sarmaten und der Sueben, der Daker durch wechselseitige Niederlagen berühmt geworden, beinahe auch der Parther Waffen in Bewegung gesetzt durch des falschen Neros Gaukelspiel. Italien nun vollends ward von neuen oder nach einer langen Reihe von Jahrhunderten sich wiederholenden Unglücksfällen getroffen, Städte verschlungen oder verschüttet, Campaniens fruchtbarstes Küstenland, auch Rom durch Feuersbrünste verheert, wobei die ältesten Tempel ein Raub der Flammen, selbst das Kapitol von Bürgerhänden in Brand gesteckt; entweiht heilige Gebräuche, Ehebruch der Großen, mit Verbannten bedeckt das Meer, Felseninseln mordbefleckt, furchtbarer noch in Rom gewütet, da Adel, Reichtum, Ehrenämter, ausgeschlagen oder verwaltet, ein Verbrechen, Tugenden ganz sicher das Verderben; und nicht minder die Belohnungen der Angeber verhaßt als ihre Freveltaten, da die einen Priesterwürden und Konsulate mit Beute davontragend, andere mit Verwalterstellen und Wirkungskreisen im Kabinett bedacht, alles in Bewegung setzten und über den Haufen warfen im Haß und Schrecken; bestochen wurden gegen ihre Herren Sklaven, gegen ihre

Schutzherren Freigelassene, und wer keinen Feind hatte, von Freunden gestürzt.

Dennoch war dies Zeitalter nicht so unfruchtbar an Tugenden, daß es nicht auch treffliche Taten aufzuweisen hätte. Mütter begleiteten ihre flüchtigen Kinder, Frauen folgten ihren Männern ins Exil, Verwandte zeigten sich entschlossen, Schwiegersöhne standhaft, trotzend den Foltern Sklaventreue, zu Todesnot berühmte Männer mutig, in dieser Not selbst starke Dulder, und dem gepriesenen Tode der Alten gleich ihr Ende. Neben dem mannigfachen Unglückswechsel in der Menschenwelt ereigneten sich auch am Himmel und auf Erden Wunder, warnende Blitzesschläge und der Zukunft Vorbedeutungen, erfreuliche und trauerverkündende, unbestimmte, unzweideutige, und niemals hat sich ja auch durch furchtbarere Unglücksfälle im römischen Volke oder durch entschiedenere Anzeichen bestätigt, es seien nicht auf unsere Sicherheit, auf unsere Bestrafung nur die Götter bedacht.

Bevor ich jedoch den mir bestimmten Stoff darstelle, glaube ich darauf zurückgehen zu müssen, wie der Zustand Roms, der Heere Geist, die Beschaffenheit der Provinzen, was im ganzen Länderkreise gesund, was krank gewesen, damit man nicht die Ereignisse allein und ihren meist zufälligen Erfolg, sondern auch ihr inneres Verhältnis und ihre Ursachen kennen lerne.

KAPITEL IV

DIE BILDUNG DES MENSCHEN

Die Bildung der Griechen erfolgt zunächst in geschlossenen Kreisen, in der homerischen Gesellschaft ritterlicher Adeliger, im Berufsheer des spartanischen Herrenvolkes. Sie vollzieht sich in der Auseinandersetzung mit dem verwandten Vorbild und in der Aneignung eines verbindlichen Weltbildes. Sie beruht auf der Zugehörigkeit zu einem bestimmten Stand und besteht im Erlernen bestimmter auf den Stand beschränkter Fertigkeiten, in der Angewöhnung einer festgeprägten Haltung und im Befolgen verbindlicher, durch die Sage von den Vorfahren übermittelter Gesetze. Dies gilt auch für Bildungsformen, welche nicht auf der natürlichen Zugehörigkeit, sondern auf der Entscheidung zu einer bestimmten Gemeinschaft beruhen, wie die Ärzteschulen oder den Pythagoreerbund mit ihrem Vorbildverhältnis von Adoptivvater und -sohn. Auch hier zielt die Bildung auf ein bestimmtes, durch feste Vorbilder und ein eindeutiges Weltbild gegebenes Ideal, wie es beispielsweise im sogenannten Eid des Hippokrates und in den pythagoreischen Lehren zum Ausdruck kommt. (Vgl. Bd. I S. 293 f; S. 174 ff, 205 ff, 285 f). Wir verfolgten im 1. Band, welche Folgen die Sprengung geschlossener Bildungskreise, die sich vom 8. bis 5. Jahrhundert zunächst in den Kolonien, dann auch im Mutterland, vor allem in Athen vollzieht, für das Weltbild hat. Wie sich das Vorbild von mythischen Mächten zu geschichtlich wirkenden Trägern rational faßbarer Naturkräfte wandelt, deuteten die ersten drei Kapitel dieses Bandes an. Die Folgen für die Bildung im weitesten Sinne des Wortes möchten die drei letzten Kapitel anschaulich machen. Zunächst kommt die Methode der Bildung, die Pädagogik, dann ihr Ort, die Politik und schließlich ihr Ziel, die Ethik zur Darstellung.

Bei der Demokratisierung der Gesellschaft fallen Erziehung und Bildung auseinander. So besitzt beispielsweise ein Kaufmann, der entsprechend den Anschauungen seines Herkommens und den Aufgaben seines Berufes erzogen wurde, doch nicht die Bildung, welche ihm erlauben wür-

de, gemäß seiner theoretischen Gleichberechtigung mit dem Adel auch die tatsächliche politische und kulturelle Verantwortung zu teilen, anders ausgedrückt, selbst zum Vorbild für die gesellschaftliche Bildung zu werden. Die Areté, den gesellschaftlichen Vorbildcharakter, hatte der Adel durch Geburt und Konzentration der Erziehung auf dieses eine Ziel erreicht. Die neuen Gesellschaftsschichten mußten sie auf andere Weise erlernen. Sie taten es zunächst durch Nachahmung vornehmer Sportarten, wie Wagenrennen, Reiten und Fechten, durch Überführung der adligen Bildungsstoffe, vor allem der Musik und Gymnastik in allgemeinere Schulformen. Sie konnten aber das neue Weltbild nur in neuen geschlossenen Bildungskreisen, wie dem Pythagoreerbund, dem Vorbild der spätern Platonischen Akademie, der politischen Bildung zugänglich machen. Für eine offene Gesellschaft, wie sie sich in den griechischen Handelsstädten entwickelt hatte, genügte die alte Erziehung, die Angewöhnung adliger Lebenshaltung nicht mehr.

Die Areté, den Vorzug der politischen Willensträger, zu lehren, bezeichnet Protagoras als Wesen der Sophistik. Sie ist gleichbedeutend mit der Menschenbildung schlechthin. Denn die politische Willensbildung wird nur auf dem Weg des Rechtes und der Besonnenheit erreicht; Recht und Ehrfurcht aber müssen, wie Protagoras in seinem Mythos von der Entstehung der menschlichen Gesellschaft zeigen will, Anteil jedes Menschen sein, wenn der Staat als menschliche Gesellschaft Bestand haben soll. Gerechtigkeit, Besonnenheit, Frömmigkeit, die Grundlagen der vier klassischen Kardinaltugenden, sind Gegenstand der menschlichen Bildung, negativ durch Bestrafung von Ungerechtigkeit und Gottlosigkeit, positiv durch planmäßige Erziehung des Kindes. Sie führt von der Befolgung elterlicher Gebote über das Auswendiglernen guter Dichtungen, welche Lehren und Verherrlichungen nachahmenswerter Vorbilder aus alter Zeit enthalten, über den Musikunterricht, der den Seelen Ebenmaß und innern Einklang gibt; über die Gymnastik, welche die veredelte Gesinnung durch einen veredelten Körper unterstützt, zur höheren Schule der So-

phisten. Hier wird teils Arithmetik, Geometrie, Astronomie und theoretische Musik, also das Quadrivium, gelehrt oder, was Protagoras für richtiger hält, Grammatik, Rhetorik, Politik, Ökonomie und Ethik, kurz »Wohlberatenheit in den eigenen Angelegenheiten als auch in denen des Staates, wie ein jeder nämlich am meisten fähig sein werde, im Staate durch Tat und Rede zu wirken«.

Die sophistische Pädagogik ist somit durchaus konservativ, beschränkt sich darauf, die herkömmlichen Werte nach den Maßstäben des neuen rationalen Weltbildes den Erfordernissen der demokratischen Gesellschaft anzupassen. Die Anfänge dieser Bildungsbewegung sind in unserer Auswahl durch den außerhalb der eigentlichen Sophistik stehenden Naturphilosophen Demokrit und den jüngern Sophisten Antiphon vertreten. Den ersten Höhepunkt findet sie bei Aristoteles, der in bewußtem Gegensatz zu Platon mit vielen seinen Anschauungen auf Demokrit und die Sophisten zurückgreift. Unser Kapitel schließt mit einem Abschnitt aus Quintilians 95 n. Chr. veröffentlichten »Ausbildung des Redners«. Politische Willensbildung, die mit der Elementarerziehung anfängt, gipfelt auch hier in der sprachlichen Bildung. Diese ist formend, nicht bloß formal: bereits bei Protagoras ist sie mit ethischen Zielsetzungen verknüpft, und von Isokrates an wird die Sprache als Formkraft des Menschen philosophisch begründet (s. S. 74).

Zu dieser philosophischen Begründung eigentlich humanistischer Bildung hat zweifellos die heftige Kritik, welche Platon an der Sophistik übte, den Anstoß gegeben. Die Richtung dieser Kritik und zugleich seines eigenen pädagogischen, ja schlechthin philosophischen Weges zeigt das Höhlengleichnis. Was die Sophisten als Zielsetzungen, als Weisheiten und Tugenden vermitteln, sind nur Schattenbilder, welche den in der Höhle ihrer Gewohnheiten und Meinungen befangenen Menschen vorgegaukelt werden. Die wahre Bildung besteht darum nicht, wie beispielsweise Antiphon sagt, im Einpflanzen eines Wissens in die Seele, sondern im Loslösen der Seele von den Fesseln des

Werdenden, in der schmerzhaften Umwendung gegen die richtige Seite hin, wo das Licht herkommt und die Urheber der Schattenbilder durchleuchtet werden, im steilen Anstieg zum Reich des Sonnenlichtes, der Wahrheit, des Guten, der Idee. Platons Pädagogik, Staats- und Moralphilosophie ist revolutionär. Sie stellt alle überlieferten Bildungsmächte, -methoden und -ziele in Frage und will die besten Naturen nötigen, den steilen Weg dialektischer Philosophie hinaufzugelangen zur Schau des Guten und dann wieder hinunterzusteigen in die Höhle, um hier als Philosophen die politische Herrschaft anzutreten. Nicht die menschliche Gemeinschaft ist für Platon der Maßstab der politischen Willensbildung, der Inhalt der Areté, der Tugend, sondern die Lösung des Göttlichen aus seinen menschlichen Fesseln durch die Zuwendung zur Wahrheit, zum Reich der ewigen Ideen.

In welcher konkreten Weise der Philosoph die an den trügerischen Schatten der Natur orientierte Bildung kritisiert, zeigt der römische Philosoph Seneca, der sich vergeblich bemüht hatte, Nero zum Philosophen auf dem Kaiserthron zu erziehen. Auch für ihn ist die Kenntnis des Guten und Bösen der einzige Weg zur Vollkommenheit, wenn auch dieser Weg nicht mehr unter Anleitung eines Führers vom inneren Dunkel nach oben und außen bis zur blendenden Klarheit beschritten wird, vielmehr den Einzelnen von der zerstreuenden Außenwelt her in ein möglichst von allen Störungen befreites Inneres führt.

Diese Auffassungen werden die abendländische Geisteswelt mitbestimmen: Die politische Willensbildung des Menschen auf Grund einer als bildungsfähig angenommenen menschlichen Natur in der Auseinandersetzung mit allgemeinmenschlichen Vorbildern und in der Vermittlung eines rational erfaßbaren Weltbildes, in den sieben freien Künsten und in der humanistischen Bildung, wird den abendländischen Menschen formen. Die Beschränkung der Bildung auf die Rolle einer Propädeutik, wie dies Seneca fordert und das Streben nach einer von göttlicher Einsicht erfüllten Innerlichkeit wird der christlichen Übernahme der heidnischen Bildung als eines Gehäuses für den Samen des göttlichen Wortes den Weg ebnen. Die platonische Forderung der Umwendung vom Schein der Schattenbilder zum Licht der göttlichen Wahrheit wird immer wieder Pädagogik, Staatsphilosophie und Ethik zur Besinnung auf die wahre Bildung des Menschen und der menschlichen Gesellschaft zwingen, wenn ihr Gehäuse zu erstarren und ihres Sinns entleert zu werden droht.

DEMOKRIT

Natur und Erziehung

Die Natur und die Erziehung sind etwas Ähnliches. Denn die Erziehung formt zwar den Menschen um, aber durch diese Umformung schafft sie Natur.

Die Bildung ist den Glücklichen Schmuck, den Unglücklichen Zuflucht.

Als stärkerer Mahner zur Tugend wird sich erweisen, wer Aufmunterung und überzeugendes Wort, als der, welcher Gesetz und Zwang anwendet. Denn im Geheimen wird wahrscheinlich fehlen, wer sich am Unrechttun nur vom Gesetz gehindert sieht; wer dagegen durch Überzeugung zur Pflicht geführt ist, wird wahrscheinlich weder im Geheimen noch öffentlich einen Fehltritt tun. Darum: wer mit Verständnis und Erkenntnis recht handelt, wird zugleich mannhaft und geradsinnig.

Die edlen Dinge erarbeitet sich das Lernen nur durch Mühen, die unedlen dagegen erntet man sonder Mühe von selbst.

Es gibt gelegentlich Verstand bei den Jungen und Unverstand bei den Alten. Denn nicht Zeit lehrt denken, sondern frühzeitige Erziehung und Naturanlage.

Beständiger Umgang mit Geringwertigen vermehrt Anlage zur Schlechtigkeit.

Stärker sind die Aussichten der Gebildeten als der Reichtum derer, die nichts lernten.

Fortgesetzte Mühe wird durch Gewöhnung immer leichter.

Mehr Leute werden durch Übung tüchtig als aus Anlage.

ANTIPHON

Das Erste ist die Erziehung

Das Erste, glaube ich, unter den menschlichen Dingen ist die Erziehung. Wenn man nämlich von irgend einer beliebigen Sache den Anfang richtig macht, so ist es wahrscheinlich, daß auch das Ende richtig wird. Was für einen Samen man in die Erde sät, dementsprechend ist ja auch die Ernte, die man erwarten darf. Und wenn man in einen jungen Leib hinein die echte Bildung sät, so lebt das und sproßt das ganze Leben hindurch und weder Regen noch Regenlosigkeit kann es vernichten.
Etwas Schlimmeres als Ungehorsam dagegen gibt es nicht für die Menschen. Weil die früheren Menschen das erkannten, gewöhnten sie die Kinder vom ersten Anfang an, zu gehorchen und das Anbefohlene zu tun, auf daß sie nicht vor den Kopf geschlagen würden, wenn sie, Mann geworden, in einen großen Schicksalswechsel eintreten müßten.
Wie der ist, mit welchem man den größten Teil des Tages zusammen ist, so wird man notwendigerweise auch selbst.

PLATON

Das Höhlengleichnis

(Sokrates spricht:)
Hierauf vergleiche nun unsere Natur in bezug auf Bildung und Unbildung mit folgendem Erlebnis. Stelle dir Menschen vor in einer unterirdischen, höhlenartigen Behausung; diese hat einen Zugang, der zum Tageslicht hinaufführt, so groß wie die ganze Höhle. In dieser Höhle sind sie von Kind auf, gefesselt an Schenkeln und Nacken, so daß sie an Ort und Stelle bleiben und immer nur geradeaus schauen; ihrer Fesseln wegen können sie den Kopf nicht herumdrehen. Licht aber erhalten sie von einem Feuer, das hinter ihnen weit oben in der Ferne

brennt. Zwischen dem Feuer und den Gefesselten aber führt oben ein Weg hin; dem entlang denke dir eine kleine Mauer errichtet, wie die Schranken, die die Gaukler vor den Zuschauern aufbauen und über die hinweg sie ihre Kunststücke zeigen.

»Ich sehe es vor mir«, sagte er (Glaukon).

Stelle dir nun längs der kleinen Mauer Menschen vor, die allerhand Geräte vorübertragen, so, daß diese über die Mauer hinausragen, Statuen von Menschen und anderen Lebewesen aus Stein und aus Holz und in mannigfacher Ausführung. Wie natürlich, redet ein Teil dieser Träger, ein anderer schweigt still.

»Ein seltsames Bild führst du da vor, und seltsame Gefesselte«, sagte er.

Sie sind uns ähnlich, erwiderte ich. Denn erstens: glaubst du, diese Menschen hätten von sich selbst und voneinander je etwas anderes zu sehen bekommen als die Schatten, die das Feuer auf die ihnen gegenüberliegende Seite der Höhle wirft?

»Wie sollten sie«, sagte er, »wenn sie zeitlebens gezwungen sind, den Kopf unbeweglich zu halten?«

Was sehen sie aber von den Dingen, die vorübergetragen werden? Doch eben dasselbe?

»Zweifellos.«

Wenn sie nun miteinander reden könnten, glaubst du nicht, sie würden das als das Seiende bezeichnen, was sie sehen?

»Notwendig.«

Und wenn das Gefängnis von der gegenüberliegenden Wand her auch ein Echo hätte und wenn dann einer der Vorübergehenden spräche – glaubst du, sie würden etwas anderes für den Sprechenden halten als den vorbeiziehenden Schatten?

»Nein, beim Zeus«, sagte er.

Auf keinen Fall, fuhr ich fort, könnten solche Menschen irgendetwas anderes für das Wahre halten als die Schatten jener künstlichen Gegenstände.

»Das wäre ganz unvermeidlich«, sagte er.

Überlege dir nun, fuhr ich fort, wie es wäre, wenn sie von

ihren Fesseln befreit und damit auch von ihrer Torheit geheilt würden; da müßte ihnen doch naturgemäß folgendes widerfahren: Wenn einer aus den Fesseln gelöst und genötigt würde, plötzlich aufzustehen, den Hals zu wenden, zu gehen und gegen das Licht zu schauen, und wenn er bei all diesem Tun Schmerzen empfände und wegen des blendenden Glanzes jene Dinge nicht recht erkennen könnte, deren Schatten er vorher gesehen hat – was meinst du wohl, daß er antworten würde, wenn ihm jemand erklärte, er hätte vorher nur Nichtigkeiten gesehen, jetzt aber sei er dem Seienden näher und so, dem eigentlicher Seienden zugewendet, sehe er richtiger? Und wenn der ihm dann ein jedes von dem Vorüberziehenden zeigte und ihn fragte und zu sagen nötigte, was das sei? Meinst du nicht, er wäre in Verlegenheit und würde das, was er vorher gesehen hat, für wahrer (wirklicher) halten als das, was man ihm jetzt zeigt?

»Für viel wahrer (wirklicher)«, erwiderte er.

Und wenn man ihn gar nötigte, das Licht selber anzublicken, dann schmerzten ihn doch wohl die Augen, und er wendete sich ab und flöhe zu den Dingen, die er anzuschauen vermag, und glaubte, diese seien tatsächlich klarer als das, was man ihm jetzt zeigt?

»Es ist so«, sagte er.

Schleppte man ihn aber von dort mit Gewalt den rauhen und steilen Aufgang hinauf, fuhr ich fort, und ließe ihn nicht los, bis man ihn an das Licht der Sonne hinausgezogen hätte – würde er da nicht Schmerzen empfinden und sich nur widerwillig so schleppen lassen? Und wenn er ans Licht käme, hätte er doch die Augen voll Glanz und vermöchte auch rein gar nichts von dem zu sehen, was man ihm nun als das Wahre bezeichnete?

»Nein«, erwiderte er, »wenigstens nicht im ersten Augenblick.«

Er müßte sich also daran gewöhnen, denke ich, wenn er die Dinge dort oben sehen wollte. Zuerst würde er wohl am leichtesten die Schatten erkennen, dann die Spiegelbilder der Menschen und der andern Gegenstände im Wasser und dann erst sie selbst. Und daraufhin könnte er dann das betrachten, was am Himmel ist, und den Himmel selbst, und zwar leichter bei Nacht, indem er zum Licht der Sterne und des Mondes aufblickte, als am Tage zur Sonne und zum Licht der Sonne.

»Ohne Zweifel.«

Zuletzt aber, denke ich, würde er die Sonne, nicht ihre Spiegelbilder im Wasser oder anderswo, sondern sie selbst, an sich, an ihrem eigenen Platz ansehen und sie so betrachten können, wie sie wirklich ist.

»Ja, notwendig«, sagte er.

Und dann würde er wohl die zusammenfassende Überlegung über sie anstellen, daß sie es ist, die die Jahreszeiten und Jahre herbeiführt und über allem waltet in dem sichtbaren Raume, und daß sie in gewissem Sinne auch von allem, was sie früher gesehen haben, die Ursache ist.

»Offenbar«, sagte er, »würde er nach alledem so weit kommen.«

Wenn er nun aber an seine erste Behausung zurückdenkt und an die Weisheit, die dort galt, und an seine damaligen Mitgefangenen, dann wird er sich wohl zu der Veränderung glücklich preisen und jene bedauern – meinst du nicht?

»Ja, gewiß.«

Die Ehren aber und das Lob, das sie einander dort spendeten, und die Belohnungen für den, der die vorüberziehenden Schatten am schärfsten erkannte und der sich am besten einprägte, welche von ihnen zuerst, und welche danach, und welche gleichzeitig vorbeizukommen pflegten, und daraus am besten vorauszusagen wußte, was jetzt kommen werde – glaubst du, er sei auf dieses Lob erpicht und beneide die, die bei jenen dort in Ehre und Macht stehen? Oder wird es ihm so gehen, wie Homer sagt, daß er viel lieber ›auf dem Acker bei einem armen Mann im Taglohn arbeiten‹ und lieber alles mögliche erdulden will, als wieder in jenen Meinungen befangen sein und jenes Leben führen?

»Ja, das glaube ich«, sagte er. »Lieber wird er alles andere ertragen als jenes Leben.«

Denke dir nun auch folgendes, fuhr ich fort: Wenn so ein Mensch wieder hinunterstiege und sich an seinen alten Platz setzte, dann bekäme er doch seine Augen voll Finsternis, wenn er so plötzlich aus der Sonne käme?

»Ja, gewiß«, erwiderte er.

Wenn er dann aber wieder versuchen müßte, im Wettstreit mit denen, die immer dort gefesselt waren, jene Schatten zu beurteilen, während seine Augen noch geblendet sind und sich noch nicht wieder umgestellt haben – und diese Zeit der Umgewöhnung dürfte ziemlich lange dauern –, so würde man ihn gewiß auslachen und von ihm sagen, er komme von seinem Aufstieg mit verdorbenen Augen zurück und es lohne sich nicht, auch nur versuchsweise dort hinaufzugehen. Wer aber Hand anlegte, um sie zu befreien und hinaufzuführen, den würden sie wohl umbringen, wenn sie nur seiner habhaft werden und ihn töten könnten.

»Ja, gewiß«, sagte er.

Dieses ganze Gleichnis, mein lieber Glaukon, fuhr ich fort, mußt du nun an das anknüpfen, was wir vorhin besprochen haben. Die durch das Gesicht uns erscheinende Region setze dem Wohnen im Gefängnis und das Licht des Feuers in ihm der Kraft der Sonne gleich. Und wenn du nun den Aufstieg und die Betrachtung der Dinge dort oben für den Aufstieg der Seele in den Raum des Einsehbaren nimmst, so wirst du meine Ahnung nicht verfehlen, die du doch zu hören wünschest. Gott aber mag wissen, ob sie richtig ist. Meine Ansicht darüber geht jedenfalls dahin, daß unter dem Erkennbaren als letztes und nur mit Mühe die Idee des Guten gesehen wird; hat man sie aber gesehen, so muß man die Überlegung anstellen, daß sie für alles die Urheberin alles Richtigen und Schönen ist. Denn im Sichtbaren bringt sie das Licht und seinen Herrn hervor; im Einsehbaren aber verleiht sie selbst als Herrin Wahrheit und Einsicht. Sie muß man erblickt haben, wenn man für sich oder im öffentlichen Leben vernünftig handeln will.

»Ich bin derselben Ansicht«, sagte er, »soweit ich zu folgen vermag.«

Wohlan denn, fuhr ich fort, schließe dich auch im folgenden meiner Meinung an. Wundere dich nicht: wer dahin gelangt ist, will vom menschlichen Treiben nichts mehr wissen, sondern seine Seele hat den Drang, für immer hier oben zu verweilen. Das ist auch ganz natürlich, wenn es dem vorhin beschriebenen Gleichnis entsprechen soll.

»Ja, freilich«, sagte er.

Glaubst du nun aber, fuhr ich fort, man dürfe sich darüber wundern, daß, wenn einer von der Betrachtung des Göttlichen in das menschliche Elend versetzt wird, er sich dann ungeschickt benimmt und höchst lächerlich erscheint? Denn während sein Auge noch geblendet ist und bevor er sich noch recht an die herrschende Finsternis gewöhnt hat, muß er vor Gericht oder anderswo über die Schatten des Gerechten streiten oder über die Bildwerke, deren Schatten sie sind, und muß sich mit den Vermutungen herumschlagen, die jene Leute darüber anstellen, die die Gerechtigkeit selbst nie zu sehen bekommen haben.

»Nein, das ist gar nicht zu verwundern«, sagte er.

Ein Einsichtiger, fuhr ich fort, würde vielmehr bedenken, daß es für die Augen zwei Arten und zwei Ursachen von Störungen gibt: die eine, wenn man aus dem Licht in das Dunkel, die andere, wenn man aus dem Dunkel in das Licht versetzt wird. Erkennt er nun an, daß dasselbe auch mit der Seele vor sich geht, so wird er nicht unüberlegt lachen, wenn er eine Seele sieht, die verwirrt ist und etwas nicht zu erkennen vermag. Sondern er wird prüfen, ob sie aus einem helleren Leben kam und jetzt von der Finsternis, an die sie nicht gewöhnt ist, umhüllt wird, oder ob sie aus größerer Unwissenheit in größere Klarheit gekommen ist und nun vom helleren Glanze geblendet wird. Und so wird er die eine um ihres Zustandes und ihres Lebens willen glücklich preisen und die andere bedauern; und wollte er über diese lachen, so wäre sein Lachen hier weniger lächerlich als das über die andere, die von oben aus dem Licht kommt.

»Was du sagst, ist durchaus am Platze«, erwiderte er.

Wenn das aber wahr ist, fuhr ich fort, so müssen wir darüber zu folgender Ansicht kommen: daß die Bildung nicht das ist, wofür sie einige in ihren Anpreisungen ausgeben. Sie behaupten nämlich, sie pflanzten der Seele ein Wissen ein, das vorher nicht darin war, wie wenn sie blinden Augen Sehkraft geben könnten.

»Ja, das behaupten sie«, sagte er.

Unser Gespräch zeigt nun aber, fuhr ich fort, daß der Seele eines jeden Menschen das Vermögen und das Organ innewohnt, mit dem er lernen kann. Wie aber das Auge nicht imstande ist, sich anders als mit dem ganzen Leibe aus dem Dunkel gegen das Helle zu wenden, so muß auch dieses Organ zugleich mit der ganzen Seele vom Werdenden weggewendet werden, bis diese imstande ist, den Anblick des Seienden und des Hellsten unter dem Seienden auszuhalten; dies aber, behaupten wir, ist das Gute; nicht wahr?

»Ja.«

Die Bildung, fuhr ich fort, wäre nun alo eine Kunst der ›Umlenkung‹, die Art nämlich, wie dieses Organ am leichtesten und am wirksamsten umgewendet werden kann. Sie ist nicht die Kunst, ihm das Sehen zu verleihen; sondern indem sie voraussetzt, daß es dieses zwar besitzt, aber nicht nach der richtigen Seite gewandt ist und deshalb nicht dorthin schaut, wohin es schauen sollte, will sie ihm behilflich sein.

»Ja, offenbar«, sagte er.

Die anderen sogenannten Tüchtigkeiten der Seele sind nun offenbar mit denen des Leibes nahe verwandt; sie scheinen nämlich am Anfang wirklich nicht vorhanden zu sein, sondern erst nachträglich durch Gewohnheit und Übung in sie hineingebracht zu werden. Die des Denkens aber hat anscheinend mit etwas viel Göttlicherem zu tun. Niemals verliert das seine Kraft; es wird aber durch die Wendung, die man ihm gibt, entweder brauchbar und heilsam oder unbrauchbar und schädlich. Oder hast du noch nicht bemerkt, wie scharf die kleine Seele derer blickt, die man böse, aber klug nennt, und wie genau sie das durchschaut, worauf sie sich richtet? Sie hat keine geringe Sehkraft, muß aber der Schlechtigkeit dienen, so daß sie, je schärfer sie sieht, desto mehr Schlechtes tut.

»Allerdings«, sagte er.

Wenn jedoch, fuhr ich fort, dieses Organ einer solchen Natur gleich von Kindheit an beschnitten worden wäre und man das, was daran mit dem Werden verwandt ist, ringsum abgehauen hätte, das nämlich, was ihr gleichsam wie Bleikugeln anhängt, die durch allzu reichliches Essen und die Lust daran und Schwelgereien mit ihr verwachsen sind und den Blick der Seele nach unten ziehen – wenn es also davon befreit und dem Wahren zugewendet würde, dann würde eben dieses Organ derselben Menschen jene höheren Dinge mit ganzer Schärfe sehen, so wie es das sieht, dem es jetzt zugewendet ist.

»Ja, wahrscheinlich«, sagte er.

Ist nun aber, fuhr ich fort, nicht auch das wahrscheinlich und nach dem, was wir bisher gesagt haben, sogar notwendig: daß weder die Ungebildeten und mit der Wahrheit nicht Vertrauten je eine Stadt richtig leiten können, noch auch die, die sich bis zum Ende ihres Lebens ihrer Bildung widmen dürfen? Jene nicht, weil ihnen das eine Ziel in ihrem Leben fehlt, wonach sich alles das richten sollte, was sie für sich und im öffentlichen Leben tun, diese nicht, weil sie sich freiwillig überhaupt nicht praktisch betätigen wollen, da sie glauben, sie wohnten schon hier im Leben fern auf den Inseln der Seligen.

»Das ist wahr«, sagte er.

Wir als die Gründer der Stadt, fuhr ich fort, haben also die Aufgabe, die besten Naturen zu nötigen, zu jenem Lehrstück zu gelangen, das wir vorhin als das höchste bezeichnet haben, nämlich das Gute zu schauen und jenen Weg hinaufzusteigen. Wenn sie es dann dort oben zur Genüge gesehen haben, dürfen wir ihnen das nicht erlauben, was man ihnen heute erlaubt.

»Was denn?«

Dort oben zu bleiben, sagte ich, und nicht wieder zu jenen

Gefesselten hinabzusteigen und nicht teilhaben zu wollen an ihren Mühen und an ihren Ehren, seien diese nun mehr oder weniger geringfügig oder bedeutend.

»Dann sollen wir ihnen also Unrecht tun«, erwiderte er, »und sie veranlassen, ein schlechteres Leben zu führen, während sie ein besseres haben könnten?«

Du hast wiederum vergessen, mein Freund, fuhr ich fort, daß ein Gesetz nicht dafür zu sorgen hat, daß es nur einem Stand in der Stadt vorzüglich gut geht. Es muß vielmehr diesen Zustand für die ganze Stadt zu erreichen suchen, indem es die Bürger durch gütliche Überredung und durch Zwang zusammenfügt und sie dazu bringt, daß sie sich gegenseitig an dem Nutzen teilhaben lassen, welchen ein jeder der Gemeinschaft erweisen kann, und indem es selbst solche Männer in der Stadt heranbildet, nicht, um jeden nachher gehen zu lassen, wohin ihn seine Neigung führt, sondern um selbst sich ihrer zum Zusammenschluß der Stadt zu bedienen.

»Ja, das hatte ich freilich vergessen.«

So kannst du also sehen, Glaukon, sagte ich, daß wir denen, die bei uns zu Philosophen werden, kein Unrecht tun, sondern eine gerechte Zumutung an sie richten, wenn wir sie nötigen, für die anderen zu sorgen und über sie zu wachen. Denn wir werden ihnen sagen: Wer in den anderen Städten das wird, was ihr seid, nimmt mit guten Gründen an ihren Sorgen keinen Anteil, entwickelt er sich doch selbständig, ohne Zutun der jeweiligen Staatsverfassung. Es ist denn auch billig, daß das, was von selbst heranwächst und niemandem seine Pflege verdankt, auch niemandem ein Kostgeld zahlen will. Euch dagegen haben wir zu eurem eigenen Vorteil und zu dem der Stadt wie Weisel und Könige in einem Bienenstocke herangezogen und euch besser und vollkommener ausgebildet als jene, so daß ihr eher imstande seid, euch auf beiden Gebieten zu betätigen. Darum muß nun auch jeder der Reihe nach in die Behausung der anderen hinabsteigen und sich daran gewöhnen, das Dunkle zu betrachten. Denn seid ihr einmal daran gewöhnt, so werdet ihr tausendmal besser sehen als die Bewohner dort und werdet erkennen, was alle die Bilder sind und wovon sie die Bilder sind, weil ihr über das Schöne und Gerechte und Gute die Wahrheit geschaut habt. Und so wird von uns und von euch die Stadt im Wachen verwaltet werden und nicht im Traum, wie es heute bei den meisten der Fall ist, die von Leuten gelenkt werden, die Schattenkämpfe miteinander ausfechten und sich um die Herrschaft streiten, als ob sie ein großes Gut wäre. In Wahrheit ist es aber so: die Stadt, wo die, die dazu berufen sind, am wenigsten nach der Herrschaft trachten, wird notwendig am besten und friedlichsten verwaltet, im Gegensatz zu der, die Regenten mit gegenteiliger Gesinnung hat.

ARISTOTELES

Die Erziehung zum vollkommenen Staatsbürger

Daß nun alle Menschen nach dem guten Leben und der Glückseligkeit streben ist klar. Aber die einen haben die Möglichkeit, dahin zu gelangen, die andern nicht, durch Schicksal oder durch ihre Natur, denn das edle Leben bedarf gewisser Hilfsmittel, die gut Veranlagten in geringerem, die schlecht Veranlagten in höherem Maße. Andere wiederum suchen überhaupt nicht die Glückseligkeit, obschon sie dazu die Möglichkeit hätten.

Da nun unsere Aufgabe ist, nach der vollkommenen Verfassung zu fragen, also derjenigen, nach der ein Staat am besten zu leben vermag, so wird man am besten nach derjenigen Verfassung leben, die dem Staate am meisten zur Glückseligkeit verhilft. Offensichtlich muß man also wissen, was die Glückseligkeit ist. Wir sagen nun – wir haben das in der Ethik untersucht und machen uns das Dortige zunutze –, daß sie eine Tätigkeit und ein vollkommener Gebrauch der Tugend sei, und dies nicht bedingungsweise, sondern unbedingt. Bedingungsweise nenne ich das Unentbehrliche, unbedingt nenne ich das Schöne. So etwa in der Gerechtigkeit: gerechte Strafen und Züchtigungen sind tugendgemäß, aber bedingungsweise und haben das

Edle nur bedingungsweise an sich – denn es ist besser, dergleichen nicht nötig zu haben, weder beim einzelnen noch beim Staate –, dagegen sind die Handlungen, die sich auf die Ehrenstellen und den Besitz beziehen, unbedingt edel. Denn das eine ist die Beseitigung eines Übels, das andere das Gegenteil. Es erzeugt und produziert Edles.

Gewiß wird ein edler Mann sich auch in Armut, Krankheit und ähnlichen Unglücken schön verhalten. Aber die Glückseligkeit besteht im Gegenteil, denn auch dies war in der Ethik festgelegt, daß der Tugendhafte so ist, daß wegen seiner Tugend das schlechthin Gute auch für ihn gut ist, und dann werden auch seine Verhaltensweisen schlechthin gut und edel sein. Darum meinen auch die Menschen, daß die äußeren Güter die Ursache der Glückseligkeit seien, so wie wenn man die Ursache eines glänzenden und schönen Kitharaspieles eher in der Lyra als in der Kunst selbst sehen wollte.

So muß denn vom Gesagten das eine schon vorhanden sein, das andere durch den Gesetzgeber geschaffen werden. Wir hoffen also, daß der Staat die Dinge erreicht, über die das Glück regiert – denn daß es über gewisse Dinge regiert, nehmen wir wohl an. Daß aber der Staat tugendhaft sei, das ist nicht mehr Werk des Glücks, sondern der Einsicht und des Willens.

Ein tugendhafter Staat besteht darin, daß die an der Verfassung teilhabenden Bürger tugendhaft sind. Und nach unserer Voraussetzung werden alle Bürger an der Verfassung teilhaben. Man muß also prüfen, wie einer ein tugendhafter Mann wird. Denn selbst wenn es möglich wäre, daß die Gesamtheit der Bürger tugendhaft wäre, nicht aber jeder einzelne, so wäre doch dieses wünschbarer. Denn wenn es jeder einzelne ist, so sind es auch alle.

Gut und tugendhaft wird man durch drei Dinge, nämlich Anlage, Gewohnheit und Einsicht. Zuerst muß man geboren sein, als Mensch nämlich und nicht als irgendein anderes Lebewesen, und dann auch mit bestimmten Eigenschaften des Körpers und der Seele. In einigen Dingen nützt die Anlage nichts, denn die Gewöhnung verändert sie. Denn es gibt naturgegebene Dinge, die sich durch die Gewöhnung zum schlechtern oder zum bessern wenden können. Die andern Lebewesen leben weitgehend von der Naturanlage, einige auch teilweise durch Gewohnheit, der Mensch aber auch mit der Vernunft. Nur er besitzt sie. So muß dieses alles miteinander übereinstimmen. Denn die Menschen machen vieles gegen die Anlage und gegen die Gewohnheit durch die Vernunft, wenn sie sich davon überzeugen, daß es anders besser sei. Wie nun jene, die das geeignete Material für den Gesetzgeber darstellen sollen, ihrer Natur nach beschaffen zu sein haben, wurde früher gesagt. Das übrige ist die Aufgabe der Erziehung. Denn das eine lernen die Menschen durch Gewohnheit, das andere durch Hören.

Da nun jede politische Gemeinschaft aus Regierenden und Regierten zusammengesetzt ist, so müssen wir untersuchen, ob die Regierenden und die Regierten ihr Leben hindurch dieselben oder verschiedene sein sollen. Denn nach der Entscheidung in diesem Punkte wird sich auch die Erziehung richten. Wenn sich nun die einen von den andern so unterschieden, wie wir meinen, daß die Götter und Heroen sich von den Menschen unterscheiden, nämlich mit einer großen Überlegenheit erst im Körperlichen, dann auch seelisch, so daß also der Vorrang der Regierenden über die Regierten unbestreitbar und sichtbar wäre, so wäre es offensichtlich besser, wenn stets und ein für allemal dieselben regierten und regiert würden. Da das aber nicht leicht anzunehmen ist, und es auch nicht so ist, wie es Skylax von den Indern berichtet, daß die Könige in der Tat die Untertanen in solchem Maß überragen, so ist es also offenbar aus vielerlei Ursachen notwendig, daß alle in gleicher Weise abwechselnd regieren und regiert werden. Denn für gleiche gilt das gleiche, und eine Verfassung, die nicht auf der Gerechtigkeit aufgebaut ist, hat es schwer, sich zu behaupten. Denn nicht nur die Regierten, sondern auch alle auf dem Lande werden sich zu Umsturz bereit finden, und daß die Teilhabenden an der verfassungs-

mäßigen Regierung so zahlreich wären, daß sie alle diese überwältigen könnten, ist undenkbar.
Anderseits ist es unzweifelhaft, daß die Regierenden sich vor den Regierten auszeichnen müssen. Wie das sein soll, und wie sie dementsprechend an der Regierung Anteil erhalten, das hat der Gesetzgeber festzustellen. Darüber ist vorhin gesprochen worden. Denn die Natur selbst hat eine Einteilung an die Hand gegeben, indem sie die Menschen von derselben Art teils älter, teils jünger machte, so daß also das eine regieren, das andere regiert werden soll. Darüber wird sich keiner ärgern, daß er seinem Alter entsprechend regiert wird, und hält sich nicht für zu gut dazu, da er ja auch später selbst den Lohn dafür empfangen wird, wenn er in das angemessene Alter kommt. So sind es in einem Sinne dieselben, die regieren und regiert werden, in einem andern Sinne andere. Und so muß auch die Erziehung teils dieselbe, teils eine andere sein. Man sagt ja, daß der, der gut regieren soll, zuvor regiert werden muß. Die Regierung besteht, wie wir am Anfang gesagt haben, teils um des Regierenden, teils um des Regierten willen. Die eine ist die Herrschaft über Sklaven, die andere diejenige über Freie. Die Aufgaben unterscheiden sich vielfach nicht dem Inhalt, sondern dem Zwecke nach. So gibt es viele Dienstverrichtungen, denen sich auch freigeborene junge Leute unterziehen sollen. Denn das Edle und Unedle im Handeln unterscheidet sich nicht an der Sache selbst, als vielmehr am Zwecke und an der Absicht.
Da wir nun behaupten, daß die Tugend des Bürgers, des Regierenden und des vollkommenen Mannes dieselbe sei, und da derselbe Mensch zuerst Regierter sein wird und dann erst Regierender, so wird also der Gesetzgeber darauf achten müssen, durch welche Tätigkeit die Menschen tugendhaft werden, und welches das Ziel des vollkommenen Lebens ist.
Es werden zwei Seelenteile unterschieden, deren einer an sich vernunftbegabt ist, der andere zwar nicht an sich, aber doch fähig, auf die Vernunft zu hören. Diesen gehören die Tugenden zu, denen gemäß einer ein tugendhafter

Mensch heißt. Die Antwort auf die Frage, bei welchem der Teile das Ziel sei, ist nicht schwer zu geben, wenn man in derselben Weise einteilt wie wir. Denn stets ist das Schlechtere um des Besseren willen da, und das gilt in den Dingen der Kultur wie in den Dingen der Natur. Besser ist aber das Vernunftbegabte. Dieses ist aber in der Art, wie wir es zu tun pflegen, wiederum zweigeteilt: die eine Vernunft ist handelnd, die andere betrachtend, und demgemäß ist auch der Seelenteil unterschieden. Auch bei den Tätigkeiten besteht nach unserer Meinung das entsprechende Verhältnis, und die Handlungen des bessern Seelenteils müssen wünschbarer sein für jene, die entweder alle oder doch diese beiden zu erreichen vermögen. Denn für jedes ist das Wünschbarste, was für es das höchste Erreichbare darstellt.

So ist denn auch das ganze Leben zweigeteilt in Arbeit und Muße, in Krieg und Frieden, und von den Zielen des Tuns sind die einen notwendig und nützlich, die andern edel. Da muß es denn dieselbe Entscheidung geben wie bei den Seelenteilen und ihren Tätigkeiten, daß nämlich der Krieg um des Friedens willen, die Arbeit um der Muße willen und das Notwendige und Nützliche um des Edlen willen zu betreiben ist.

Der Staatsmann hat als Gesetzgeber auf alles zu achten im Hinblick auf die Seelenteile und ihre Tätigkeiten, vor allem auf das Bessere und auf das Ziel. Dasselbe gilt bei der Entscheidung über die Lebensformen und die Tätigkeiten. Denn man muß arbeiten und Krieg führen können, aber noch eher Frieden halten und Muße üben, und das Notwendige und Nützliche tun, aber noch eher das Edle. Auf diese Ziele hin muß man schon die Kinder unterrichten, und so auch die andern Lebensalter, solange sie der Erziehung bedürfen.

* * *

Wir haben oben unterscheidend festgestellt, daß es der Anlage, der Gewöhnung und der Vernunft bedarf. Wie die Menschen ihrer Naturanlage nach sein sollen, war früher festgestellt; jetzt ist zu fragen, ob man sie eher mit der Vernunft erziehen soll als mit Gewohnheiten. Denn dieses muß gegenseitig im schönsten Einklang stehen. Man kann nämlich mit seiner Vernunft die beste Verfassung verfehlen, und man kann auch durch die Gewohnheit ebenso fehl gehen.

Zuerst ist klar, daß hier wie überall die Entstehung einen Anfang hat und das letzte Ziel von einem Anfang ausgeht, der selbst Ziel für ein anderes war. Die Vernunft und der Geist sind das Ziel der Natur, so daß man daraufhin das Werden und die Sorge um die Gewohnheiten einrichten muß.

Ferner, da Seele und Leib zwei Dinge sind und in der Seele zwei Teile, der vernunftlose und der vernunftbegabte, und diese nun wieder zwei Verhaltensweisen zeigen, das Streben und das Erkennen, so ist ebenso der Körper seinem Werden nach früher als die Seele, und das Vernunftlose früher als das Vernunftbegabte. Das zeigt sich so: Zorn und Wollen und ebenso das Begehren hat das Kind von Geburt an, die Überlegung und der Geist kommen aber erst mit fortschreitendem Alter. So muß man denn zuerst für den Körper sorgen und dann für die Seele und dann für das Begehren, und zwar für dieses um des Geistes willen, für den Körper aber um der Seele willen.

Da nun der Gesetzgeber von Anfang an darauf achten muß, daß die Körper der Säuglinge so tüchtig als möglich werden, so muß er sich zuerst um die Ehe kümmern, was für Menschen sich mit einander ehelich verbinden sollen und wann sie das tun sollen. Die Gesetze darüber sollen diese Gemeinschaft an sich und für die Zeit des Lebens berücksichtigen, damit sie im gleichen Rhythmus älter werden und die Fähigkeiten nicht in der Weise sich unterscheiden, daß der Mann wohl noch zeugen kann, die Frau aber nicht mehr gebären, oder umgekehrt; denn das schafft Zwistigkeiten und Auseinandersetzungen. Ebenso soll auch die Abfolge der Kinder bedacht werden. Die Kinder sollen an Jahren ihrem Vater nicht gar zu sehr nachstehen, denn dann nützt den Älteren der Dank von den Kindern nichts mehr, noch auch den Kindern die Hilfe, die der Vater soll leisten können. Noch sollen sie ihm zu nahe kommen, denn das macht viele Schwierigkeiten; es fehlt dann wie unter Altersgenossen allzusehr der Respekt, und die Vertrautheit schafft Diskussionen hinsichtlich der Hausverwaltung. Ferner, um zum Ausgangspunkt zurückzukehren, müssen die Erzeuger auch körperlich in der vom Gesetzgeber gewünschten Verfassung sein.

Das alles läßt sich durch eine einzige Vorkehrung erreichen. Da die Zeugungsfähigkeit für den Mann im äußersten Falle siebzig Jahre ist, für die Frau fünfzig, so muß die Vereinigung dem Alter nach diese Zahlen berücksichtigen. Die Verbindung von ganz Jungen ist für die Kinderzeugung schädlich. Denn bei allen Lebewesen sind die Kinder von zu jungen Eltern schwächlich, meist weiblich und von unansehnlicher Gestalt, so daß das wohl auch für die Menschen gelten wird. Ein Beweis: in den Staaten, in denen es Sitte ist, daß junge Leute sich miteinander verbinden, da sind sie körperlich schwach und klein. Auch leiden die jungen Frauen bei der Geburt mehr und sterben leichter. So soll denn auch aus solchen Ursachen ein Orakel an die Troizenier ergangen sein, daß viele sterben wegen des zu frühen Heiratens der Mädchen, und nicht wegen der Einholung der Feldfrucht. Es ist auch im Hinblick auf die Zucht besser, wenn die Mädchen in etwas höherem Alter verheiratet werden. Denn die jungen Frauen sind im Beischlaf gar zu zügellos. Außerdem glaubt man, daß das Wachstum der Männer leide, wenn sie den Beischlaf pflegen, während der Same noch im Wachsen ist. Denn auch da gibt es eine feste Zeit, über die hinaus keine Ansammlung mehr stattfindet.

So ist es richtig, die Mädchen etwa mit achtzehn und die Männer etwa um siebenunddreißig Jahre herum zu verheiraten. Denn dann sind sie körperlich auf der Höhe bei der Vereinigung, und die Fruchtbarkeit hört später für beide Teile zur selben Zeit auf. Auch geschieht die Abfolge der Kinder für die ersten in der Blütezeit, wenn sie, wie zu erwarten, gleich zur Welt kommen, und für die spätesten dann, wenn mit dem siebzigsten Lebensjahr die Altersschwäche beginnt. So ist also gesagt, wann die Vereinigung stattfinden soll. Was aber die Jahreszeit angeht, so kann man sich mit Recht an den üblichen Brauch halten und die Vereinigung sich im Winter vollziehen lassen. Die Gatten müssen sich dazu selbst erkundigen, was die Ärzte und die Naturforscher sagen. Denn die Ärzte bezeichnen genau die verschiedenen Zeiten für den Körper, die Naturforscher untersuchen die Windverhältnisse und erklären die Nordwinde für besser als die Südwinde.

Welche körperlichen Dispositionen für die Erzeuger am förderlichsten sind, darüber ist in den Untersuchungen über die Aufzucht der Kinder zu sprechen. Hier sei das nur im Umriß berührt. Die Konstitution der Athleten ist nützlich weder für die politische Tätigkeit, noch für die Gesundheit oder die Kinderzeugung, ebenso auch nicht die zarte und allzu schwächliche, sondern eben die mittlere. Man muß also trainiert sein, aber nicht mit allzu gewaltsamen Mitteln und nicht einseitig wie bei den Athleten, sondern in großzügiger Weise. Dasselbe gilt hier für Männer und Frauen.

Auch die Schwangeren müssen für ihren Körper sorgen und weder sich gehen lassen, noch bloß trockne Nahrung genießen. Das kann der Gesetzgeber leicht damit bewerkstelligen, daß er täglich einen Gang zur Verehrung derjenigen Götter vorschreibt, die als Schützer der Geburten gelten. Den Geist dagegen müssen sie im Gegensatz zum Körper mehr in Ruhe lassen. Denn das Kind scheint Dinge von der Mutter aufzunehmen, wie die Pflanzen von der Erde. Was Aussetzung oder Aufnahme der Kinder anlangt, so soll es Gesetz sein, daß nichts Verstümmeltes aufgezogen wird; wenn dagegen die Zahl der Kinder zu groß wird, so verbietet zwar die Ordnung der Sitten, irgendein Geborenes auszusetzen, aber dennoch soll die Zahl der Kinder eine Grenze haben, und wenn ein Kind durch die Vereinigung über diese Grenze hinaus entsteht, so soll man es entfernen, bevor es Wahrnehmung und Leben erhalten hat. Denn was erlaubt ist oder nicht, soll sich nach dem Vorhandensein von Leben und Wahrnehmungen richten. Da also für Mann und Frau das früheste Alter festgelegt ist, in welchem sie zur Vereinigung schreiten können, so sei auch festgelegt, bis zu welchem Alter sie Kinder erzeugen sollen. Denn die Nachkommen von zu alten werden wie diejenigen der zu jungen körperlich und seelisch unvollkommen, und die der Greise einfach schwach. Also muß man sie zeugen, wenn der Geist auf seiner Höhe ist; das ist zumeist – entsprechend dem, wie manche Dichter das Leben in Perioden von sieben Jahren eingeteilt haben – um das fünfzigste Altersjahr herum. Vier oder fünf Jahre nach diesem Zeitpunkt soll man keine Kinder, die öffentlich anerkannt werden sollen, mehr zeugen. Im weiteren wird man wohl der Gesundheit wegen und aus andern derartigen Ursachen den Beischlaf weiter pflegen dürfen. Was aber den Verkehr mit andern Frauen oder Männern angeht, so scheint das durchaus unstatthaft, solange ein Gatte faktisch vorhanden ist. Tut einer das aber in der Zeit der Kinderzeugung, so soll er mit einer dem Vergehen entsprechenden Strafe belegt werden.

Sind die Kinder geboren, so hat, wie man annehmen muß, die Nahrung auf die Entwicklung des Körpers einen sehr großen Einfluß. Es zeigt sich an der Beobachtung der andern Lebewesen und an den Völkern, die ihre Leute zu einer kriegerischen Haltung erziehen wollen, daß eine reichliche Milchnahrung den Körpern am angemessensten ist, dagegen wenig Wein wegen der Krankheiten. Ferner soll auch soviel Bewegung vorgenommen werden, als das Alter es zuläßt. Um aber die noch weichen Glieder nicht zu verbiegen, verwenden noch heute einige Völker mechanische Hilfsmittel, die den Körper der Kinder fest machen. Auch an Kälte müssen sich die Kinder möglichst bald gewöhnen. Denn das ist für die Gesundheit wie für die Kriegstüchtigkeit äußerst zweckmäßig. So gibt es bei vielen Barbaren die Sitte, die Neugeborenen in einem kalten Flusse einzutauchen, bei andern, wie bei den Kelten, ihnen nur ganz geringe Kleidung zu geben. Man muß sie also an alles gewöhnen, was man kann, und am besten gleich damit beginnen, aber ganz planmäßig. Denn wegen seiner Wärme ist der Körper der Kinder besonders leicht an die Kälte zu gewöhnen.

Im ersten Lebensalter ist es also zweckmäßig, diese und ähnliche Vorkehrung zu treffen. Im folgenden Alter bis zum fünften Jahre soll man sie noch nicht zum Lernen anhalten und auch nicht zu schwerer Arbeit, damit das Wachstum nicht gehindert werde, sondern sie sollen eben jene Bewegung erhalten, die für die Munterkeit des Körpers zuträglich ist, und die man durch allerlei Verrichtungen und durch das Spiel veranlassen kann. Die Spiele aber wiederum sollen nicht unedel sein und nicht anstrengend oder gar zu ausgelassen. Ebenso sollen die Aufseher über die Erziehung sich darum kümmern, was für Reden und Erzählungen solche Kinder anhören dürfen. Denn all das soll eine Vorbereitung auf den späteren Unterricht darstellen. Darum sollen denn auch die Spiele Nachbildungen dessen sein, was sie später im Ernst treiben werden.

Was das Schreien und Weinen der Kinder betrifft, so ist es unrichtig, das gesetzlich verbieten zu wollen, wie es die Staatstheoretiker vorschlagen. Denn das trägt zum Wachstum bei und ist in gewisser Weise ein Turnen. Und wie ein tiefes Atemholen die Arbeitenden stärkt, so wirkt auch das Schreien der Kinder.

Die Aufseher über die Erziehung haben diese und andere Dinge zu beachten, und auch, daß sie so wenig als möglich mit Sklaven zusammen sind. Denn in diesem Alter und bis zu sieben Jahren sollen die Kinder zu Hause aufgezogen werden. Es ist klar, daß sie sonst das unedle Wesen mit Augen und Ohren aufnehmen, da sie ja noch so klein sind. Überhaupt soll der Gesetzgeber vor allem andern das gemeine Reden aus dem Staate verbannen; denn wenn man leicht über Gemeines reden kann, so wird man auch bald zu entsprechenden Taten kommen. Vor allem gilt dies für die Jungen, die nichts dergleichen sagen oder hören dürfen. Und wenn einer etwas derartiges Verbotenes sagt oder tut, so soll der Freigeborene, der aber noch nicht den Zutritt zu den Syssitien (Tischgenossenschaften) erhalten hat, mit Schande und Schlägen gezüchtigt, der Ältere dagegen wegen seiner sklavischen Gesinnung wie ein Unfreier gestraft werden. Da wir weiterhin das Reden solcher Dinge verboten haben, so gilt dies natürlich auch für das Betrachten unpassender Bilder oder das Anhören entsprechender Vorträge. Die Regierenden haben also dafür zu sorgen, daß keine Standbilder oder Gemälde als Nachahmung solcher Handlungen vorhanden seien, außer etwa bei gewissen Göttern, bei denen das Gesetz auch Ausgelassenheiten zuläßt. Hier erlaubt das Gesetz Männern, die schon ein gewisses Alter haben, für sich und ihre Kinder und Frauen die Götter zu ehren. Die Jüngeren aber dürfen nicht als Zuhörer von Iamben und Komödien zugelassen werden, bis sie in das Alter gekommen sind, in dem sie schon bei den Syssitien mitmachen dürfen, und in dem die Erziehung sie schon gegen Trunkenheit und den daraus erwachsenden Schaden unempfindlich gemacht hat.

Wir haben dies jetzt nur beiläufig erwähnt. Später werden wir genaueres zu sagen haben und uns fragen, ob die Jungen hier zugelassen sein sollen oder nicht, und wie sie es sollen. Augenblicklich reden wir eben nur vom Notwendigsten. Nicht mit Unrecht hat in diesem Zusammenhang der tragische Schauspieler Theodoros erklärt, er lasse keinen vor sich auf die Bühne kommen, auch nicht von den zweitrangigen Schauspielern, da die Zuschauer durch den ersten Eindruck am meisten beeinflußt werden. Dasselbe gilt auch für den Umgang mit den Menschen wie mit den Dingen. Denn wir lieben alle das erste am meisten. Darum muß man den Jungen alles Schlechte fremd machen und vor allem, was lasterhaft und abstoßend ist.

Nach den fünf Jahren sollen sie in den zwei weiteren bis zum siebenten schon lernen, was es zu lernen gibt. Denn es gibt zwei Lebensalter, nach denen die Erziehung abgeteilt werden muß, einmal vom siebenten Jahre bis zur Pubertät und dann von der Pubertät bis zum einundzwanzigsten Jahre. Denn jene, die das Leben in Jahr-

siebente einteilen, machen es im allgemeinen nicht unrichtig, doch muß man der natürlichen Gliederung folgen. Denn jede Kunst und Erziehung will ja nur die Natur ergänzen.
Man muß also zuerst prüfen, ob es überhaupt eine bestimmte Ordnung für die Erziehung geben soll, ferner, ob man lieber gemeinsam oder jeden einzelnen für sich – wie es jetzt in den meisten Staaten der Fall ist – erziehen soll, und drittens, wie eben die Erziehung beschaffen sein muß.

Daß sich der Gesetzgeber in erster Linie um die Erziehung der Jungen kümmern muß, wird wohl niemand bestreiten. Wo es in den Staaten nicht geschieht, da erwächst auch ein Schaden für die Verfassung. Die Menschen müssen ja im Hinblick auf die jeweilige Verfassung erzogen werden. Denn der eigentümliche Charakter jeder Verfassung erhält diese und begründet sie auch von Anfang an, so der demokratische die Demokratie und der oligarchische die Oligarchie. Und immer ist der beste Charakter auch Grund der besten Verfassung.
Ferner muß man in jeder Fähigkeit und Kunst zur Ausübung vorgebildet und vorher geübt worden sein, und so offenbar auch auf das tugendhafte Verhalten. Und da das Ziel des Staates eines ist, so muß auch die Erziehung für alle eine und dieselbe sein, und die Fürsorge dafür muß staatlich und nicht privat geregelt werden und nicht so wie jetzt, wo ein jeder privat sich um seine Kinder kümmert und ihnen privat eben das beibringt, was er will. Denn gemeinsame Tätigkeiten sollen auch gemeinsam eingeübt werden. Man darf nicht meinen, daß irgendeiner der Bürger sich selbst angehöre, sondern alle gehören dem Staate; jeder ist ja ein Teil des Staates, und die Fürsorge für den einzelnen Teil geschieht im Hinblick auf die Fürsorge für das Ganze.
In diesem Punkte wird man die Spartaner loben. Denn sie bemühen sich am meisten um die Kinder, und dies von Staats wegen.

Daß man also Gesetze über die Erziehung erlassen und diese öffentlich regeln soll, ist klar. Was aber die Erziehung ist, und wie man erzogen werden soll, das muß man auch wissen. Faktisch ist man über die Gegenstände uneinig. Denn nicht alle wollen, daß man den jungen Menschen dasselbe beibringe im Hinblick auf die Tugend und auf das vollkommene Leben, und es ist auch nicht klar, ob die Erziehung mehr den Intellekt als den Charakter betrifft. Und die gegenwärtige Erziehungsweise kompliziert noch das Problem, und es ist nicht klar, ob man eher üben soll, was zum Leben nützlich ist, oder was vielmehr auf die Tugend zielt, oder eher das Erlesene; denn jede dieser Möglichkeiten hat ihren Vertreter gefunden. Was nun die Erziehung zur Tugend betrifft, so ist nichts allgemein anerkannt: denn schon die Tugend selbst faßt man ganz verschieden auf, und so ist man dann natürlich auch uneins in der Übung derselben.

Daß man vom Nützlichen das Unentbehrliche lernen soll, ist evident. Daß man aber nicht alles lernen soll, zeigt die Zweiteilung in edle und unedle Tätigkeiten, so daß man an solchen Dingen nur so weit sich beteiligen soll, daß man durch sie nicht zum Banausen wird. Als eine banausische Arbeit, Kunst und Unterweisung hat man jene aufzufassen, die den Körper oder die Seele oder den Intellekt der Freigeborenen zum Umgang mit der Tugend und deren Ausübung untauglich macht. Darum nennen wir alle Handwerke banausisch, die den Körper in eine schlechte Verfassung bringen, und ebenso die Lohnarbeit. Denn sie machen das Denken unruhig und niedrig.

Unedel ist es nicht, die edlen Wissenschaften teilweise und bis zu einem gewissen Grade kennenzulernen, aber sich allzu intensiv mit ihnen beschäftigen, führt zu den eben genannten Schädigungen. Es macht aber auch einen großen Unterschied, wozu einer etwas tut oder lernt. Denn um der Sache selbst oder um der Freunde oder der Tugend willen es zu tun, ist nicht unedel, aber einer, der dieselben Sachen auf Anweisung anderer tut, wirkt oftmals knechtisch und sklavisch.

Die gegenwärtig üblichen Lehrgegenstände schwanken nun, wie gesagt, hin und her. Es sind im wesentlichen vier Dinge, in denen man unterrichtet: Grammatik, Turnen, Musik und gelegentlich das Zeichnen; die Grammatik und das Zeichnen als nützlich fürs Leben und vielfältig anwendbar, die Gymnastik als Übung zur Tapferkeit. Bei der Musik erheben sich Fragen: die meisten interessieren sich für sie um des Vergnügens willen, ursprünglich aber galt sie als ein Stück Erziehung, weil die Natur selbst danach strebt, wie oftmals gesagt, nicht nur richtig tätig zu sein, sondern auch in edler Weise Muße üben zu können. Denn das ist der Ursprung von allem, um einmal mehr davon zu reden. Wenn man nämlich beides braucht, so ist doch die Muße wünschenswerter als die Arbeit; sie ist das Ziel, und man muß sich fragen, was man in der Muße tun soll. Spielen soll man nicht, denn dann müßte das Spiel das Ziel des Lebens sein. Wenn das ausgeschlossen ist und man eher bei der Arbeit zuweilen spielen soll – denn der Arbeitende bedarf der Erholung, das Spiel dient eben dazu, und bekanntlich ist die Arbeit mit Mühe und Anspannung verknüpft –, so muß man die Spiele gestatten, aber den Gebrauch genau kontrollieren, um sie als eine Art von Arznei anzuwenden. Denn eine solche Bewegung der Seele ist eine Lockerung und eine lustvolle Erholung.

Die Muße scheint aber ihre Lust und die Glückseligkeit und das selige Leben in sich selbst zu haben. Darum gehört dies nicht zu den Arbeitenden, sondern jenen, die Muße haben. Denn der Arbeitende arbeitet wegen eines Zieles, das noch nicht erreicht ist, die Glückseligkeit ist aber ein Ziel und ist nach allgemeiner Ansicht nicht mit Schmerz, sondern mit Lust verbunden.

Freilich fassen nicht alle diese Lust in derselben Weise auf, sondern jeder für sich nach seiner Art, der Beste aber wählt die beste und die vom Schönsten her entspringende. So ist klar, daß man auch für das Leben in der Muße bestimmte Dinge lernen und sich aneignen muß, und daß diese Lehr- und Bildungsgegenstände selbstzwecklich sind;

jene dagegen, die mit der Arbeit zu tun haben, dienen der Notdurft und einem fremden Zweck.

SENECA

Über den Wert der freien Künste und Wissenschaften

Du wünschest Auskunft darüber, wie ich über die zu höherer Geistesbildung führenden Wissensfächer denke. Ich finde keines derselben hoher Achtung wert, rechne keines zu den Gütern, sofern der Gelderwerb dabei in Frage kommt. Es sind bezahlte Lehrfächer, nützlich insoweit, als sie dem Geist eine vorbereitende Bildung geben, bei der er aber nicht stehen bleiben darf. Denn nur so lange darf man bei ihnen verweilen als man noch keiner höheren Leistung fähig ist. Sie sind für uns bloße Vorschule, nicht Leistungen im vollen Sinne. Man nennt sie freie Künste. Du weißt, warum: weil sie des freien Mannes würdig sind. Allein es gibt nur ein wirklich freies Wissensfach, das den Menschen freimacht: das ist das der Weisheit, eine erhabene, mannhafte, hochherzige Geistesbetätigung. Alle übrigen sind kleinlich und knabenhaft. Oder glaubst du, daß irgend etwas Gutes an Dingen sei, deren Lehrer es an Schändlichkeit und Lasterhaftigkeit allen zuvortun? Diese Dinge gilt es nicht zu lernen, sondern gelernt zu haben.

Manche haben diese Wissensfächer darauf hin prüfen zu müssen gemeint, ob sie den Menschen auch zur Tugend verhülfen. Das versprechen sie ja gar nicht einmal und machen keinen Anspruch auf Kenntnis dieser Sache. Der Grammatiker hat es mit der Sprache zu tun, und, wenn er sein Arbeitsgebiet erweitern will, mit der Geschichte, oder bei weitester Grenzbestimmung mit der poetischen Literatur. Was von alledem ebnet uns den Weg zur Tugend? Etwa das Herzählen von Silben, die Genauigkeit des Wortgebrauchs, die geschichtlichen Reminiszenzen, der Bau der Verse und ihre Abmessung? Was von alledem nimmt die Furcht von uns, entledigt uns der Begierden, zügelt die Wollust? Gehen wir zur Geometrie und zur

Tonkunst über: Man wird da nichts finden, was unserer Furcht, unserer Begierde Einhalt geböte. Was hilft aber alles Wissen ohne Kenntnis dieses letzteren?
Man muß darauf sehen, ob diese Leute die Tugend lehren oder nicht. Lehren sie dieselbe nicht, so verhelfen sie uns auch nicht dazu. Lehren sie dieselbe, so sind sie Philosophen. Willst du wissen, wie wenig sie bei Gründung ihres Lehrsitzes daran gedacht haben, die Tugend zu lehren? Schau nur hin, wie verschiedenartig die Wissensfächer aller dieser Leute sind. Und doch, wenn sie dasselbe (die Tugend) lehrten, müßten sie einander ähnlich sein. Sie müßten denn dich glauben machen, Homer sei ein Philosoph gewesen, während sie mit denselben Annahmen, aus denen sie dies schließen, es auch wieder in Abrede stellen. Denn bald machen sie ihn zum Stoiker, der die Tugend allein gelten läßt, jede Lust meidet und von dem Ehrbaren keinen Finger breit abweicht, selbst nicht um den Preis der Unsterblichkeit, bald zum Epikureer, der sich den Staat in voller Ruhe wünscht und ein Leben preist, das unter Tafelfreuden und Gesang verläuft, bald zum Peripatetiker, der drei Arten von Gütern annimmt, bald zum Akademiker, der alles für ungewiß erklärt. Es ist klar, daß dies auf den Homer nicht zutrifft, denn er müßte dann alles sein, also das Widersprechendste in sich vereinigen. Daß Homer ein Philosoph gewesen, wollen wir ihnen zugeben; er ist eben ein Weiser geworden, ehe er noch sich mit dem Gedanken an irgendwelche Dichterwerke trug; laß uns also immerhin ergründen, was den Homer zum Weisen gemacht habe. Aber zu erforschen, wer von beiden älter gewesen sei, Homer oder Hesiod, ist ebenso zwecklos wie zu ergründen, warum Hekuba, da sie (angeblich) jünger war als Helena, sich so wenig vorteilhaft gehalten habe. Und glaubst du denn etwa, es habe irgendwelche Bedeutung, das Lebensalter des Patroclus und Achilles zu erforschen? Willst du lieber den Irrfahrten des Odysseus nachforschen, als darauf hinarbeiten, daß wir nicht fortwährend in die Irre gehen? Ich habe nicht Zeit, mich darüber belehren zu lassen, ob Odysseus zwischen Italien

und Sizilien hin- und hergeworfen worden sei oder außerhalb der uns bekannten Zone, denn eine so lange Irrfahrt konnte sich kaum auf einem so beschränkten Raume abspielen: mit uns treiben die Stürme der Seele täglich ihr verwirrendes Spiel, unsere Verworfenheit läßt uns die ganze Leidensgeschichte des Odysseus an uns selbst erfahren. Nichts bleibt uns erspart, weder die Schönheitsreize für das Auge, noch der Grimm des Feindes: von hier drohen wilde Ungeheuer, die nach Menschenblut lechzen, von dort ertönen sinnbestrickende Schmeicheltöne, berechnet auf unser Verderben; Schiffbruch und alles mögliche Unheil sucht uns in bunter Folge heim. So laß mich denn lernen, wie ich dahin komme, das Vaterland, die Gattin, den Vater zu lieben, wie ich, sei es auch nicht ohne Schiffbruch, diesen edlen Aufgaben mich gewachsen machen kann. Wozu untersuchen, ob Penelope eine ehrsame Frau gewesen sei oder ob sie ihrer Mitwelt nur etwas vorgeflunkert habe? Ob sie wirklich eine Ahnung hatte, daß der, den sie vor Augen hatte, Ulixes sei, noch ehe sie es wußte? Lehre mich, was Ehrsamkeit sei und welch hohes Gut sie in sich schließe, ob sie ihren Sitz im Körper habe oder in der Seele.

Ich gehe zur Tonkunst über. Du lehrst mich, wie hohe und tiefe Töne sich zum Einklang vereinigen, wie die verschieden klingenden Saiten sich zu harmonischer Einheit zusammenfinden: sorge lieber dafür, daß meine Seele mit sich in Einklang stehe und meine Absichten sich nicht durchkreuzen. Du zeigst mir, welche Tonweisen klagender Art sind; zeige mir lieber, wie ich es dazu bringe, daß ich im Mißgeschick keinen Klagelaut vernehmen lasse.

Der Feldmesser unterweist mich in der Kunst, Grundstücke auszumessen: er täte besser, mir die Kunst beizubringen, zu ermessen, wieviel für den Menschen genug ist. Er lehrt mich mit Zahlen umgehen und leiht lieber der Habsucht Finger, als daß er mir zu der Erkenntnis verhülfe, daß diese Rechenkünste für mich ganz zwecklos sind, daß derjenige nicht glücklicher ist, dessen Vermögen zu Buche zu bringen die Rechnungsführer kaum fertig werden, ja wie überflüssig überhaupt solcher Besitz für einen Menschen ist, der der Unglücklichste sein würde, wenn er berechnen müßte, wieviel er an sich selbst hätte. Was nützt es mir, zu wissen, wie man ein Grundstück in Teile zerlegt, wenn ich mich nicht dazu verstehe, es mit meinem Bruder zu teilen? Was nützt es mir, einen Morgen Landes bis auf den letzten Fuß genau auszumessen, inbegriffen alles, selbst das, was der Meßrute entgeht, wenn ein unverschämter Nachbar, der mir von dem Meinigen ein Stück abschneidet, mich um alle Freude bringt? Belehrung darüber finde ich wohl, wie ich einem Verluste von Stücken meiner Feldflur vorbeugen kann; aber ich möchte lernen, wie ich sie alle verlieren kann, ohne daß meine heitere Stimmung dadurch eine Einbuße erleidet. »Es ist meines Vaters und Großvaters Gut, aus dem man mich vertreibt.« So klagt der Betreffende. Aber wer war denn — so darf man fragen — vor deinem Großvater der Besitzer dieses Grundstücks? Kannst du ausfindig machen, wem es vorher gehört hat? Nicht welchem Menschen, nein welchem Volk? Nicht als Herr, sondern als Landwirt hast du deinen Einzug gehalten. Für wen bist du als Landwirt tätig? Wenn es gut geht, für deinen Erben. Die Rechtsgelehrten behaupten, öffentliches Eigentum verjähre durch keine zeitweise Besitzergreifung; was du innehast, was du dein nennst, ist öffentliches Eigentum und zwar des ganzen Menschengeschlechts. Oh, der herrlichen Kunst! Du verstehst Dich darauf, das Kreisförmige auszumessen, jede gegebene Figur in ein Quadrat zu verwandeln, gibst Auskunft über die gegenseitigen Entfernungen der Sterne; es gibt nichts, was sich deiner Meßkunst entzöge. Bist du ein vollendeter Meister, so mache den menschlichen Geist zum Gegenstand deiner Meßkunst. Sage, wie groß, wie kleinlich er sei. Du weißt, was eine gerade Linie ist. Was nützt dir dies, wenn du die Geradheit im handelnden Leben nicht kennst?

Ich komme nunmehr zu dem, der sich der Kenntnis der Sternenwelt rühmt.

»Wo sich berge am Himmel das kalte Gestirn des
Saturnus;

Welche Kreise durchirre Mercurius' wanderndes Feuer.«
Was soll es nützen, dies zu wissen? Soll ich voll Sorge sein, wenn Saturn und Mars in Opposition zueinanderstehen oder wenn Saturn dem abendlichen Untergang des Merkur zuschaut? Soll ich mich nicht vielmehr zu der Erkenntnis erheben, daß diese Gestirne, wo sie auch stehen, günstig sind und in unverrückbarer Ordnung ihren Lauf vollziehen? Ein unverbrüchliches Schicksalsgesetz bestimmt ihnen ihre unvermeidliche Bahn. In festbestimmtem Wechsel kehren sie wieder und verursachen entweder alle Geschehnisse oder verkünden sie. Aber nimm das erstere an: was nützt uns denn die Kenntnis des Unabänderlichen? Oder nimm das andere an, was hat es auf sich mit der Voraussicht dessen, dem man doch nicht entgehen kann? Magst du es wissen oder nicht wissen, geschehen wird es unbedingt.

»Wenn du zur eilenden Sonne jedoch und der folgenden Sterne
Ordnungen wendest den Blick, wird nie dich die morgende Stunde
Täuschen, noch je in der heitern Nacht Arglist dich berücken.«

Es ist mehr als genug dafür gesorgt, daß ich vor Arglist sicher sei. Man erwidert: »Täuscht mich etwa die morgende Stunde nicht? Was mir ohne mein Wissen zustößt, das täuscht mich doch.« Was mich anbelangt, so weiß ich nicht, was kommen wird; wohl aber weiß ich, was kommen kann. Das bewahrt mich vor Verzweiflung; ich erwarte alles; wird mir etwas erspart, so rechne ich es mir zugute. Die Stunde täuscht mich, wenn sie schonend mit mir verfährt, doch nein, selbst dann täuscht sie mich nicht. Denn so gut ich weiß, daß alles geschehen kann, so gut weiß ich auch, daß nicht alles unbedingt geschehen wird. Gewiß: ich hoffe auf das Gute, bin aber auf das Schlimme gefaßt.

Im folgenden mußt du mir erlauben, von dem üblichen Wege abzuweichen. Ich kann mich nämlich nicht entschließen, unter die freien Künste auch die Malerei zu rechnen, ebensowenig wie die Kunst der Bildgießer oder der Bildhauer oder der sonstigen Künstler, die im Dienste der Üppigkeit stehen. Ebenso scheide ich die Ringkämpfer aus der Zahl der freien Künste aus und die gesamte Weisheit, die es nur mit Öl und Schmutz zu tun hat; oder ich müßte auch den Salbenkrämern Zutritt gewähren sowie den Köchen und wer sonst noch seine Erfindungskraft der Befriedigung unserer Lustbegier widmet. Denn, ich bitte dich, was ist Freies an jenen Schlemmern, die früh am Morgen das Genossene wieder von sich geben, die den Körper überfüttern und den Geist in die düftigste Magerkeit verfallen lassen? Oder glauben wir, daß dergleichen Künste ein zum freien Studium gehöriges Übungsfeld für unsere Jugend seien, für sie, die von unseren Vorfahren dazu angehalten wurde, in aufrechter Haltung die Lanze zu schleudern, den Schanzpfahl zu drehen, das Roß zu tummeln, die Waffen zu handhaben? Sie ließen ihre Kinder nichts erlernen, was auf dem Ruhebett zu erlernen möglich gewesen wäre. Aber auch diese Künste lehren und nähren die Tugend nicht, sowenig wie jene. Denn was frommt es, ein Pferd in seiner Gewalt zu haben und seinen Lauf durch die Zügel zu regeln, sich selbst aber von den zügellosesten Leidenschaften fortreißen zu lassen? Was frommt es, viele im Ringen oder im Faustkampf zu überwinden, sich aber vom Jähzorn überwinden zu lassen?

»Also wie steht die Rechnung? Bringen uns die freien Studien gar keinen Nutzen?« In anderer Hinsicht manchen; was die Tugend anlangt, unmittelbar keinen. Liefern doch auch die ganz gewöhnlichen Handwerkskünste für den Bedarf des Lebens einen sehr erheblichen Beitrag, ohne jedoch für die Tugend von Bedeutung zu sein. »Warum unterrichten wir also unsere Söhne in den freien Künsten?« Nicht, weil diese die Tugend zu geben imstande sind, sondern weil sie in vorbereitender Arbeit die Seele fähig machen, die Tugend in sich aufzunehmen. Wie die erste, von den Alten so genannte Buchstabenkunde, durch die den Knaben die Anfangsgründe beigebracht werden, nicht die freien Künste und Wissenschaften lehrt, wohl aber den Weg bahnt zu ihrer demnächstigen geistigen Erfassung, so führen die freien Künste den Geist nicht schon zur Tugend selbst, bereiten ihm aber den Weg zu ihr.

Posidonius unterscheidet vier Arten von Künsten: erstens die gemeinen und wenig geachteten, zweitens die spielenden, drittens die kindischen, viertens die freien. Die gemeinen sind die der Handwerker, bei denen es auf das Handgeschick ankommt und die dem Bedarf des Lebens dienen. Sie geben sich nicht den Schein, als machten sie Anspruch auf Würde und Tugendhaftigkeit. Die spielenden sind die, welche der Augen- und Ohrenlust zu dienen beflissen sind. Mit ihnen befassen sich auch die Mechaniker, die Brettergerüste (für die Theater) erfinden, die wie von selbst sich erheben, und bretterne Stockwerkbauten, die ganz geräuschlos in die Höhe steigen, und andere überraschende Abwechslungen, die entweder Zusammenhängendes sich trennen oder Getrenntes von selbst sich vereinigen lassen oder auch weit Herausragendes allmählich wieder zurücksinken lassen. Das übt eine gewaltige Anziehungskraft aus auf die Augen der unkundigen Menge, die alles Überraschende wie ein Wunder anstaunt, weil sie die Ursachen nicht kennt. Kindlich und einigermaßen den freiheitlichen Lehrfächern ähnlich sind diejenigen Fächer, welche die Griechen enzyklopädische, wir freiheitliche nennen. Aber freiheitlich, oder, richtiger gesagt, frei sind nur diejenigen, die all ihr Bemühen auf die Tugend richten.

Man erwidert: »Wie ein Teil der Philosophie sich mit der Natur beschäftigt, ein anderer mit der Moral, ein dritter mit der Dialektik, so nimmt auch diese Schar der freien Künste einen Platz in der Philosophie für sich in Anspruch. Wenn man es mit naturwissenschaftlichen Fragen (in der Philosophie) zu tun hat, so stützt man sich auf das Zeugnis der Geometrie: diese ist demnach ein Teil der Wissenschaft, deren Gehilfin sie ist.« Vieles leistet uns Beihilfe, ohne doch ein Teil von uns zu sein. Ja auch, wenn sie es wären, würden sie uns doch nicht Beistand leisten: die Speise ist eine Beihilfe für den Körper, gleichwohl aber kein Teil von ihm. Die Geometrie leistet uns einen gewissen Dienst. Sie nimmt der Philosophie gegenüber eine ebenso unentbehrliche Stellung ein wie zu ihr selbst der Hersteller ihrer Instrumente. Aber so wenig dieser ein Teil der Geometrie ist, so wenig ist jene ein Teil der Philosophie. Zudem hat jede von beiden ihr eigenes Gebiet. Der Philosoph, mit andern Worten der Weise, durchforscht die Ursachen der Naturvorgänge, während der Mathematiker ihren Zahlen- und Maßverhältnissen nachgeht und sie berechnet. Der Philosoph kennt die Bedingungen für den Bestand der Sternenwelt, weiß Bescheid über ihre Bedeutung und ihre Natur: der Mathematiker berechnet ihren Lauf und ihre Wiederkehr, wobei er auch Beobachtungen anstellt über ihr Sinken und Steigen und zeitweiliges scheinbares Stillestehen, das doch in der Sternenwelt nicht möglich ist. Den Grund der Erscheinung der Bilder im Spiegel kennt der Philosoph, während dir der Mathematiker Auskunft geben kann über das notwendige Abstandsverhältnis des Körpers von seinem Bilde sowie über die Verschiedenartigkeit der Bilder je nach der Form des Spiegels. Daß die Sonne groß sei, wird der Philosoph dir beweisen, wie groß, der Mathematiker, der nach einer gewissen durch Erfahrung und Übung bestimmten Methode verfährt; aber um so verfahren zu können, muß er sich gewisse Prinzipien aneignen. Das ist aber keine vollkommene selbständige Kunst, die ihre Grundlage anderswoher entlehnt hat. Die Philosophie erbittet sich nichts von anderer Seite her, sie läßt ihr ganzes Werk auf eigenem Boden erstehen; der Mathematik haftet eine gewisse Unselbständigkeit an, da sie ihren Bau auf fremdem Grund und Boden errichtet. Sie empfängt aus anderer Hand ihre grundlegenden Sätze, mit deren Hilfe sie ihre weiteren Fortschritte macht. Ginge sie ganz selbständig auf die Wahrheit aus, könnte sie das Weltall seinem natürlichen Wesen nach umfassen, so würde ich sagen, daß sie auf unseren Geist eine heilsame Wirkung ausüben würde, der durch Beschäftigung mit dem Himmelsgewölbe wächst und etwas aus jenen Höhen in sich eingehen läßt.

Es gibt nur eins, was dem Geist zu wahrer Vollkommenheit verhilft: die über jeden Wandel erhabene Kenntnis des Guten und Bösen. Diese kommt allein der Philosophie zu; es gibt durchaus kein anderes Wissensfach, das nach dem Guten und Bösen forscht. Man gehe die einzelnen Tugenden durch. Die Tapferkeit ist die Verächterin des Furchtbaren. Stolz bäumt sie sich auf gegen alles Schrekken Erregende, gegen alles, was unsere Freiheit bedroht; sie fordert es zum Kampf heraus, zerschmettert es. Ist sie also danach angetan, von den freien Künsten ihre Kraft zu empfangen? Die Treue ist das heiligste Gut des menschlichen Herzens. Kein Zwang vermag ihr eine Täuschung abzunötigen, keine Belohnung sie zu bestechen. »Bedrohe mich«, ruft sie, »mit Feuer und Schwert, töte mich: ich verrate nichts; nein! Der Schmerz mag noch so dringend mir mein Geheimnis abzulocken suchen, ich werde es nur um so tiefer in mir bergen.« Sind etwa die freien Künste imstande, eine solche Gesinnung zu erzeugen? Die Mäßigkeit gebietet unsern Lustbegierden, einige haßt sie und gibt ihnen den Abschied, andere nimmt sie in Zucht und beschränkt sie auf ein vernünftiges Maß, niemals aber läßt sie sich mit ihnen um ihrer selbst willen ein. Sie weiß, daß das beste Maß für das Begehrte nicht in dem bloßen Wunsche liegt, sondern in der Einsicht über die Notwendigkeit dessen, was man sich zuführt. Die Menschenliebe verbietet den Hochmutsdünkel gegen die Mitmenschen, verbietet den Geiz. In Worten, Taten, Gemütsregungen erweist sie sich gegen jedermann freundlich und entgegenkommend; am Mißgeschick jedes anderen nimmt sie herzlich teil. Das Gute aber, was sie in sich selbst hat, ist ihr darum am meisten lieb, weil es auch anderen zugute kommen wird. Sind die freien Künste etwa danach angetan, solche sittlichen Regeln zur Geltung zu bringen? Sie versagen hier so gut wie hinsichtlich der Ehrlichkeit, der Bescheidenheit, der Selbstbeherrschung, sowie auch der Genügsamkeit und Sparsamkeit, und nicht minder der

Barmherzigkeit, die fremdes Blut schont als wäre es das eigene, und sich dessen wohl bewußt ist, daß man mit Menschenleben keine Verschwendung treiben darf.

»Wenn ihr«, wendet man ein, »behauptet, man könne ohne die freien Künste nicht zur Tugend gelangen, wie könnt ihr dann in Abrede stellen, daß sie zu der Tugend etwas beitragen?« Insofern, als man ja auch ohne Speise nicht zur Tugend gelangt; und doch gehört die Speise nicht zur Tugend. Das Holz ist nicht entscheidend für das Schiff, obschon ein Schiff nur mit Verwendung von Holz zustande kommt. Man darf, wohlgemerkt, nicht meinen, es komme etwas mit Hilfe dessen zustande, ohne das es nicht zustande kommen kann. Man kann sogar behaupten, man könne auch ohne die freien Künste zur Weisheit gelangen; denn muß die Tugend auch erlernt werden, so wird sie doch nicht durch diese erlernt. Was sollte mich aber zu der Annahme nötigen, es könne niemand zur Weisheit gelangen, der die Buchstaben nicht kenne? Liegt doch die Weisheit nicht in den Buchstaben. Was sie andern mitteilt, sind nicht Worte sondern Sachen, und vielleicht ist dasjenige Gedächtnis sicherer, das sich nicht auf äußere Beihilfe stützt. Die Weisheit ist etwas Großes und Weitausgreifendes. Sie bedarf freien Raumes: Göttliches und Menschliches muß sie sich geläufig machen, muß Bescheid wissen über Vergangenes, Zukünftiges, Hinfälliges, Ewiges, über die Zeit selbst. Bedenke nur, wie viele Fragen sich an dies Eine, an die Zeit selbst knüpfen. Erstens: ist sie etwas an und für sich? Sodann: ist etwas vor der Zeit ohne Zeit? Hat sie angefangen mit der Welt, oder ist, da vor der geordneten Welt doch schon etwas gewesen ist, auch die Zeit gewesen? Unzählige Fragen knüpfen sich auch schon bloß an die Seele: woher stammt sie, welcher Art ist sie? Wann fängt sie an zu sein? Wie lange dauert sie? Geht sie von einer Stelle in eine andere über, und wechselt sie ihren Wohnsitz, eine Tierform immer wieder mit einer andern vertauschend, oder ist sie nur einmal zur Dienstbarkeit verurteilt, um dann freigelassen im Weltenraume sich umher zu bewegen? Ist sie ein körperliches Wesen oder nicht? Was wird sie tun, wenn sie aufgehört hat ihre Wirksamkeit durch uns auszuüben? Wie wird sie ihre Freiheit ausnützen, wenn sie aus diesem Käfig entwichen ist? Wird sie alles Frühere vergessen und erst von da ab sich zu kennen anfangen, wo sie, des Körpers ledig, in eine höhere Welt abscheidet? Mit welcher Seite der menschlichen und göttlichen Dinge du dich befassen magst, du wirst ermüden unter der gewaltigen Menge dessen, was zu erforschen und zu erlernen ist. Um so Vielem und so Großem freien Zutritt und freundliche Aufnahme zu gewähren, muß alles Überflüssige aus dem Geist entfernt werden. Die Tugend will von einem solchen Gedränge nichts wissen, eine große Sache fordert einen weiten Raum. Alles andere werde ausgetrieben, das ganze Innere werde ihr eingeräumt.

»Aber die Kenntnis vieler Wissenszweige macht uns doch Freude!« Gut. Wir wollen von ihnen alles beibehalten, was nötig ist. Hältst du den für tadelnswert, der für seinen Hausbedarf sich Überflüssiges anschafft und seine Wohnung mit prunkvollen Kostbarkeiten ausstattet, so wirst du deinen Tadel auch gegen den richten müssen, der seinen vollen Eifer einem überflüssigen wissenschaftlichen Apparat zuwendet. Mehr wissen zu wollen als nötig, ist eine Art Mangel an Selbstbeherrschung. Macht doch dieser Eifer für die freien Künste die Menschen unleidlich, geschwätzig, taktlos, selbstgefällig und zu Leuten, die das Nötige nicht lernen, eben weil sie ihre Zeit auf Erlernung des Überflüssigen verwendeten. Viertausend Bücher hat der Grammatiker Didymus geschrieben: er würde mir leid tun, wenn er so vieles Überflüssige auch nur gelesen hätte. In diesen Büchern werden Untersuchungen angestellt über die Heimat Homers, ingleichen über die wahre Mutter des Aeneas, ingleichen über die Frage, ob Anakreon mehr verliebt oder ein Trinker gewesen sei, ingleichen ob Sappho eine öffentliche Dirne war, sowie anderes, was man eher verlernen müßte, wenn man es wüßte. Nun wage man noch zu behaupten, das Leben sei nicht lang!

Aber auch, wenn du zu unseren Vertretern jener Wissensfächer kommst, will ich dir vieles zeigen, was verdiente, mit der Axt abgehauen zu werden. Mit großem Aufwand von Zeit, mit starker Belästigung der Ohren anderer wird das Lob erkauft: »Ein Muster von Gelehrsamkeit«. Seien wir lieber zufrieden mit dem bescheideneren Lob: »Ein Muster von Rechtschaffenheit!« Wie? Soll ich wirklich die Jahrbücher aller Völker durchblättern und ergründen, wer zuerst als Dichter aufgetreten ist? Soll ich, da hier der Kalender versagt, durch Rechnung herausbringen, wieviel Zeit zwischen Orpheus und Homer liegt? Soll ich die alberne Kritik, die Aristarch an anderen Gedichten macht, prüfen und meine Jahre an Silbenstechereien verschwenden? Soll ich nicht endlich einmal dem Staube der Geometrie entgehen? So wenig soll der heilsame Spruch für mich Geltung haben: »Sei sparsam mit deiner Zeit!« Solcherlei Kram soll ich mir als Wissen aneignen? Was bleibt dann übrig für das Nichtwissen? Der Grammatiker Apion, der unter Gajus Caesar (Caligula) ganz Griechenland gleich einem Marktschreier durchzog und von allen Gemeinden als ein neuerstandener Homer gefeiert wurde, behauptete, Homer habe erst nach Vollendung seiner beiden großen Gedichte, der Odyssee und der Ilias, seinem Werke, in welchem er den trojanischen Krieg zusammenfaßte, die Anfangsverse vorangestellt. Als Beweis dafür machte er den Umstand geltend, daß Homer den ersten Vers mit zwei Buchstaben begonnen habe, die absichtlich die Zahl der Bücher angeben sollten (nämlich mit dem Wort: menin, m = 40, e = 8, also 48 Bücher). Dergleichen muß man wissen, wenn man viel wissen will.

Bedenke doch, wieviel Zeit dir körperliches Unwohlsein raubt, wieviel die öffentlichen, wieviel die häuslichen Geschäfte, wieviel die täglichen Vorkommnisse, wieviel der Schlaf. Miß deine Lebenszeit aus: für so vieles langt sie nicht hin. Ich sprach von den freien Künsten: aber auch die Philosophen, wieviel Überflüssiges schleppen sie mit sich, wie vieles, was für das Leben nicht verwendbar ist. Auch sie haben sich auf Silbenstechereien eingelassen, auf die Besonderheiten der Konjunktionen und der Präpositionen, wollten hinter den Grammatikern und Geometern nicht zurückstehen. Alles mögliche Überflüssige haben sie aus deren Lehrweise in die ihrige übertragen. Der Erfolg ist schließlich der, daß sie besser zu reden als zu leben verstehen. Vernimm, wieviel Unheil die übertriebene Spitzfindigkeit anrichtet und wie schädlich sie der Wahrheit ist. Protagoras behauptet, man könne über jegliche Sache mit gleicher Sicherheit für und wider streiten, ja sogar über den Satz selbst, ob jegliches Ding nach beiden Seiten hin bestreitbar sei. Nausiphanes behauptet, daß von allem, was zu sein scheine, ebensowohl das Sein als das Nichtsein zu gelten habe. Parmenides behauptet, daß von dem, was zu sein scheine, nichts dem einheitlichen Ganzen angehöre. Fast in dem gleichen Geleise bewegen sich die Pyrrhoneer, die Megariker, die Eretrier und Akademiker, die eine neue Wissenschaft eingeführt haben, nämlich das Nichtwissen. Alles das wirf zu dem nutzlosen Kram der freien Künste. Die einen von den Genannten führen mich ein in eine Wissenschaft, die keinen Nutzen bringt, die andern rauben mir jede Hoffnung auf irgendwelches Wissen: es ist doch immerhin noch besser, Überflüssiges zu wissen als nichts. Die einen gehen mir nicht mit einer Leuchte voraus, durch die der Blick auf das Wahre hingelenkt wird, die andern bringen mich um mein Augenlicht überhaupt. Schenke ich dem Protagoras Glauben, so gibt es in der Welt überhaupt nichts als Zweifelhaftes; wenn dem Nausiphanes, so ist nur dies eine sicher, daß es nichts Sicheres gibt; wenn dem Parmenides, so gibt es nichts als das Eine; wenn dem Zenon, nicht einmal dies Eine. Was also sind wir? Was ist alles das, was uns umgibt, nährt, erhält? Die ganze Natur ist nichts als ein wesenloser oder trügerischer Schatten. Es wird mir nicht leicht zu sagen, wem ich mehr zürnen soll, denen, die uns zum Nichtwissen verurteilen, oder denen, die uns nicht einmal dieses vergönnen, das Nichtwissen.

QUINTILIAN

Die Grundlagen der Bildung

Zunächst soll ein Vater, sobald ihm ein Sohn geboren wird, die besten Hoffnungen betreffs seiner hegen; umsomehr wird er ihm von Anfang an Sorgfalt schenken. Denn es ist eine unbegründete Klage, daß nur sehr wenigen Menschen die Kraft verliehen sei, dasjenige zu fassen, was ihnen vorgetragen wird, die meisten vielmehr Mühe und Zeit durch Stumpfheit des Geistes vergeuden. Man dürfte im Gegenteil finden, daß die Mehrheit der Menschen einen gewandten Geist und Geschick zum Lernen besitzt. Das gehört doch zum Wesen des Menschen. Und so wie den Vögeln das Fliegen, den Pferden das Laufen und den wilden Tieren eben ihre Wildheit angeboren ist, so ist auch uns die Tätigkeit und Rührigkeit des Geistes eigentümlich, weshalb man dem Geiste einen himmlischen Ursprung zuschreibt. Die Geburt von stumpfsinnigen und ungelehrigen Menschen ist dagegen ebenso wenig in der Natur begründet, als die von abenteuerlichen und gezeichneten Leibern, nur daß letztere nicht in so großer Zahl zur Welt kommen. Als Beweis dafür mögen die vielfachen Hoffnungen gelten, die sich in dem Knaben hervordrängen; verschwinden diese mit den Jahren, so ist es klar, daß die Schuld nicht der Natur, sondern der Pflege zuzuschreiben ist. Gleichwohl übertrifft einer den andern an geistiger Begabung, das gebe ich zu; mag das indessen mehr oder weniger ins Gewicht fallen – ein Mensch, der durch Studium nichts erreicht hätte, findet sich nicht. Wer dieses erwägt, wird, sobald er Vater geworden, der Hoffnung auf den künftigen Redner die eifrigste Sorge zuwenden.

Vor allem muß darauf gesehen werden, daß die Wärterinnen der Kinder keine fehlerhafte Sprache haben; Chrysipp wünscht sogar für diesen Beruf, wenn es möglich wäre, weise Frauen, jedenfalls sollten die besten ausgesucht werden, soweit es die Umstände erlauben. Freilich muß ohne Zweifel in erster Linie auf die Sitten Rücksicht genommen werden, doch müssen sie auch richtig sprechen.

Sie wird der Knabe zuerst hören, ihre Worte wird er zuerst nachzusprechen versuchen. Auch halten wir von Natur aus hauptsächlich an demjenigen fest, was wir in unreifen Jahren gelernt haben, gleichwie der Geschmack, mit dem man einmal neue Gefäße erfüllt hat, anhält und die Farben, die das natürliche Weiß der Wolle verdrängt haben, nicht mehr ausgewaschen werden können. Und das haftet um so zäher, je verwerflicher es ist. Denn das Gute schlägt leicht ins Schlechtere um; wann aber wird man Fehler in Vorzüge umwandeln können? Möge er also nicht, zumal in seiner Kindheit, an eine Sprache gewöhnt werden, die er in Zukunft ablegen muß. Bei den Eltern aber wünschte ich möglichst viel Bildung, wobei ich nicht bloß von den Vätern spreche. Denn die Beredsamkeit der Gracchen wurde, wie die Geschichte lehrt, durch ihre Mutter Cornelia nicht wenig gefördert, deren sehr gebildete Ausdrucksweise in ihren Briefen auch der Nachwelt überliefert ist; man sagt auch, daß Laelia, die Tochter des Gaius Laelius, im Reden an die feine Art ihres Vaters erinnert habe, und die Rede, welche Hortensia, die Tochter des Quintus Hortensius, vor den Triumvirn gehalten hat, lesen wir nicht bloß, um ihr Geschlecht zu ehren. Doch sollen auch die Eltern, welche nicht das Glück gehabt haben, selbst etwas zu lernen, nicht geringere Sorgfalt auf den Unterricht ihrer Kinder verwenden, sondern gerade aus diesem Grunde im Übrigen desto sorgsamer sein. Von den jungen Sklaven, in deren Mitte der Knabe, auf den man seine Hoffnung setzt, erzogen werden wird, möge dasselbe gelten wie von den Wärterinnen.

Von den Erziehern gelte überdies noch, daß sie entweder durchaus gebildet seien, worauf zuerst gesehen werden sollte, oder daß sie es wissen, wenn sie es nicht sind. Nichts Ärgeres, als jene Leute, welche, wenn sie nur sehr wenig über die Elemente hinausgekommen sind, sich einbilden, viel zu wissen. Denn sie wollen sich nicht herbeilassen, die Rolle eines Lehrers aufzugeben. Auf ihre Stellung pochend, was derlei Leute ganz hochmütig macht, predigen sie ihre Torheit und sind dabei herrschsüchtig und auch wohl leidenschaftlich. Nicht weniger schadet ihre Einbildung dem Charakter. So gewöhnte Leonidas, der Erzieher Alexanders, wie Diogenes von Babylon berichtet, diesen an gewisse Fehler, welche ihm, als er schon erwachsen und ein mächtiger König war, von jenem ersten Unterrichte her immer noch anhafteten.

Wenn meine Forderungen jemandem zu groß erscheinen sollten, so möge er bedenken, daß es sich um die Heranbildung eines Redners handle – eine schwierige Aufgabe, wenngleich alles zu seiner Ausbildung vorhanden ist und daß außerdem noch eine größere und schwierigere Aufgabe übrig bleibe. Denn es bedarf eines anhaltenden Studiums, vorzüglicher Lehrer und sehr vieler Lehrfächer. Deshalb müssen die besten Vorschriften erteilt werden; wenn dies jemandem zu viel dünkt, so wird nicht die Methode, wohl aber der Mensch selber geschädigt werden. Gelingt es jedoch nicht, solche Wärterinnen, Sklaven, Erzieher zu halten, wie ich sie in hohem Grade wünschte, so soll doch wenigstens einer immer zugegen sein, der im Reden geübt, sofort verbessert, falls jene in Gegenwart des Zöglings fehlerhaft sprechen, und so die Fehler nicht Wurzel fassen läßt. Natürlich ist das, was ich zuerst anempfohlen habe, das Richtige, dieses dagegen nur ein Notbehelf.

* * *

Einige haben es nicht gebilligt, daß man Kinder schon vor dem siebenten Jahre in den Wissenschaften unterrichte, weil erst in jenem Alter ein Verständnis für die Lehrfächer erreicht und die Anstrengung ertragen werden könne... Indessen ist es besser, mit Chrysipp jeder Lebenszeit ihre besondere Sorgfalt zuzuwenden. Denn obgleich dieser für die Wärterinnen nur einen Zeitraum von drei Jahren bestimmt, so ist er doch dafür, daß auch schon von ihnen der Geist der Kinder durch die besten Lehren gebildet werde. Warum sollte nun aber in diesem Alter vom Wissen keine Rede sein, während doch die charakterliche Bildung bereits eine Rolle spielt? Ich weiß freilich recht wohl, daß in jener ganzen Zeit, von der ich spreche, kaum so viel ausgerichtet wird, als später in einem einzigen Jahre; diejenigen aber, welche mit mir nicht übereinstimmen, kommen mir dennoch so vor, als wollten sie in dieser Beziehung mehr den Lehrer als den Lehrling schonen. Was sollen sie dann, wenn sie einmal reden können, Besseres tun? Etwas müssen sie doch wohl tun. Oder warum sollten wir diesen Gewinn, mag er auch noch so gering sein, bis zum siebenten Jahre zurückweisen? Ist es auch wirklich wenig, was jenes frühe Alter zur Erziehung beiträgt, so wird doch der Knabe in jenem nämlichen Jahre, in welchem er sonst nur Geringeres gelernt hätte, auch Wichtigeres sich aneignen. Fährt man durch die einzelnen Jahre hindurch auf diese Weise fort, so wird doch eine Summe von Kenntnissen gewonnen, und die Zeit, welche schon in der Kindheit gut angewand wurde, kommt dem Jünglingsalter zugute. Dasselbe gilt für die folgenden Jahre, daß man nämlich dasjenige, was doch endlich jeder einmal lernen muß, nicht zu spät zu lernen anfange. Es möge also die erste Zeit nicht gleich vergeudet werden, umsoweniger, als die Anfangsgründe der Wissenschaften bloß Sache des Gedächtnisses sind, welches bei den kleinen Kindern nicht bloß vorhanden, sondern am treuesten ist. Doch ist mir der Altersunterschied zu gut bekannt, als daß ich verlangen sollte, daß man ihnen im zartesten Jugendalter gleich hart zusetzen und die volle Arbeit verlangen müsse. Denn das wird man besonders verhüten müssen, daß der Knabe die Studien, die er noch nicht lieben kann, hasse und ihre einmal genossene Bitterkeit auch über die unreifen Jahre hinaus verabscheue. Hier sei es ihm noch bloßes Spiel: man frage ihn und belobe ihn, und er soll sich immer freuen, etwas gefunden zu haben. Manchmal, wenn er selbst nicht lernen will, belehre man einen andern, damit er ihn beneide; manchmal soll er auch wetteifern und häufig Sieger zu sein glauben und auch durch Belohnungen, wie sie jenes Alter liebt, angefeuert werden.

Wir lehren da Geringfügiges, da wir doch einen Redner bilden zu wollen behaupteten. Aber auch die Studien haben ihre Kindheit. Und wie auch bei später sehr kräftigen Menschen die Erziehung schon mit der Milch und der Wiege beginnt, so hat auch der in Zukunft größte Redner einmal gewimmert und zuerst mit lallender Stimme zu sprechen versucht und sich an den Formen der Buchstaben den Kopf zerbrochen. Und wenn das, was man lernt, nicht hinreicht, so ist es deswegen doch nicht überflüssig. Wenn nun niemand einen Vater tadelt, welcher diese Aufmerksamkeit bei seinem Sohne nicht vernachlässigen will, warum sollte man den tadeln, der dasjenige, was er in seinem eigenen Hause unbeanstandet täte, zum Nutzen der Öffentlichkeit zu verwerten sucht? Dies umsomehr, weil die Kleinen auch das Kleine leichter fassen; und wie sich die Glieder des Körpers nur so lange sie noch zart sind, bilden lassen, so macht auch die Stärke den Geist für viele Eindrücke zu ungelenk. Würde wohl jener Philipp von Mazedonien seinem Sohne Alexander die ersten Anfangsgründe von Aristoteles, dem größten Philosophen jener Zeit, haben beibringen lassen, oder hätte dieser das Amt übernommen, wenn er nicht geglaubt hätte, daß die Anfangsgründe der Studien vom besten Lehrer auch am besten behandelt werden und für das Ganze von Wichtigkeit seien?

Denken wir uns also, es werde auch uns ein solcher Alexander auf den Schoß gesetzt, ein Kind, das so großer Aufmerksamkeit würdig ist – und welches Kind wäre das nicht für seinen Vater?

* * *

Der erfahrene Lehrer prüfe, sobald ihm ein Knabe zum Unterricht übergeben worden ist, zuerst seine geistige Anlage und Natur. Ein ganz besonderes Zeichen geistiger Befähigung ist das Gedächtnis, dessen Vorzug sich nach zwei Seiten zeigt, im leichten Auffassen und im treuen Behalten. Ihm zunächst ist die Nachahmung, denn auch sie zeugt von einer gelehrigen Natur, wenn sie nämlich das, was sie lernt, auch selbst nachahmt, aber nicht etwa die Haltung, den Gang oder noch weniger empfehlenswerte Dinge. Der wird mich von seiner Geistesanlage wenig erwarten lassen, der es in seinem Nachahmungseifer nur dahin zu bringen sucht, daß man über ihn lache. Denn ist er wirklich geistig begabt, so wird er auch ein rechtschaffener Mensch sein, sonst würde ich es für nicht schlimmer halten, wenn er langsamen, als wenn er bösen Geistes wäre. Der Rechtschaffene wird sich aber von einem solchen trägen und lästigen Menschen wohl unterscheiden. Der Knabe, den ich im Sinne habe, wird, was man ihn lehrt, mit Leichtigkeit erfassen, nach manchem wird er auch fragen, aber doch mehr nachfolgen als voraneilen. Jene sozusagen frühreifen Geister kommen kaum je zur Reife. Es sind dies diejenigen, welche Kleines mit Leichtigkeit leisten, sich aber bald von ihrer Kühnheit dazu fortreißen lassen, alles, was sie eben können, auch sofort zu zeigen. Sie können aber nur das Nächste. Sie stellen Worte zusammen und tragen sie mit unerschrockenem Antlitz und ohne durch irgend welche Scheu sich aufhalten zu lassen, vor. Sie leisten nicht viel, aber alles rasch. Ihre Kenntnisse haben keine rechte, innerlich gesicherte Festigkeit, gleichwie Samenkörner, die nur auf die Oberfläche des Bodens gestreut sind, zwar rascher aufkeimen und bald zu kleinen Grashalmen in die Höhe wachsen, aber vor der Erntezeit mit ihren leeren Ähren dahinwelken. Dieses im Verhältnis zum Alter rasche Auffassungsvermögen gefällt freilich; aber bald hört der Fortschritt auf und mit ihm erstirbt auch die Bewunderung.

Wenn der Lehrer dies wahrgenommen hat, so forsche er, wie der Geist des Schülers behandelt werden müsse. Einige sind, wenn man sie nicht antreibt, lässig, andere ertragen keinen befehlerischen Ausdruck; einige hält die Furcht im Zaume, andern benimmt sie den Mut. Einige bildet die Beharrlichkeit aus, bei andern wirkt der rasche Anlauf mehr. Ich wünsche mir einen Knaben, den das Lob antreibt, der Ruhm reizt; der, wenn er besiegt wird, weint. Einen solchen wird der Ehrgeiz in Atem halten, der Tadel kränken und Ehre ihn antreiben. Bei einem solchen werde ich nie Trägheit zu befürchten haben.

Allen aber muß einige Erholung gewährt werden, nicht

bloß deshalb, weil es nichts gibt, was eine ununterbrochene Anstrengung aushalten könnte und sogar sinn- und leblose Dinge, um sich in ihren Kräften zu erhalten, durch abwechselnde Ruhe sich erholen müssen, sondern auch weil der Lerneifer auf dem Willen beruht, der sich nicht erzwingen läßt. Daher bringen auch erholte und neue Schüler mehr Kräfte zum Lernen mit und einen viel aufgeweckteren Geist, der sich sonst dem Zwange nicht fügen will. Auch hätte ich nichts gegen Spiele bei Knaben, denn auch dieses ist ein Zeichen eines lebhaften Geistes. Aber von einem Knaben, der immer traurig ist und den Kopf hängen läßt, kann ich nicht hoffen, daß er bei den Studien einen aufgeweckten Geist zeigen werde, wenn er selbst bei der diesem Alter so natürlichen Lebhaftigkeit schlaff bleibt. Aber auch die Erholungen müssen ihre Grenzen haben, damit sie nicht einerseits, wenn man sie gänzlich untersagt, einen Haß gegen die Wissenschaften hervorrufen, andererseits aber, wenn man sie zu freigebig gewährt, den Müßiggang zur Gewohnheit machen. Es gibt auch einige Spiele, die geeignet sind, den Geist der Knaben zu schärfen, wenn sie z.B. mit allerlei kleinen Fragen einen Wettstreit untereinander anfangen. Auch offenbart sich der Charakter beim Spiele viel natürlicher. Nur möge kein Alter für so schwach gelten, daß es nicht sofort lernte, was recht sei und was schlecht. Gerade dann muß man es am meisten bilden, wenn es noch aller Verstellung unfähig ist und dem Lehrer am willigsten gehorcht. Denn was einmal zum Bösen verhärtet ist, dürfte man eher brechen als biegen. Der Knabe muß also sofort gewarnt werden, daß er in nichts begehrlich, unredlich und leidenschaftlich handle. Immer sei ihm jener Ausspruch des Vergil gegenwärtig: »so sehr wirkt die Gewöhnung der zartesten Jugend«.

* * *

Man pflegt zu fragen, ob denn auch das, was nun einmal gelernt werden soll, alles zu derselben Zeit gelehrt und gelernt werden könne. Einige verneinen es nämlich, weil der Geist zerstreut und durch so viele Wissenschaften, welche verschiedene Zwecke verfolgen, ermüdet werde; weder die Kraft des Geistes, noch des Körpers, noch auch die Zeit selbst reiche hierfür aus, und wie sehr auch ein kräftigeres Alter dies ertragen könne, die Knabenjahre dürfen damit nicht belastet werden.

Allein sie erkennen hiebei nicht, wie viel der menschliche Geist seiner Natur nach vermag, welcher so geschäftig und beweglich ist und sozusagen nach allen Seiten hin schaut, derart daß er es nicht einmal könnte, bloß etwas Einziges zu betreiben; nein er wendet seine Kräfte nicht nur an demselben Tage, sondern in demselben Zeitmomente mehreren Dingen zu. Merken doch nicht auch die Sänger zur Zither zugleich auf das Gedächtnis, auf den Ton der Stimme und die verschiedenen Modulationen auf, während sie gleichzeitig die einen Saiten mit der Rechten anschlagen, die anderen mit der Linken ziehen, sie verkürzen oder voll lassen? Nicht einmal der Fuß ist müßig, sondern bewahrt ein bestimmtes Zeitmaß, und das alles gleichzeitig. Wie, wenn uns wider Erwarten die Notwendigkeit zwingt, sogleich einen Vortrag zu halten, müssen wir da nicht zugleich anderes sagen und anderes vorausbedenken, indem gleichmäßig die Erfindung der Gedanken, die Auswahl der Wörter, der Bau, die Gestikulation und Aussprache, Mienenspiel und Bewegung erforderlich sind? Wenn nun so verschiedene Dinge gleichsam mit einem Anlaufe bewältigt werden können, warum sollten wir nicht auch unsere Stunden auf mehrere Arbeiten verteilen? zumal die Abwechslung den Geist erquickt und ermuntert, während es andererseits bedeutend schwieriger ist, bei einer einzigen Arbeit auszuharren. Hat man eine Zeit lang geschrieben, so ruht man beim Lesen aus, und der Überdruß am Lesen wird wieder durch den Wechsel gehoben. Wie vieles wir auch schon gearbeitet haben mögen, so sind wir doch, so zu sagen, frisch für ein neues Beginnen. Wer aber würde nicht abgestumpft werden, wenn er den ganzen Tag hindurch einem einzigen Lehrer irgend einer Wissenschaft zuhören sollte? In dem Wechsel liegt hier eine Erholung gleich wie in den Speisen, durch deren Verschiedenheit der Magen gestärkt und durch deren Mannigfaltigkeit er mit weniger Überdruß gesättigt wird. Oder man nenne mir eine andere Lernmethode. Sollen wir dem Grammatiker allein uns hingeben, dann wieder nur dem Geometer und unterdessen das Gelernte beiseite lassen? Sollen wir uns dann zur Musik wenden, und das Frühere wieder vergessen? Sollen wir über dem Studium der lateinischen Literatur die griechische vernachlässigen? Sollen wir uns, um es kurz zu sagen, immer nur mit dem Letzten beschäftigen? Warum raten wir dann nicht auch dem Landmanne, er solle nicht gleichzeitig das Feld, den Weinberg, die Oliven- und Baumpflanzungen bestellen? nicht gleichzeitig seine Pflege den Wiesen und Herden, Gärten, Bienenstöcken und Vögeln zuwenden? Warum widmen wir denn selbst täglich einen Teil unserer Zeit den Geschäften des Forums, einen andern den Pflichten der Freundschaft, einen andern häuslichen Geschäften, noch einen anderen der Pflege des Körpers und den Rest den Vergnügungen? Eins von allen diesen würde uns, unausgesetzt betrieben, ermüden. Es ist daher leichter, vielerlei zu tun als einerlei durch längere Zeit.

Hierbei hat man durchaus nicht zu befürchten, daß den Knaben die Mühe des Studierens erschwert würde; denn kein Alter ermüdet weniger. Dies mag wunderbar klingen, man kann es jedoch durch Proben bestätigt finden. Denn der Geist ist gelehriger, so lange er sich noch nicht verhärtet hat. Dies erhellt schon daraus, daß Kinder innerhalb eines Zeitraums von zwei Jahren, wenn sie einmal die Wörter richtig bilden können, ohne daß man sie drängt, beinahe alles sprechen. Mit welchen Schwierigkeiten erlernen dagegen unsere neu angekommenen Sklaven die lateinische Sprache! Noch deutlicher erkennen wir, wenn wir einem Erwachsenen Unterricht erteilen, daß derjenige, welcher in seinem Fache die größte Fertigkeit erlangt, nicht ohne Grund bezeichnet wird als: »Einer, der in der Kindheit gelernt hat«. Auch können Knaben von Natur Anstrengungen besser ertragen als

Jünglinge. Wie nämlich die Körper der Kinder das häufige Fallen oder jenes Kriechen auf Händen und Füßen, später die fortwährenden Spiele und das den ganzen Tag hindurch dauernde Hin- und Herlaufen nicht ermüdet, weil ihnen noch Schwere fehlt und keine eigene Last sie drückt: ebensowenig, glaube ich, wird auch der Geist des Knaben ermüdet, weil er mit geringerem Kraftaufwand arbeitet und nicht aus eigener Anstrengung den Studien obliegt, sondern sich nur bilden läßt. Überdies folgen sie dank einem anderen diesem Alter zukommenden Vorzug, nämlich der Gelehrigkeit, dem Lehrer unbefangen und messen nicht ab, was sie bereits getan haben. Es fehlt ihnen noch ein Urteil über die Mühe. Zudem greift, wie uns eine lange Erfahrung lehrt, die Ermüdung an sich weniger an, als das Nachdenken darüber.

Übrigens wird sich in keinem anderen Alter mehr Zeit für diese Übungen finden, als im Knabenalter, wo aller Fortschritt auf dem Hören beruht. Wenn er dann einmal sich zurückzieht, um zu schreiben, wenn er selbst etwas hervorbringen und abfassen will: dann wird er zum Beginne dieser Studien entweder keine Zeit oder keine Lust haben. Wenn ihn also der Sprachlehrer den ganzen Tag über nicht beschäftigen kann und auch nicht darf, damit er nicht im Zöglinge Überdruß errege und ihn so vom Lernen abwendig mache, welchen Studien sollen wir diese Zwischenstunden lieber widmen? Ich verlange auch nicht, daß der Lernende in diesen Künsten ganz aufgehe. Er soll nicht taktmäßig singen oder Gesänge mit Musik begleiten, noch auch sich in die Grübeleien der Geometrie einlassen. Ich bilde weder einen Schauspieler im Vortrage, noch einen Tänzer in der Gestikulation, und dennoch würde die Zeit, wenn ich alles dies verlangte, hinreichen. Denn die Lernjahre sind lange, wobei ich nicht von langsamen Köpfen spreche. Warum endlich hat sich Plato in allem dem, was zur Ausbildung des Redners gehört, ausgezeichnet? Nicht zufrieden mit den Disziplinen, die er zu Athen lernen konnte, nicht zufrieden mit der Philosophie der Pythagoreer, zu denen er nach Italien hin-

übergeschifft war, besuchte er auch die Priester Ägyptens und lernte ihre Geheimnisse kennen.
Wir brauchen den Vorwand der Schwierigkeit als Deckmantel der Trägheit. Denn wir haben keinen Eifer für die Arbeit; nicht als eine ehrenvolle und die schönste aller Künste wird die Beredsamkeit erstrebt, sondern wir schicken uns zum gemeinen Gebrauch und schmutzigen Gewinn an. Mögen immerhin viele ohne diese Studien auf dem Forum reden und sich Geld erwerben: der Kaufmann mit seiner schmutzigen Ware übertrifft sie noch und selbst der Ausrufer verdient mit seiner Stimme mehr. Ich möchte nicht einmal einen solchen Vorleser haben, der erst nachrechnet, was ihm seine Studien einbringen. Wer aber die Idee der Beredsamkeit mit erhabenem Geiste erfaßt hat und wer jene Königin der Welt, wie ein berühmter Tragiker (Pacuvius) sie nennt, die Rede, sich vor Augen stellt und den Lohn nicht im Gewinne sucht, den sie vor Gericht bringt, sondern in jenem ewigen, keinem Schicksale unterworfenen, in der Kraft des Geistes, der Betrachtung und der Wissenschaft gelegenen Nutzen: der wird leicht zur Überzeugung gelangen, daß die Zeit, welche man bei Schauspielen, auf dem Marsfelde, beim Würfelspiel, endlich bei müßigem Geschwätz, um vom Schlafe und lange dauernden Gastmählern zu schweigen, vergeudet, weit besser der Geometrie und Musik gewidmet werde, als jenen geistlosen Vergnügungen. Denn die Vorsehung hat den Menschen die Gabe verliehen, daß sie edle Bemühungen am meisten erfreuen.

DER MENSCH ALS POLITISCHES WESEN

Im »Mythos vom Ursprung der menschlichen Gesellschaft« (s. S. 111) fällt die Geschichte als Selbstbestimmung des Menschen zusammen mit der naturrechtlichen Begründung der Politik, wie sie von der griechischen Sophistik an entwickelt wurde.

Vor und über allem steht das Schicksal, die ewige Naturordnung. Diese bestimmt den Zeitpunkt, zu dem die irdischen Lebewesen entstehen sollen. Ausübende Organe sind die Götter, die auf einer ersten Stufe als Naturmächte die Lebewesen im Innern der Erde formen. Auf einer zweiten Stufe werden diese durch das kluge Bruderpaar Prometheus und Epimetheus mit den zur Selbsterhaltung nötigen Kräften ausgestattet. Unglücklicherweise vertauschen die beiden ihre Rollen: Epimetheus, der entsprechend seinem Namen (Nachbedacht) die Kontrolle ausüben sollte, übernimmt die Ausführung. Er tut dies im einzelnen sehr klug, indem er ganz in der Weise eines Zuteilers von Gaben (jener Vorstellung, von der im ersten Kapitel die Rede war) die verschiedenen Fähigkeiten so verteilt, daß sich ein Gleichgewicht innerhalb der belebten Natur ergibt. Er bemerkt jedoch nicht, daß er seinen Vorrat aufgebraucht hat, bevor der Mensch ausgestattet wurde. Prometheus (Vorbedacht), der nun als Kontrolleur dem ratlosen Bruder zu Hilfe kommen muß, gerät gegenüber dem vom Schicksal bestimmten Termin in Zeitnot und muß den Menschen durch Diebstahl göttlicher Güter, der Handfertigkeit und der Kunst sowie ihres gemeinsamen Hilfsmittels, des Feuers, ausstatten. Damit unterscheiden sich nun die Menschen grundsätzlich von den andern Lebewesen: Als Besitzer göttlicher Güter sind sie den Göttern verwandt, glauben darum an Götter, verehren sie, beginnen zu sprechen und sichern sich dank ihren göttlichen Begabungen den Lebensunterhalt. Da ihnen jedoch die Fähigkeiten zum politischen Zusammenleben fehlen, müßten sie im Kampf gegen die wilden Tiere untergehen, wenn sich Zeus ihrer nicht erbarmte und ihnen nicht die staatsbürgerliche Kunst, bestehend aus Ehr-

furcht und Recht', schenkte. Damit ist die dritte Stufe erreicht:

Der Mensch als politisches Wesen.

In diesem Mythos sind drei Punkte zur Einordnung dieses Kapitels bedeutsam: Erstens ist das Wesen der Menschen auf jeder Stufe bestimmt durch Zuteilung göttlicher Gaben, wie sie das erste Kapitel als religiöses Ordnungsprinzip aufzeigte, und zwar spiegelt sich in den verschiedenen Stufen auch die Verfeinerung des Gottesbegriffs, von der im dritten Kapitel die Rede war: Das leibliche Wesen des Menschen verdankt der Mensch anonymen Göttern, Naturmächten; sein geistiges Wesen dem Diebstahl göttlicher Gaben durch den Titanen Prometheus; sein politisches Wesen der Gabe des Herrn der jüngsten, olympischen Götterdynastie, Zeus, der im Gefolge Hesiods nun ganz zum Urheber des Rechtes geworden ist.

Als zweites ist in dieser sophistischen Begründung der naturrechtlichen Gesellschaft ein Prinzip augenfällig, das uns den ganzen ersten Band hindurch begegnet ist: Oberster Maßstab der politischen Ordnung ist das physikalisch-medizinische Grundgesetz der richtigen Mischung, des Gleichgewichts, des Kräfteausgleichs. In der ewigen Naturordnung der Welt, des menschlichen Organismus wie der staatlichen Gesellschaft, darf kein Teil so übermächtig sein, daß er den andern vernichtet. Alles muß ein Gegengewicht haben, damit jede Abweichung von der Mitte zurückpendelt, bis die Ordnung wiederhergestellt ist. Dieser Ausgleich ist die Gerechtigkeit, und so finden wir bei Anaximander die merkwürdige Vorstellung, daß sich die verschiedenen Dinge in der Natur Buße zahlen für die Ungerechtigkeit (s. Bd. I, S. 88). Entsprechend der Tendenz des Makrokosmos zur Harmonie und des Organismus der Lebewesen zum Gleichgewicht der Säfte (s. Bd. I, S. 169 ff, 284 f.) gibt es auch im Verhältnis der Lebewesen zueinander eine ausgleichende Gerechtigkeit, indem beispielsweise die Raubtiere mit geringerer Fruchtbarkeit begabt sind als ihre Opfer. Der Mensch hat als Gegengewicht gegen die physische Kraft der wilden Tiere seine hand-

werklichen, geistigen und sozialen Fähigkeiten. So verdankt die »staatsbürgerliche Kunst, von der die Kriegskunst einen Teil ausmacht«, nach dieser ersten Naturrechtspekulation ihren Ursprung – vom Menschen aus gesehen – einer Kampfsituation, – vom ganzen der Natur aus betrachtet – einer Störung der natürlichen Gerechtigkeit: das politische Wesen des Menschen ist das Heilmittel zur Wiederherstellung der Gerechtigkeit in der Natur.

Dieselbe Vorstellung der Gerechtigkeit als eines Kräfteausgleiches beherrscht nun auch das Staatsdenken im eigentlichen Sinn. Für die Sophisten besteht die Gerechtigkeit im gleichen Anteil am Gesetz, in der Isonomie, wie der ursprüngliche Ausdruck für Demokratie lautet. Recht und Ehrfurcht müssen Güter jedes Menschen sein, wenn der Staat und damit der Mensch nicht untergehen soll. Demokratie als Gleichheit im Besitz von Recht und Ehrfurcht ist darum nicht nur eine Form der Freiheit, sondern auch eine Verpflichtung, wie der Schluß des zitierten Mythos und das erste Stück unseres Kapitels mit den Fragmenten Demokrits zeigen. Auch hier finden wir den Gedanken der Gesundheit übertragen auf das Staatliche, oder umgekehrt den Staat als Organismus aufgefaßt, in dem jeder Einzelne als Glied eines Ganzen ohne die Andern nicht leben könnte.

Gerade diese Auffassung des Staates als eines organischen Ganzen kann ebenso zur Ablehnung wie zur Bejahung der demokratischen Staatsform führen. Die Fragen nach der richtigen Verfassung, d. h. nach dem Gleichgewicht im Staat, nach dem rechten Verhalten des Menschen, nach seiner politischen Willensbildung, nach der Grundlage der Politik: der Gerechtigkeit, durchziehen die verschiedenartigsten Literaturformen dieses Kapitels: Tragödie, Kunstrede, Staatsutopie, Vorlesungen über Politik, Geschichtsschreibung, philosophische Ethik. Die Fragen nach der richtigen Methode zur Gesunderhaltung des politischen Organismus werden auf die verschiedenste Weise beantwortet werden: immer wird die Übereinstimmung mit der göttlichen Naturordnung den höchsten Maßstab bilden und so den Menschen zugleich als religiöses, politisches und sittliches Wesen bestimmen.

DEMOKRIT

Pflichten des demokratischen Staatsbürgers

Das Gesetz will das Leben der Menschen wohl gestalten, es kann es aber nur, wenn sie selbst wollen, daß es ihnen wohl ergehe; denn nur denen, die ihm folgen, offenbart es seine eigene Trefflichkeit.

Die Armut in einer Demokratie ist dem gepriesenen Glück bei den Fürsten um soviel mehr vorzuziehen wie Freiheit der Knechtschaft.

Gemeinsame Not ist schlimmer als die des einzelnen; denn da bleibt keine Hoffnung auf Beistand.

Wenn die Vermögenden es über sich gewinnen, den Besitzlosen vorzustrecken und beizuspringen und wohl zu tun, so liegt hierin bereits das Erbarmen und das Nichtalleinsein und die Verbrüderung und die gegenseitige Hilfeleistung und die Einträchtigkeit der Bürger und anderes Gutes, soviel wie niemand aufzählen könnte.

Bürgerzwist ist für beide Parteien ein Unglück. Denn Siegern wie Unterliegenden gereicht er in gleicher Weise zum Verderben.

Nur von Eintracht aus lassen sich die großen Werke wie auch die Kriege für die Gemeinden ausführen, anders nicht.

Die Pflichten für die Staatsgemeinde soll man unter allem für die größten halten, auf daß sie gut verwaltet werde; dabei darf man weder streitsüchtig gegen die Billigkeit handeln noch sich selbst wider das allgemeine Beste eine

Gewalt anmaßen. Denn ein wohlverwaltetes Gemeindewesen ist die größte Stütze, und hierin ist alles enthalten; ist dieses gesund, so bleibt alles gesund, und, geht dieses zugrunde, so geht alles zusammen zugrunde.

EURIPIDES

Tyrannenmacht und Volksherrschaft

Herold aus Theben:
Wer ist des Landes Herrscher? Wem verkünden wir
Die Worte Kreons, der in Kadmos' Land gebeut? ...

Theseus von Athen:
Freund, gleich der Anfang deiner Red' ist falsch:
du suchst
Hier einen Herrscher; aber nicht Ein Mann gebeut
In diesem Volke, sondern frei ist unsre Stadt.
Abwechselnd herrschen unter sich der Reihe nach
Ein Jahr die Bürger; nicht dem Reichtum geben sie
Die Ehre, nein, der Arme hat hier gleiches Recht.

Herold:
Dies eine magst du, wie bei Würfelspielen, uns
Vorausgewähren: denn die Stadt, die mich gesandt,
Wird nur von Einem Manne, nicht vom Schwarm,
beherrscht.
Durch Reden bläht die Menge keiner auf und lenkt
Sie dort- und hierhin, wie sein Vorteil ihm gebeut.
Denn wer begünstigt eben noch viel Dank gewann,
Wird bald gehaßt auch und entrinnt der Strafe nur,
Indem er, neu anklagend, alte Schuld bedeckt.
Und wieder, wie vermöchte seinen Staat ein Volk
Geschickt zu lenken, wenn es nicht die Reden prüft?
Die Zeit ja, nicht die Eile, gibt den besten Rat,
Die besten Lehren. Nie vermag der dürftige
Landmann, und wär' er kundig auch, – sein mühsames
Geschäft verwehrt's ihm – zum Gemeinwohl aufzuschaun.
Schmerzhaft, empörend ist es, traun, für Edlere,

Wenn durch der Zunge Schmeichellaut ein schlechter
Mann,
Der nichts zuvor gewesen, Macht im Volk erringt.

Theseus:
Ein feiner Herold, mit dem Wort verschwenderisch!
Doch weil auch du zu kämpfen wagtest solchen Kampf,
So höre: denn du fachtest an der Worte Streit.
Nichts ist dem Volk so feindlich als Tyrannenmacht;
Da gelten – was das Höchste – nicht gemeinsame
Gesetze; nur Ein König, der sich alles Recht
Anmaßt, gebeut, und keine Gleichheit waltet mehr.
Sind Rechte da, geschrieb'ne, hat der Dürftige,
Und wem des Reichtums Fülle ward, das gleiche Recht;
Auch darf der Schwache wider einen Glücklichen
Das Recht vertreten, wann er ihm ruchlos erscheint;
Und wenn er wahrgesprochen, siegt der Kleinere.
Auch ist es Freiheit, wenn der Herold ruft im Volk:
»Wer will den Bürgern guten Rat verkündigen?«
Und hochgeehrt ist, wer es will; wer aber nicht,
Der schweigt. Wo wäre gleich'res Recht in einem Staat?
Auch freut ein Volk sich, welches selbst im Land gebeut,
Kraftvoller Jünglingsarme, die sich ihm geweiht;
Ein König aber achtet sie dem Feinde gleich,
Und jeden Besten, der ihm klug und weise dünkt,
Ermordet er, für seine Zwingherrschaft besorgt.
Wie mag ein Staat nun fürder stark und sicher sein,
Wenn einer, wie man Ähren pflückt im Lenzgefild,
Wegrafft die Kühnen und der Jugend Blüte bricht?
Was frommt es, daß man Kindern Geld und Gut erwirbt,
Des Herrschers Habe mühevoll zu mehren nur?
Was frommt es, schöne Töchter sich daheim erziehn,
Dem Herrn zu süßer Wonne, wann's ihn lüstete,
Zu bittrem Gram den Eltern? Leb ich fürder nicht,
Wenn meine Kinder mit Gewalt ein Fremder freit! –
Auf Deine Reden gab ich dir dies Wort zurück.

THUKYDIDES

Preis der athenischen Demokratie

Im selben Winter begingen die Athener nach der Sitte der Väter öffentlich das Begräbnis der ersten in diesem Krieg Gefallenen. Dabei werden die Gebeine der Gebliebenen drei Tage vorher ausgestellt auf einem Gerüst, das sie errichten, und jeder bringt dem Seinigen Gaben dar wie er mag. Wenn dann die Beisetzung ist, führen sie auf Wagen zypressene Laden hinaus, eine für jeden Stamm; darin sind die Gebeine, welchen Stamms jeder war. Ein Lager wird leer mitgetragen, bereitet für die Vermißten, die bei der Bergung nicht gefunden wurden. Das Geleite gibt jeder der will, Bürger und Fremde; auch die verwandten Frauen sind mit beim Grab und wehklagen. Dann setzen sie sie bei im Staatsgrab, das in der schönsten Vorstadt liegt – die im Krieg Gefallenen begraben sie immer dort, außer denen von Marathon: denen gaben sie zur Auszeichnung ihrer Tapferkeit an Ort und Stelle ihr Grab. Wenn sie es dann mit Erde zugeschüttet haben, spricht ein von der Stadt gewählter, durch Geist und Ansehen hervorragender Mann auf die Toten eine Lobrede wie sie ihnen gebührt – dann gehn sie. Das ist die Bestattung, und während des ganzen Krieges, so oft es dazu kam, folgten sie diesem Brauch. Bei diesen ersten nun wurde Perikles Xanthippos' Sohn gewählt zu reden. Und als der Augenblick gekommen war, trat er vom Grab weg auf eine hohe dort errichtete Rednerbühne, um möglichst weithin von der Menge gehört zu werden, und sprach so:

Die meisten, die bisher hier gesprochen haben, rühmen den, der zuerst den alten Bräuchen diese Rede beifügte, weil es schicklich sei, am Grabe der Gefallenen sie zu sprechen. Mich aber würde es genug dünken, Männern, die ihren Wert durch ein Tun erwiesen haben, auch ihre Ehre durch ein Tun zu bezeugen, wie ihr es jetzt bei diesem öffentlichen Begängnis der Totenfeier seht, und nicht den Glauben an vieler Männer Heldentum zu gefährden durch einen einzigen guten oder minder guten Redner. Es ist nämlich schwer, das rechte Maß der Rede zu treffen,

wo man auch die Vorstellungen, die jeder sich von der Wahrheit macht, kaum bestätigen kann: denn der wissende und wohlwollende Hörer wird gegenüber dem, was er erwartet und kennt, leicht etwas unvollkommen dargestellt finden, und der unkundige manches übertrieben, aus Neid, wenn er von Dingen hört, die seine Kraft übersteigen. Denn soweit ist Lob erträglich, das andern gespendet wird, als jeder sich fähig dünkt, wie er's gehört hat, auch zu handeln; was darüber hinausgeht, wird aus Neid auch nicht mehr geglaubt. Nachdem es aber den Ahnen sich bewährt hat, daß dies so recht sei, muß auch ich dem Brauche folgen und versuchen, jedem von euch Wunsch und Erwartung zu erfüllen, so gut es geht.
Zunächst will ich unsrer Vorfahren gedenken; es ist wohl recht und auch geziemend, ihnen in solchem Augenblick diese Ehre des Gedächtnisses zu erweisen. Denn die Freiheit dieses Landes haben sie, in der Aufeinanderfolge der Nachwachsenden immer die gleichen Bewohner, mit ihrer Kraft bis jetzt weitergegeben. So sind sie preiswürdig, und noch mehr als sie unsre Väter. Denn diese erwarben zu dem, was sie empfingen, noch unser ganzes Reich, nicht ohne Mühe, und haben es uns Heutigen mitvererbt. Das meiste davon haben jedoch wir selbst hier, die jetzt noch Lebenden, in unseren reifen Jahren ausgebaut und die Stadt in allem so ausgestattet, daß sie zu Krieg und Frieden sich völlig selber genügen kann. Was davon Kriegstaten sind, durch die Teil um Teil erworben wurde, oder wenn wir selbst oder unsere Väter alles daran gaben, einen fremdländischen oder griechischen Feind, der angriff, entschlossen abzuwehren, das will ich, um nicht weitschweifig von Bekanntem zu reden, beiseitelassen; aber aus welcher Gesinnung wir dazu gelangt sind, mit welcher Verfassung, durch welche Lebensform wir so groß wurden, das will ich darlegen, bevor ich dann zum Preis unserer Gefallenen mich wende – es ist dieser Stunde, glaube ich, vielleicht ganz angemessen, daß dies ausgesprochen werde, und von Vorteil, wenn die ganze Menge von Bürgern und Fremden es anhört.

Die Verfassung, die wir haben, richtet sich nach keinen fremden Gesetzen; viel eher sind wir für sonst jemand ein Vorbild als von andern abhängig. Mit Namen heißt sie, weil der Staat nicht auf wenige Bürger, sondern auf eine größere Zahl gestellt ist, Volksherrschaft. Es haben aber nach dem Gesetz, in dem was den einzelnen angeht, alle gleichen Teil, und der Geltung nach hat im öffentlichen Wesen den Vorzug, wer sich irgendwie Ansehn erworben hat, nicht weil er zu einer Gruppe gehört, sondern nach seinem Verdienst – und wiederum wird keiner aus Armut, wenn er für die Stadt etwas leisten könnte, durch die Unscheinbarkeit seines Namens verhindert. Sondern frei leben wir mit einander im Staat und im gegenseitigen Geltenlassen des alltäglichen Treibens, ohne dem Nächsten zu grollen, wenn er einmal seiner Laune lebt, und ohne jenes Ärgernis zu nehmen, das zwar keine Strafe und doch kränkend anzusehen ist. Bei soviel Nachsicht im Umgang von Mensch zu Mensch erlauben wir uns doch im Staat, schon aus Furcht, keine Rechtsverletzung, im Gehorsam gegen die jährlichen Beamten und gegen die Gesetze, vornehmlich die welche zu Nutz und Frommen der Verfolgten bestehn, und gegen die ungeschriebnen die unwidersprochene Schande bringen.
Dann haben wir uns bei unsrer Denkweise auch von der Arbeit die meisten Erholungen geschaffen: Wettspiele und Opfer, die jahraus jahrein bei uns Brauch sind, und die schönsten häuslichen Einrichtungen, deren tägliche Lust das Bittere verscheucht. Und es kommt wegen der Größe der Stadt aus aller Welt alles zu uns herein; so können wir von uns sagen, wir ernten zu grad so vertrautem Genuß wie die Güter die hier gedeihn auch die der übrigen Menschen.
Anders als unsre Gegner sorgen wir auch in Kriegssachen. Unsere Stadt verwehren wir keinem, und durch keine Fremdenvertreibungen mißgönnen wir jemandem eine Kenntnis oder einen Anblick, dessen unversteckte Schau einem Feind vielleicht nützen könnte; denn wir trauen weniger auf die Zurüstungen und Täuschungen als auf

unsern eigenen tatenfrohen Mut. Und in der Erziehung bemühen sich die andern mit angestrengter Übung als Kinder schon um Mannheit, wir aber mit unsrer ungebundenen Lebensweise wagen uns trotz allem in ebenbürtige Gefahren. Der Beweis: die Spartaner rücken nicht für sich allein, immer nur mit dem ganzen Bund gegen unser Land aus, während wir, wenn wir selbst das der Gegner heimsuchen, unschwer in der Fremde die Verteidiger ihrer Heimat fast immer im Kampfe besiegen. Und auf unsre gesammelte Macht ist noch kein Feind je gestoßen, wegen unsrer gleichzeitigen Sorge für die Flotte und vielfachen Verteilung auf dem Lande. Treffen sie dann irgendwo auf einen Splitter und besiegen einige von uns, so prahlen sie, sie hätten uns alle geworfen, und unterliegen sie: sie seien der Gesamtheit gewichen. Doch hat dieser mehr sorglose als mühselig eingeübte Wagemut, diese weniger gesetzliche als natürliche Tapferkeit für uns noch den Vorteil, daß wir zukünftige Not nicht vorausleiden, und, ist sie da, doch nicht geringere Kühnheit bewähren als die ewig sich Plagenden, und darin verdient unsre Stadt Bewunderung – und noch in anderem.

Wir lieben das Schöne und bleiben schlicht, wir lieben den Geist und werden nicht schlaff. Reichtum dient bei uns dem Augenblick der Tat, nicht der Großsprecherei, und seine Armut einzugestehn ist nie verächtlich, verächtlicher, sie nicht tätig zu überwinden. Wir vereinigen in uns die Sorge um unser Haus zugleich und unsre Stadt, und den verschiedenen Tätigkeiten zugewandt ist doch auch in staatlichen Dingen keiner ohne Urteil. Denn einzig bei uns heißt ein Mensch, der daran gar keinen Teil nimmt, nicht unpolitisch, sondern unnütz, und nur wir entscheiden in den Staatsgeschäften selber oder denken sie doch richtig durch. Denn wir sehen nicht im Wort eine Gefahr fürs Tun, wohl aber darin, sich nicht durch Reden zuerst zu belehren, ehe man zur nötigen Tat schreitet. Denn auch darin sind wir wohl besonders, daß wir am meisten wagen und doch auch, was wir anpacken wollen, erwägen, indes die andern Unverstand verwegen und Überlegung bedenklich macht. Die größte innere Kraft aber wird man denen mit Recht zusprechen, die die Schrecken und Freuden am klarsten erkennen und darum den Gefahren nicht ausweichen. Auch mit der Art unsrer Treue stehn wir im Gegensatz zu den meisten. Denn nicht durch Hilfe die wir empfangen, sondern die wir bringen, gewinnen wir uns unsre Freunde. Zuverlässiger ist aber der Wohltäter, da er durch Freundschaft sich den, dem er gab, verpflichtet erhält; der Schuldner ist stumpfer, weiß er doch, er zahlt seine Leistung nicht zu Dank, sondern als Schuld. Und wir sind die einzigen, die nicht so sehr aus Berechnung des Vorteils wie aus sicherer Freiheit unbedenklich andern Gutes tun.

Zusammenfassend sage ich, daß unsre Stadt insgesamt die Schule von Hellas sei, und daß der einzelne Mensch, wie mich dünkt, bei uns wohl am vielseitigsten und voll Anmut und leichtem Scherz in seiner Person wohl alles Notwendige vereine. Daß dies nicht Prunk mit Worten für den Augenblick ist, sondern die Wahrheit der Dinge, das zeigt gerade die Macht unsres Staates, die wir mit diesen Eigenschaften erworben haben. Unsre Stadt ist die einzige heut, die stärker als ihr Ruf aus der Probe hervorgeht, nur sie erregt im Feind, der angegriffen hat, keine Bitterkeit – was für ein Gegner ihm so übel mitspiele – und auch im Untertan keine Unzufriedenheit, daß er keinen würdigen Herrn hätte. Und mit sichtbaren Zeichen üben wir wahrlich keine unbezeugte Macht, den Heutigen und den Künftigen zur Bewunderung, und brauchen keinen Homer mehr als Sänger unsres Lobes noch wer sonst mit schönen Worten für den Augenblick entzückt – in der Wirklichkeit hält dann aber der Schein der Wahrheit nicht stand, sondern zu jedem Meer und Land erzwangen wir uns durch unsern Wagemut den Zugang und überall leben mit unsern Gründungen Denkmäler unsres Wirkens im Bösen wie im Guten auf alle Zeit.

Für eine solche Stadt also sind diese Männer hier, nicht bereit auf ihren Besitz zu verzichten, in edlem Kampfe gefallen, und von denen die bleiben ist keiner, der nicht für sie wird leiden wollen. Darum habe ich ja auch so ausführlich von der Stadt geredet, und um euch zu zeigen, daß wir nicht für das gleiche kämpfen wie andere, die all das nicht so haben, und um zugleich den Lobspruch auf die, denen meine Rede gilt, durch Beweise einleuchtend zu machen. Ja zum wichtigsten Teil ist er schon gesprochen: denn was ich an unsrer Stadt pries, damit haben diese und solche Vortrefflichen sie geschmückt, und nicht bei vielen Hellenen wird man so wie bei ihnen Lob und Leistung im Gleichgewicht finden. Mich dünkt, den Wert dieser Männer offenbart als erste Verkündung und als letzte Bekräftigung ihr jetziger Untergang. Denn selbst wenn einige sonst minder taugten, darf man ihren im Krieg für die Heimat bewiesenen Mannesmut höher stellen: Schlimmes durch Gutes tilgend haben sie gemeinsam mehr geholfen als im einzelnen geschadet. Von ihnen aber hat keiner wegen seines Reichtums, um ihn lieber noch zu genießen, sich feig benommen, keiner hat in der Hoffnung der Armut, er könne, wenn er davonkäme, vielleicht noch reich werden, Aufschub der Gefahr gesucht; weil ihnen verlockender als all das die Rache an den Feinden war, von allen Wagnissen dieses als das schönste galt, so erwählten sie dieses und damit Rache an ihnen, Verzicht auf das andere; der Hoffnung überließen sie das Ungewisse des Erfolgs, im Handeln aber für die sichtbare Gegenwart mochten sie auf sich selber trauen, und indem sie hier das Sichwehren und Erleiden für schöner hielten als weichend sich zu retten, haben sie schimpflicher Nachrede sich entzogen, aber die Tat mit ihrem Leibe bestanden: und in kürzestem Augenblick sind sie, auf der Höhe ihres Geschicks, nicht aus der Furcht so sehr als von ihrem Ruhme geschieden.

So haben sich also diese Männer, wie es unsrer Stadt würdig ist, so wohl gehalten; die übrigen aber müssen zwar um besseres Heil beten, aber keine minder mutige Gesinnung gegen unsre Feinde haben wollen, und darum nicht nur in Gedanken auf den Nutzen schauen, von dem euch einer lang ausführen könnte was ihr selbst gerade so gut wißt, wieviel Gutes die Abwehr des Feindes mit sich bringt, sondern müssen viel mehr noch Tag für Tag die Macht unsrer Stadt in der Wirklichkeit betrachten und sich in sie verlieben, und wenn sie euch groß erscheint, daran denken, daß Männer voll Wagemut und doch mit Einsicht in das Nötige und voll Ehrgefühl beim Handeln das erworben haben, die, wenn sie einmal bei einer Unternehmung Unglück hatten, den Staat wenigstens ihren hohen Mut nicht vermissen lassen wollten und ihm das schönste Opfer brachten. Denn indem sie gemeinsam ihre Leiber hingaben, empfingen sie jeder den nicht alternden Lobpreis und ein weithin leuchtendes Grab, nicht das worin sie liegen meine ich, sondern daß ihr Ruhm bei jedem sich gebenden Anlaß zu Rede oder Tat unvergessen nachlebt. Denn hervorragender Männer Grab ist jedes Land: nicht nur die Aufschrift auf einer Säule zeugt in der Heimat von ihnen, auch in der Fremde wohnt, geistig nicht stofflich, in jedermann ungeschriebenes Gedächtnis. Mit solchen Vorbildern sollt auch ihr das Glück in der Freiheit sehn und die Freiheit im kühnen Mut und euch nicht zuviel umblicken nach den Gefahren des Krieges. Nicht der Elende nämlich, der auf kein Gut mehr hoffen kann, hat soviel Grund sein Leben hinzugeben, als wem der umgekehrte Umschwung im Leben noch droht, und bei wem der Unterschied am größten ist, wenn er einmal stürzt. Denn schmerzhafter ist für einen Mann, der Stolz besitzt, wenn er sich feige zeigt, die Schmach als der in Kraft und gemeinsamer Hoffnung treffende kaum gespürte Tod.

Darum will ich auch jetzt die Eltern der Gefallenen, soviele von euch da sind, weniger beklagen als trösten. Sie wissen ja in wie wechselvollen Geschicken sie groß geworden sind, und daß die glücklich heißen die des rühmlichsten Todes – wie diese jetzt – oder Kummers – wie ihr – teilhaftig wurden, und denen für ihr Leben, drin glücklich zu sein und drin zu sterben, das gleiche Maß gesetzt ward. Es ist freilich schwer das zu glauben, ich weiß, und noch oft werdet ihr euch an sie gemahnt fühlen bei anderer

Segen, mit dem ihr einst auch prangtet, und schmerzlich ist nicht dies, Güter die man nie gekostet zu vermissen, aber wenn einem ein Liebgewordenes genommen wird. Doch muß man es ertragen, auch in der Hoffnung auf andere Söhne, wer noch im Alter steht Kinder zu zeugen; denn im Haus werden sie, die nicht mehr sind, bei manchen in Vergessenheit sinken über den Nachgeborenen, und der Stadt bringt es doppelten Vorteil: weil sie nicht entvölkert wird, und wegen ihrer Sicherheit: es kann nämlich keiner mit gleichem und gerechtem Sinn zum Rat beitragen, der nicht auch mit dem Einsatz von Kindern an den Gefahren sein Teil trägt. Ihr andern aber, die ihr über das Alter hinaus seid, achtet das größere Stück des Lebens, worin ihr glücklich wart, für Gewinn, und daß das übrige kurz sein wird, und richtet euch auf an eurer Söhne Ruhm. Denn die Ehrliebe allein altert nicht, und im nutzlosen Rest des Lebens ist nicht das Gewinnmachen, wie manche sagen, die größte Freude, sondern geehrt zu werden.

All ihr Söhne nun und Brüder unsrer Helden, für euch sehe ich einen harten Wettkampf voraus. Wer nicht mehr ist, wird ja gern von jedermann gelobt, und kaum mit überschwänglich großen Taten werdet ihr – nicht gleich wie sie, aber als doch nur ein wenig geringer gelten. Denn Eifersucht trifft die Lebenden von ihren Gegenspielern, was aber aus der Bahn ausschied, wird mit unumstrittener Gunst geehrt. Soll ich nun auch der Tugend der Frauen noch gedenken, die jetzt im Witwentum leben werden, so wird mit kurzem Zuspruch alles gesagt sein: für euch ist es ein großer Ruhm, unter die gegebene Natur nicht hinabzusinken, und wenn eine sich mit Tugend oder Tadel unter den Männern möglichst wenig Namen macht.

Gesagt ist nun in der Rede, die der Brauch will, was ich Geeignetes wußte, und auch getan ist bereits ein Teil zur Ehre der Begrabenen; zum andern wird die Stadt ihre Söhne von heut an auf öffentliche Kosten aufziehn, bis sie mannbar sind, womit sie einen nutzbringenden Kranz den Gefallenen und den Überlebenden für solche Kämpfe aussetzt; denn wo die größten Preise der Tapferkeit lohnen, da hat eine Stadt auch die besten Bürger. Und nun erhebt den Klagruf, jeder um den er verlor, und dann geht.

PLATON

Das Ideal des Wohlfahrtsstaates

Der beste Staat und die beste Verfassung und die besten Gesetze finden sich also da, wo jenes alte Wort so stark wie möglich im gesamten Staate zur Geltung kommt, ich meine das Wort, daß unter Freunden in Wahrheit alles gemeinsam sei. Mag es also jetzt irgendwo verwirklicht sein oder in Zukunft sich verwirklichen, daß Weiber, Kinder und alles Hab und Gut gemeinsam sind und das Eigentum – wie man es nennt – durch alle Mittel mit Stumpf und Stiel aus dem Leben getilgt worden ist und man es nach Möglichkeit dahin gebracht hat, daß auch unsere natürlichen Eigengüter wie Augen, Ohren und Hände in gewissem Sinne gemeinsam geworden sind, indem sie gemeinsam zu sehen, zu hören und zu schaffen scheinen, und daß wir so viel wie möglich allesamt in Lob und Tadel übereinstimmen entsprechend der Gemeinsamkeit unserer Lust- und Schmerzgefühle, kurz, daß Gesetze herrschen, die dem Staat nach Möglichkeit zur Einheit verhelfen, so wäre damit eine Höhe der Trefflichkeit bezeichnet, die durch keine andere Bestimmung an Richtigkeit und Güte übertroffen werden kann. Ein solcher Staat nun, mögen ihn nun Götter oder Göttersöhne und zwar mehr als einer bewohnen, wird bei solcher Lebensführung ihnen ein freudvolles Dasein bieten. Daher dürfen wir auch keinen anderen Weg wählen, um zu einem Muster für einen Staat zu gelangen, sondern wir müssen uns an diesen halten und nach Kräften bemüht sein, einen Staat zu schaffen, der diesem so ähnlich wie möglich ist. Derjenige nun, den wir jetzt in Angriff genommen haben, dürfte vielleicht, wenn er etwa ins Leben treten sollte, den nächsten Anspruch auf Unsterblichkeit haben und an Rang der zweite sein. Den dritten aber werden wir später, so Gott will, zur Tat machen. Was aber unseren uns hier vorliegenden Staat anlangt, so fragen wir: wie steht es mit seiner Beschaffenheit und wie kann er zu voller Ausgestaltung gelangen?

Zuerst soll man Land und Wohnstätten verteilen, und den Ackerbau nicht gemeinschaftlich betreiben; denn eine solche Forderung würde sich nicht vertragen mit der jetzigen Menschenwelt und ihrer Erziehung und Bildung. Bei dieser Verteilung nun soll jeder von dem Bewußtsein geleitet sein, daß das ihm durch's Los zugefallene Stück Land ein Teil des Gemeingutes des ganzen Staates ist, und da es sich also um vaterländischen Boden handelt, so hat er ihm gegenüber noch dringlichere Verpflichtungen hinsichtlich der aufmerksamen Pflege, als sie Kinder der Mutter gegenüber haben; denn sie, die Erde, ist ja doch auch als Göttin die Herrin über uns Sterbliche. Und die nämlichen Gesinnungen muß man auch den einheimischen Göttern und Dämonen entgegenbringen. Auf daß dies nun aber für ewige Zeit Bestand habe, muß man außerdem noch von der Notwendigkeit überzeugt sein, daß die Zahl der jetzt von uns verteilten Herdstellen sich immer gleich bleibe und daß es deren weder jemals mehr noch weniger werden. Auf folgende Weise nun dürfte dafür dem gesamten Staat die sichere Gewähr geboten werden: jeder Inhaber eines Landloses soll als Erben dieser Heimstätte immer nur einen seiner Söhne einsetzen, und zwar den, den er am liebsten hat; dieser soll sein Nachfolger sein und auch die frommen Verpflichtungen übernehmen gegen Götter, Staat und Familienangehörige, lebende wie bereits verstorbene. Was aber die übrigen Kinder anlangt im Falle, daß mehr als eines vorhanden sind, so soll er die weiblichen nach dem darüber zu erlassenden Gesetz verheiraten, die männlichen aber an diejenigen Bürger als Söhne verteilen, die keine Nachkommen haben, am liebsten nach Maßgabe der persönlichen Beziehungen und Wünsche; sind solche bei einem oder dem anderen nicht vorhanden, oder ist die Zahl der weiblichen oder männlichen Nachkommen bei manchen zu groß oder umgekehrt auch zu klein in Folge mangelnden Kindersegens, so soll diejenige Behörde, die wir als die wichtigste und ehrenvollste einsetzen werden, für alles dies Abhilfe schaffen auf Grund genauer Erwägung dessen, was für den einen oder den anderen Fall das Beste ist, um so die Zahl der 5040 Wohnstätten unbedingt für immer zu sichern. An zweckmäßigen Mitteln fehlt es nicht. Denn es gibt wirksame Vorkehrungen, der Zeugung Einhalt zu tun, wo der Kindersegen zu groß ist, und umgekehrt auch Mittel und Wege, um die Zahl der Geburten zu steigern. Sie bestehen in staatlichen Auszeichnungen und Erniedrigungen, sowie in Mahnungen und Warnungen der älteren Leute an die jüngeren; und damit läßt sich der genannte Zweck erreichen. Und wenn schließlich auch alle sonstigen Mittel versagen, um die 5040 Wohnstätten in unveränderter Zahl zu erhalten, und sich ein Überschuß an Bürgern ergibt, weil die Zusammengehörigen einander gar zu lieb haben, so daß wir in Bedrängnis geraten, so gibt es ja noch das altbewährte, von uns bereits mehrfach erwähnte Mittel, die Aussendung nämlich von Kolonien in zweckentsprechendem Umfang nach freundschaftlicher Vereinbarung. Oder, sollte einmal auch der umgekehrte Übelstand eintreten, nämlich eine Überschwemmung mit Seuchen oder mit verderblicher Kriegesnot, und infolgedessen eine starke Abnahme des Nachwuchses und ein erhebliches Herabsinken der Bürgerzahl unter die festgesetzte Grenze, so bleibt es zwar dabei, daß man aus freien Stücken keine Bürger aufnehmen darf, die der echten Bildung nicht teilhaftig geworden sind, doch gilt daneben auch der Spruch, daß selbst ein Gott nicht imstande ist, die Notwendigkeit zu bezwingen.

Folgende Mahnung also – so wollen wir es uns denken – richtet die so eben gegebene Darlegung an uns: Ihr trefflichsten Männer, lasset nie davon ab, die Einheitlichkeit, Gleichheit, Selbigkeit und Einstimmigkeit nach Gebühr in Ehren zu halten, hinsichtlich der Zahl sowohl wie alles dessen, was bedeutungsvoll ist durch Schönheit und Güte.

Und so laßt es denn eure erste Pflicht sein, die angegebene Zahl euer Lebelang aufrecht zu erhalten; sodann erhaltet Hab und Gut nach Betrag und Umfang auf der mäßigen Höhe, in der ihr es zu Anfang unter euch verteilt habt. Hütet euch also vor schimpflichem Kauf und Verkauf untereinander. Denn weder der, der euch das Los hat zufallen lassen, ein Gott, stünde euch dabei helfend zur Seite noch der Gesetzgeber. Denn das ist jetzt die erste Strafandrohung des Gesetzes wider den Ungehorsamen, daß, wer an der Verlosung teilnehmen will und nicht von ihr ausgeschlossen werden soll, dies nur unter Anerkennung der Bedingung tun darf, daß erstens das Land allen Göttern geweiht sei, und daß ferner Priester und Priesterinnen unter Opfern und zwar einem ersten, zweiten und dritten Opfer an die Götter die Bitte richten, es möge den Käufer oder Verkäufer des ihm zugefallenen Haus- oder Ackergrundstückes die dafür gebührende Strafe treffen. Die nötigen Angaben aber über die (ursprünglichen) Besitzverhältnisse sollen auf Tafeln von Zypressenholz eingetragen werden, die man in Tempeln niederlegt zur Kenntnis für alle Folgezeit. Überdies wird man sich zur Gewähr der Sicherheit auch noch eine besondere Überwachung schaffen in Gestalt derjenigen Behörde, der man den größten Scharfblick zutraut, auf daß keine etwaige Zuwiderhandlung verborgen bleibe, sondern jeder, der dem Gesetze sowie dem Gotte ungehorsam ist, seine Strafe erhalte. Denn was für ein großer Segen die hiermit gegebene Vorschrift für alle ihr sich fügenden Staaten ist, sofern die weitere Einrichtung derselben damit in Einklang steht, das wird, dem alten Sprichwort zufolge, ein Nichtsnutz niemals erkennen, sondern nur ein Mann von Erfahrung und durchaus anständiger Gesinnung. Denn für Gelderwerb findet sich in einer solchen staatlichen Ordnung so leicht keine Stelle, und selbstverständlich ist es in ihr weder notwendig noch erlaubt, sich irgend einer der Erwerbsarten zu befleißigen, die eines freien Mannes unwürdig sind – denn das schon dem Namen nach verächtliche Banausentum läßt keine edle

Sinnesart aufkommen –, oder überhaupt nur daran zu denken, sich auf diesem Wege zu bereichern.

Außerdem aber tritt ergänzend zu alle dem noch das weitere Gesetz, daß kein Privatmann Gold oder Silber besitzen darf, sondern nur eine Münze für den täglichen unvermeidlichen Geschäftsverkehr mit Handwerkern und allen derartigen Leuten, die uns unentbehrlich sind, eine Münze also, mit der wir Tagelöhnern, Sklaven und Beisassen ihren Lohn auszahlen können. Zu diesem Zweck gestatten wir den Besitz einer Münze, die in der Heimat ihren bestimmten Wert hat, in der übrigen Welt aber wertlos ist. Eine gemeinsame griechische Münze aber muß dem Staate daneben gegebenen Falles immer zur Verfügung stehen mit Rücksicht auf Kriege und den Verkehr mit der Außenwelt, wenn zum Beispiel Gesandtschaften zu entsenden oder sonst irgend welche notwendigen Botschaften auszurichten sind. Wenn aber ein Privatmann einmal eine Reise ins Ausland machen muß, so soll ihm das mit Genehmigung der Behörde gestattet sein; wenn er aber bei seiner Rückkehr noch fremdes Geld bei sich hat, so soll er dies an öffentlicher Stelle abliefern und dafür den entsprechenden Betrag an einheimischer Münze erhalten. Stellt es sich aber heraus, daß einer es für sich behält, so soll es dem Staate anheimfallen und neben dem eigentlich Schuldigen soll auch der, der um diese Einführung des Geldes gewußt und es nicht angezeigt hat, mit Fluch und Schande belegt werden und zudem mit einer Buße, die nicht geringer ist als der Betrag der eingeschleppten fremden Münze. Wer aber heiratet, darf unter keinen Umständen eine Mitgift nehmen, und ebensowenig, wer eine Tochter verheiratet, eine Mitgift geben. Auch soll man dem kein Geld zur Aufbewahrung übergeben, zu dem man kein volles Vertrauen hat und nicht Geld auf Zinsen ausleihen, da es dem Schuldner freisteht, dem Gläubiger nicht nur die Zinsen, sondern auch das Kapital vorzuenthalten.

Daß nun aber ein Staat nichts Besseres tun kann als diesen Grundsätzen zu folgen, dafür kann man die richtige

Entscheidung dadurch gewinnen, daß man seinen Blick stets richtet auf den eigentlichen Zweck und die eigentliche Absicht bei diesen Dingen. Es ist aber – so behaupten wir – die Absicht eines vernünftig denkenden Staatsmannes nicht die, die die große Menge ihm unterschiebt, indem sie sagt, der gute Gesetzgeber müsse darauf ausgehen, den Staat, auf dessen Versorgung mit guten Gesetzen er bedacht ist, so groß wie möglich und so reich wie möglich zu machen und ihm zum Besitz von Gold und Silber und zu möglichst ausgedehnter Herrschaft zu Lande und zu Wasser zu verhelfen; dazu vernimmt man dann wohl auch noch den Zusatz, der rechte Gesetzgeber müsse auch darauf sein Augenmerk richten, daß der Staat so tugendhaft und so glücklich wie möglich werde. Dabei geht Mögliches und Unmögliches durcheinander. Das Mögliche nun soll sich der Staatsordner zum Ziele setzen; was aber das Unmögliche anlangt, so soll er nicht vergebliche Wünsche hegen und zu verwirklichen suchen. Das Zusammenbestehen von Glückseligkeit und Tugend ist allerdings etwas Notwendiges; dies also mag er sich zum Ziele setzen. Großer Reichtum aber und Tugend können nicht zusammen bestehen, wenigstens nicht bei derjenigen Auslegung des Reichtums, die der großen Menge geläufig ist. Diese versteht nämlich unter reichen Leuten solche, die als auserlesene Menschen Güter von höchstem Geldeswert besitzen, Güter also, wie sie auch der erste beste Schurke in seinen Besitz bringen kann. Wenn dem aber so ist, so werde ich ihr niemals einräumen, daß der Reiche in Wahrheit glücklich werde, wenn er nicht zugleich auch tugendhaft ist. Ein hervorragend tugendhafter Mann kann aber unmöglich auch hervorragend reich sein. Warum nicht? So wird man wohl fragen. Weil – werden wir antworten – der rechtmäßige und der ungerechte Gewinn zusammen mehr als das Doppelte von dem bloß rechtmäßigen Gewinn ausmachen, und weil der Aufwand, wenn man weder für schöne noch für verwerfliche Zwecke Geld hergibt, um das Doppelte kleiner ist als bei denen, die für löbliche und schöne Zwecke Aufwand machen.

Wer nun der umgekehrten Handlungsweise huldigt, wie derjenige, der das doppelte Vermögen besitzt und nur den halben Aufwand macht, kann nimmermehr reicher werden. Zu diesen aber gehört der Tugendhafte; der andere (das heißt der Geldmacher) ist an sich nicht geradezu schlecht, so lange er bloß sparsam ist (und auch nicht zügellos), unter Umständen aber auch grundschlecht; tugendhaft aber niemals, wie eben bemerkt. Denn wer sich rechtmäßig und unrechtmäßig Gewinn schafft und weder rechtmäßigen (schuldigen) noch unrechtmäßigen Aufwand macht, wird, wenn er dabei sparsam ist, reich, der Grundverdorbene aber, da er meist ein Liedrian ist, verfällt der Armut. Wer dagegen Aufwand macht für schöne Zwecke und Geld nur auf rechtmäßigem Wege erwirbt, der wird schwerlich jemals besonders reich, aber auch nicht völlig arm werden. Es hat also seine Richtigkeit mit unserem Satze, daß die Überreichen nicht tugendhaft sind; wenn aber nicht tugendhaft, dann auch nicht glücklich.

Was wir aber mit unseren Gesetzen beabsichtigten, war dies, daß die Bürger so glücklich wie möglich und so befreundet wie möglich mit einander sein sollen. Von Freundschaft aber kann da nicht die Rede sein, wo Rechtshändel untereinander und Beleidigungen in großer Zahl vorkommen, sondern wo dergleichen keine Rolle spielt und zu den Ausnahmen gehört. Es darf also – so sagen wir – weder Gold nach Silber im Staate geben, auch darf kein erheblicher Gelderwerb durch Handwerk, Wucher oder unnatürliche Viehzüchterei stattfinden, sondern man soll sich mit dem begnügen, was der Landbau bringt und einträgt, und auch diesen soll man nur so weit betreiben, als der Betrieb einen nicht in die Lage bringt, dasjenige vernachlässigen zu müssen, um dessen willen alle Habe da ist. Das aber sind Seele und Leib, die ohne Gymnastik und sonstige Ausbildung so gut wie keinen Wert erlangen können. Daher haben wir denn mehr als einmal es ausgesprochen, daß die Sorge um Hab und Gut in unserer Schätzung den letzten Platz einnehmen müsse. Denn mit den drei überhaupt vorhandenen Arten von Gütern, um die jeder Mensch sich bemüht, steht es so, daß die Sorge um Hab und Gut, richtig verstanden, erst an letzter und dritter Stelle steht, die um den Körper an mittlerer Stelle und die um die Seele an erster Stelle. Und wenn der eben unserer Erörterung unterliegende Staat die Ehrenabstufung in diesem Sinne ordnet, so ist es mit seinen Gesetzen gut bestellt. Sollte es sich aber herausstellen, daß eines der da zur Geltung gelangten Gesetze etwa der Gesundheit den Rang vor der besonnenen Mäßigung einräumt, so ist dies ein deutliches Anzeichen dafür, daß es mit diesem Gesetze nicht seine Richtigkeit hat. Oft muß daher der Gesetzgeber sich selbst die warnende Frage vorlegen: »Worauf will ich denn hinaus?« und »ob mir wohl das gelingt oder ob ich mein Ziel verfehle?« Und so – aber aur nur so und nicht anders – wird er vielleicht sich seines Gesetzgebungswerkes sowohl selbst glücklich entledigen wie auch den anderen die Mühe ersparen.

Damit also sind die Bedingungen genannt, unter denen unserer Erklärung zufolge jeder in den Besitz des ihm zugefallenen Landloses eintreten soll. Schön wäre es nun, wenn auch im Übrigen beim Eintritt in die Kolonie jeder dem anderen an Vermögen durchaus gleichstünde. Da dies aber nicht möglich ist, sondern der eine mit größerem, der andere mit geringerem Vermögen in die Gemeinschaft eintreten wird, so muß wie aus vielen anderen Gründen so besonders zum Zwecke der Ausgleichung und Verteilung der staatlichen Vorteile eine Anzahl ungleicher Schatzungsklassen geschaffen werden, damit Ämter, Steuern und Verteilungen nach dem für alle abgeschätzten Vermögen und nicht bloß nach der eigenen oder der Vorfahren Tüchtigkeit, oder nach Körperkraft und Schönheit, sondern auch nach Maßgabe des zur Verfügung stehenden Reichtums und der Armut vergeben werden, so daß alle ihren Anteil an Ehren und Ämtern so gleichmäßig wie möglich, nämlich bei aller Ungleichheit, doch verhältnismäßig gleich erhalten und dadurch vor Zwietracht bewahrt bleiben. Zu diesem Ende müssen nach der

Größe des Vermögens vier Schatzungsklassen geschaffen werden, eine erste, eine zweite, eine dritte und eine vierte Klasse von Bürgern oder welche Bezeichnung man sonst für sie brauchen will, wobei es ebenso gut möglich ist, daß ein Bürger in der nämlichen Klasse bleibt wie daß er bei gesteigertem Reichtum oder eingetretener Verarmung in die ihm zukommende Klasse übertritt.

Hieran aber möchte ich nun folgenden Gesetzesentwurf in natürlicher Folge anreihen. Es darf nämlich in einem Staat, der verschont bleiben soll von der schwersten aller Krankheiten, dem Aufruhr, oder, wie es richtiger heißen dürfte, der Spaltung (Zwietracht), weder drückende Armut herrschen bei einem Teil der Bürger, noch auch großer Reichtum, da beides jene Krankheit erzeugt. Es muß also der Gesetzgeber nun für beides eine bestimmte Grenze festsetzen. So sei denn Grenze der Armut die Einschätzung nach dem Landlos, das in seinem Bestand erhalten bleiben muß und dessen Verringerung kein Beamter wie überhaupt niemand, der auf sittliche Tüchtigkeit hält, bei irgend einem zulassen darf. Hat aber so der Gesetzgeber die Grenze nach unten bestimmt, so wird er nach oben hin den Erwerb des Doppelten und Dreifachen, ja Vierfachen freigeben. Erhöht aber einer seinen Besitz über diese Grenze hinaus, sei es durch einen glücklichen Fund oder eine Schenkung oder durch Geschäftserwerb oder sonst einen günstigen Umstand, so soll er diesen Überschuß an den Staat und die denselben beschützenden Götter abgeben und sich dadurch seinen guten Ruf sowie Straflosigkeit sichern. Wenn aber einer diesem Gesetz zuwider handelt, so soll jeder, der dies zur Anzeige bringt, die Hälfte (der überschießenden Summe) erhalten, die andere Hälfte soll den Göttern zufallen, der Schuldige selbst aber soll außerdem als Buße dieselbe Summe noch einmal aus seinem Vermögen bezahlen. Von allem aber, was irgend einer außer seinem Landlos besitzt, soll ein Verzeichnis an öffentlicher Stelle zur Überwachung bei derjenigen Behörde niedergelegt werden, die das Gesetz damit betraut hat, damit die Rechtsstreitigkeiten über alles,

was sich auf Geldangelegenheiten bezieht, sich leichter und in völlig klarer Weise abwickeln.
Die nächste Forderung ist nun die, daß man erstens die Stadt möglichst in der Mitte des ganzen Landes anlegt und dazu unter den vorhandenen Stellen diejenige auswählt, die auch im Übrigen alle Vorteile für eine Stadt darbietet, über die man unschwer sich klar werden und Auskunft geben kann. Zweitens aber soll die Zwölfteilung vorgenommen werden: man soll nämlich zunächst der Hestia, dem Zeus und der Athene einen Tempel, die sogenannte Akropolis, errichten und mit einer Ringmauer versehen. Diese soll den Ausgangspunkt bilden für die zwölf Teile, in welche die Stadt selbst und das ganze Land zerlegt wird. Die Gleichwertigkeit dieser zwölf Teile soll dadurch erzielt werden, daß diejenigen mit gutem Boden klein, die mit schlechtem Boden größer sind. Aus ihnen werden dann durch Teilung 5040 Landlose gebildet, von denen dann ein jedes wieder in zwei Teile zerfällt, so daß immer zwei Abschnitte zusammen ein Los ausmachen und zwar so, daß der eine Abschnitt in der Nähe der Stadt, der andere fern von ihr liegt. Der unmittelbar an der Stadt anliegende Abschnitt soll mit dem unmittelbar an der Grenze liegenden ein Los bilden und der der Stadt zweitnächste mit dem entsprechend von der Grenze abliegenden wieder ein Los und nach dem nämlichen Verhältnis dann weiter. Man muß aber auch bei diesen Zweiteilungen das eben erwähnte Verfahren rücksichtlich der Minderwertigkeit und Güte des Bodens einhalten, indem man die Ungleichheit ausgleicht durch den größeren oder kleineren Umfang des zuerteilten Landes. Und auch die Männer sollen in zwölf Abteilungen geteilt werden, nachdem man das sonstige Vermögen gleichfalls möglichst gleichmäßig auf die zwölf Teile verteilt hat, auf Grund des vorhandenen Verzeichnisses. Und sodann soll man zwölf Lose für die zwölf Götter mischen und den einem jeden Gott durch das Los zufallenden Teil nach ihm benennen und ihm weihen als sogenannte Phyle (Bezirk). Auch für die Stadt muß man

auf die nämliche Weise, wie man das übrige Land teilte, die zwölf Teile schaffen; und jeder hat zwei Wohnstätten, die eine nahe der Mitte, die andere nahe der Grenze. Damit mag denn die Gründung der Kolonie abgeschlossen sein.

Unabweislich aber drängt sich uns die Notwendigkeit auf zu bedenken, daß alles, was bisher als Forderung aufgestellt ward, schwerlich jemals auf so günstige Umstände trifft, daß alles der gegebenen Schilderung gemäß sich auch in Wirklichkeit zusammenfindet. Schwerlich werden sich Männer finden, die ein solches Zusammenleben sich werden gefallen lassen und sich ihr Lebelang zufrieden geben werden mit der Beschränkung auf ein festbegrenztes und mäßiges Vermögen und mit den ihnen von uns für die verschiedenen einzelnen Fälle verkündeten Vorschriften über Kindererzeugung, sowie mit dem Verzicht auf Gold und mit anderem, was der Gesetzgeber ihnen im Sinne der bisherigen Forderungen zweifellos noch weiter auferlegen wird, endlich auch mit der Lage ihrer auf die mittlere Landschaft und auf die Grenzgegend verteilten Grundstücke, wie es der Gesetzgeber anordnet, alles Dinge, die sich wie Träume ausnehmen und wie Erfindungen eines Mannes, der gleichsam aus Wachs einen Staat mit seinen Bürgern formen wollte. Dergleichen Einwände haben nun allerdings eine gewisse Berechtigung; indes jeder muß über dergleichen Fragen sein eigenes Urteil entscheiden lassen. Es wird also der Gesetzgeber uns darauf folgenden Bescheid geben: »Glaubet nicht, liebe Freunde, ich selbst sei etwa blind dagegen, daß ihr mit eueren Einwänden in gewissem Sinne recht habt. Allein bei allen auf die Zukunft berechneten Dingen ist meines Erachtens das richtige Verfahren dies, daß, wer ein Musterbild von maßgebender Bedeutung für das beabsichtigte Werk aufstellt, mit demselben in keinem Punkte hinter dem denkbar Schönsten und Wahrsten zurückbleibe. Wenn dabei etwas mit unterläuft, dessen Ausführung unmöglich ist, so soll man dem aus dem Wege gehen und es liegen lassen; was aber unter dem Übrigen diesem Muster am nächsten kommt und mit der vorbildlichen Handlungsweise am engsten verwandt ist, auf dessen Verwirklichung soll man bedacht sein. Den Gesetzgeber aber soll man rücksichtlich der vollen Ausgestaltung seines Ideals gewähren lassen; ist dies Ideal aber aufgestellt, dann gilt es mit ihm gemeinsam zu untersuchen, was von seinen Vorschlägen brauchbar ist und was einer wirklichen Gesetzgebung widerstrebt. Denn auch das geringfügigste Werk muß von seinem Urheber, wenn er Anspruch auf Beachtung haben will, so hergestellt werden, daß es durchweg mit sich selbst in Übereinstimmung steht.«

ARISTOTELES

Der Mensch als politisches Wesen

Da wir sehen, daß jeder Staat eine Gemeinschaft ist und jede Gemeinschaft um eines Gutes willen besteht – denn alle Wesen tun alles um dessentwillen, was ihnen gut scheint –, so ist es klar, daß zwar alle Gemeinschaften auf irgendein Gut zielen, am meisten aber auf das bedeutendste Gut jene, die von allen Gemeinschaften die bedeutendste ist und alle übrigen in sich umschließt. Diese ist der sogenannte Staat und die staatliche Gemeinschaft.

Diejenigen nun, die meinen, daß ein Staatsmann, ein Fürst, ein Hausverwalter und ein Herr dasselbe seien, irren sich; sie meinen nämlich, der Unterschied bestünde nur in der größeren und geringeren Zahl und nicht in der Art jedes einzelnen, so daß etwa, wer über wenige regiert, ein Herr sei, wer über mehrere, ein Hausverwalter, und wer über noch mehrere, ein Staatsmann oder Fürst; denn zwischen einem großen Hause und einem kleinen Staate sei kein Unterschied vorhanden; was den Staatsmann und den Fürsten beträfe, so sei einer ein Fürst, wenn er souverän regiere, wenn er es aber nach den Regeln der entsprechenden Wissenschaft tue und abwechselnd regiere und gehorche, dann sei er ein Staatsmann.

Daß dies falsch ist, wird klar, wenn wir die Untersuchung nach der hier gegebenen Methode führen.

Wie man nämlich auch anderswo das Zusammengesetzte bis zu den nicht mehr zusammengesetzten Teilen zerlegen muß – denn diese sind die kleinsten Teile des Ganzen –, so müssen wir auch beim Staate erkennen, woraus er zusammengesetzt ist, und werden besser begreifen, worin sich jene Verhältnisse voneinander unterscheiden und ob sich über jedes einzelne wissenschaftlich etwas feststellen läßt.

Die beste Methode dürfte hier wie bei anderen Problemen sein, daß man die Gegenstände verfolgt, wie sie sich von Anfang an entwickeln. Als Erstes ist es notwendig, daß sich jene Wesen verbinden, die ohne einander nicht bestehen können, einerseits das Weibliche und das Männliche der Fortpflanzung wegen – und dies nicht aus freier Entscheidung, sondern weil es wie anderswo, bei Tieren und Pflanzen, ein naturgemäßes Streben ist, ein anderes Wesen zu hinterlassen, das einem selbst gleich ist –, anderseits das naturgemäß Regierende und Regierte um der Lebenshaltung willen. Denn was mit dem Verstand vorauszuschauen vermag, ist von Natur das Regierende und Herrschende, was aber mit seinem Körper das Vorgesehene auszuführen vermag, ist das von Natur Regierte und Dienende. Darum ist auch der Nutzen für Herrn und Diener derselbe.

Das Weibliche und das Regierte sind von Natur verschieden; denn die Natur macht nichts derart ärmlich wie die Schmiede das delphische Messer, sondern immer Eines für Eines. Denn so wird jedes einzelne Werkzeug am schönsten herauskommen, wenn es nicht für viele Aufgaben, sondern nur für eine einzige bestimmt ist. Bei den Barbaren freilich haben das Weibliche und das Regierte denselben Rang. Dies kommt daher, daß sie das von Natur Herrschende nicht besitzen, sondern die Gemeinschaft bei ihnen nur zwischen Sklavin und Sklave besteht. Darum sagen die Dichter: »Daß Griechen über Barbaren herrschen, ist gerecht«, da nämlich von Natur der Barbar und der Sklave dasselbe sei.

Aus diesen beiden Gemeinschaften entsteht zuerst das Haus, und Hesiod hat mit Recht gedichtet: »Allererst nun ein Haus und das Weib und den pflügenden Ochsen.« Denn der Ochse tritt für die Armen an die Stelle des Sklaven. So ist denn die für das tägliche Zusammenleben bestehende natürliche Gemeinschaft das Haus. Charondas nennt ihre Glieder Tischgenossen, der Kreter Epimenides Herdgenossen.

Die erste Gemeinschaft, die aus mehreren Häusern und nicht nur um des täglichen Bedürfnisses willen besteht, ist das Dorf. Das Dorf scheint seiner Natur nach am ehesten eine Verzweigung des Hauses zu sein, und seine Glieder werden von einigen Milchgenossen und Kinder und Kindeskinder genannt. Darum standen auch die Staaten ursprünglich unter Königen, und bei den Barbarenvölkern ist es noch jetzt so. Denn sie bildeten sich aus Untertanen von Königen. Jedes Haus wird nämlich vom Ältesten wie von einem König regiert und entsprechend auch die Verzweigungen auf Grund der Verwandtschaft. Dies meint Homer: »Jeder gibt das Gesetz für Kinder und Gattinnen.« Jene lebten nämlich zerstreut, und so wohnten die Menschen in der Urzeit überhaupt. Aus demselben Grunde behaupten auch alle, daß die Götter durch einen König regiert werden, weil sie selbst teils jetzt noch, teils früher unter Königen standen. Wie nämlich die Menschen die Gestalten der Götter sich selbst ähnlich abbilden, so auch deren Lebensformen.

Endlich ist die aus mehreren Dörfern bestehende vollkommene Gemeinschaft der Staat. Er hat gewissermaßen die Grenze der vollendeten Autarkie erreicht, zunächst um des bloßen Lebens willen entstanden, dann aber um des vollkommenen Lebens willen bestehend. Darum existiert auch jeder Staat von Natur, so wie es schon die ersten Gemeinschaften tun. Er ist das Ziel von jenen, und das Ziel ist eben der Naturzustand. Denn den Zustand, welchen jedes Einzelne erreicht, wenn seine Entwicklung zum Abschluß gelangt ist, nennen wir die Natur jedes Einzelnen, wie etwa des Menschen, des Pferdes, des Hauses.

Außerdem ist der Zweck und das Ziel das Beste. Die Autarkie ist aber das Ziel und das Beste.

Daraus ergibt sich, daß der Staat zu den naturgemäßen Gebilden gehört und daß der Mensch von Natur ein staatenbildendes Lebewesen ist; derjenige, der durch seine Natur und nicht bloß aus Zufall außerhalb des Staates lebt, ist entweder schlecht oder höher als der Mensch, wie etwa der von Homer beschimpfte: »ohne Geschlecht, ohne Gesetz und ohne Herd«. Denn dieser ist von Natur ein solcher und gleichzeitig gierig nach Krieg, da er unverbunden dasteht, wie man im Brettspiel sagt.

Daß ferner der Mensch in höherem Grade ein staatenbildendes Lebewesen ist als jede Biene oder sonst ein Herdentier, ist klar. Denn, wie wir behaupten, macht die Natur nichts vergebens. Der Mensch ist aber das einzige Lebewesen, das Sprache besitzt. Die Stimme zeigt Schmerz und Lust an und ist darum auch den andern Lebewesen eigen – denn bis zu diesem Punkte ist ihre Natur gelangt, daß sie Schmerz und Lust wahrnehmen und das einander anzeigen können –; die Sprache dagegen dient dazu, das Nützliche und Schädliche mitzuteilen und so auch das Gerechte und Ungerechte. Dies ist nämlich im Gegensatz zu den andern Lebewesen dem Menschen allein eigentümlich, daß er die Wahrnehmung des Guten und Schlechten, des Gerechten und Ungerechten und so weiter besitzt. Die Gemeinschaft in diesen Dingen schafft das Haus und den Staat.

Der Staat ist denn auch von Natur ursprünglicher als das Haus oder ein Einzelner von uns. Denn das Ganze muß ursprünglicher sein als der Teil. Wenn man nämlich das Ganze wegnimmt, so gibt es auch keinen Fuß oder keine Hand, außer dem Namen nach, wie etwa eine Hand aus Stein; denn nur in diesem Sinn wird eine tote Hand noch eine Hand sein. In Wahrheit ist alles bestimmt durch seine besondere Aufgabe und Fähigkeit, und wenn es diese nicht mehr besitzt, kann es auch nicht mehr als dasselbe Ding bezeichnet werden außer dem bloßen Namen nach.

Daß also der Staat von Natur ist und ursprünglicher als der Einzelne, ist klar. Da der Einzelne nicht autark für sich zu leben vermag, so wird er sich verhalten wie auch sonst ein Teil zu einem Ganzen. Wer aber nicht in Gemeinschaft leben kann oder in seiner Autarkie ihrer nicht bedarf, der ist wie etwa das Tier oder die Gottheit kein Teil des Staates.

Alle Menschen haben also von Natur den Drang zu einer solchen Gemeinschaft,und wer sie als erster aufgebaut hat, ist ein Schöpfer größter Güter. Wie nämlich der Mensch, wenn er vollendet ist, das beste der Lebewesen ist, so ist er ohne Gesetz und Recht das schlechteste von allen. Das schlimmste ist die bewaffnete Ungerechtigkeit. Der Mensch besitzt von Natur als Waffen die Klugheit und Tüchtigkeit, und gerade sie kann man am allermeisten in entgegengesetztem Sinne gebrauchen. Darum ist der Mensch ohne Tugend das gottloseste und wildeste aller Wesen und in Liebeslust und Eßgier das schlimmste. Die Gerechtigkeit dagegen ist der staatlichen Gemeinschaft eigen. Denn das Recht ist die Ordnung der staatlichen Gemeinschaft, und das Recht urteilt darüber, was gerecht sei.

* * *

Wenn man aber nicht bloß um des Lebens, sondern um des edlen Lebens willen beisammen ist – denn sonst gehörten auch Sklaven und andere Lebewesen zum Staate; das trifft aber nicht zu, da diese weder an der Glückseligkeit, noch an einem Leben auf Grund freier Entscheidung beteiligt sind –, und auch nicht nur um des Beistands willen, um von niemandem unterdrückt zu werden, und auch nicht wegen des gegenseitigen Handelsverkehrs und Nutzens voneinander – denn sonst müßten die Tyrrhener und Karthager und alle Völker, die Handelsverträge miteinander haben, Bürger eines einzigen Staates sein. Sie haben bekanntlich Abmachungen über die Importe und Verträge, einander nicht zu schädigen, und Urkunden über militärischen Beistand. Aber die Regierungen sind durchaus nicht in allen dieselben, sondern bei jedem eine andere, noch kümmert sich der eine um die Eigenschaften, die der andere haben muß, oder darum, daß der andere Vertragspartner nicht ungerecht wird und keiner Schlechtigkeit verfällt, sondern nur darum, daß sie einander gegenseitig keinen Schaden antun. An die politische Tugend und Schlechtigkeit denken nur jene, die sich um gute Gesetze kümmern. Und in der Tat muß ein Staat, der in Wahrheit und nicht bloß dem Namen nach ein Staat ist, sich um die Tugend kümmern. Denn sonst wäre die Gemeinschaft ein bloßer Beistandsvertrag, der sich von den andern solchen Verträgen nur durch die räumlichen Verhältnisse unterschiede, und das Gesetz würde eine bloße Abmachung und, wie der Sophist Lykophron sagte, ein gegenseitiger Bürge der Gerechtigkeit, aber nicht in der Lage sein, die Bürger tugendhaft und gerecht zu machen. Daß es sich so verhält, ist klar. Denn wenn einer die Orte konzentrierte, so daß die Städte der Megarer und Korinther sich mit ihren Mauern berührten, so entstünde daraus doch nicht ein Staat; auch nicht wenn sie Ehegemeinschaft miteinander vereinbarten, obschon dies eine dem Staate eigentümliche Gemeinschaftsform ist. Auch nicht, wenn die Leute in einiger Distanz voneinander wohnten, aber doch so nahe, daß sie miteinander verkehren könnten und Abmachungen hätten, einander nicht zu betrügen, wenn also der eine ein Schreiner wäre, der andere ein Bauer, der dritte ein Schuster usw. und sie der Zahl nach zehntausend wären, aber in nichts anderm Gemeinschaft hätten als eben in Handelsabmachungen und Beistandsverträgen, so wäre dies doch kein Staat. Warum? Nicht weil die Gemeinschaft nicht eng genug ist. Denn auch wenn sie in solcher Gemeinschaft ganz nahe beisammen lebten – und jeder hätte sein eigenes Haus wie seinen Staat –, und sie eine Bundesgenossenschaft besäßen gegen die Angriffe dritter, so wird auch das für den, der es genau nimmt, nicht als ein Staat gelten können, da sie ja am gemeinsamen Orte so verkehren, als wären sie getrennt.

Offenbar ist also der Staat nicht bloß eine Gemeinschaft des Ortes und um einander nicht zu schädigen und um das Handels willen. Sondern dies sind nur notwendige Voraussetzungen, wenn es einen Staat geben soll; aber auch wenn all das vorhanden ist, ist noch kein Staat vorhanden, sondern dieser beruht auf der Gemeinschaft des

edlen Lebens in Häusern und Familien um eines vollkommenen und selbständigen Lebens willen.
Freilich kann das nicht zustande kommen, wo man nicht in demselben Orte wohnt und keine Ehegemeinschaft hat. Und so gibt es in den Staaten Verschwägerungen und Brüderschaften und Opferfeste und Formen des geselligen Lebens. Das ist das Werk der Freundschaft. Denn der Wille zusammenzuleben, ist Freundschaft.
Ziel des Staates ist also das edle Leben, und das andere ist um dieses Zieles willen da. Und der Staat ist die Gemeinschaft der Geschlechter und Dorfgemeinden um des vollkommenen und selbständigen Lebens willen. Dieses endlich ist, wie wir sagten, das glückselige und edle Leben. Man muß also die politische Gemeinschaft auf die edlen Handlungen hin einrichten und nicht bloß zum Beisammenleben. Wer darum zu einer solchen Gemeinschaft am meisten beiträgt, der hat auch einen größern Anteil an dem Staate als jene, die an Freiheit und Abkunft gleich oder sogar überlegen sind, aber an politischer Tugend weniger besitzen, oder jene, die an Reichtum hervorragen, an Tugend aber zurückstehen.

POLYBIOS

Der Kreislauf der Verfassungen

Die meisten ... pflegen drei Arten von Staatsverfassungen aufzustellen, von denen sie die erste als Königtum, die zweite als Aristokratie, die dritte als Demokratie bezeichnen. Es scheint mir aber aller Grund vorhanden, sie zu fragen, ob sie diese Verfassungen als die einzigen, oder aber nur als die besten uns vorführen. In beiden Fällen scheinen sie mir zu irren. Denn offenbar muß als die beste Verfassung diejenige betrachtet werden, welche aus den genannten Formen zusammengesetzt ist. Denn hiefür haben wir nicht bloß den Vernunft-, sondern auch den Erfahrungsbeweis, nachdem Lykurg zuerst auf diese Weise die Verfassung der Lakedämonier zusammengesetzt hat. Aber auch nicht als die einzigen sind diese Verfassungen zu betrachten; denn wir haben schon Alleinherrschaften und Zwingherrschaften kennen gelernt, die, so sehr sie auch vom Königtum verschieden sind, gleichwohl dem letzteren verwandt scheinen; daher auch alle Alleinherrn, soweit es ihnen möglich ist, den Namen des Königtums lügnerisch sich aneignen. Ferner hat es auch mehrere oligarchische Verfassungen gegeben, die den aristokratischen ähnlich scheinen, während sie in Wirklichkeit weit von denselben verschieden sind. Und ebenso verhält es sich auch mit der Demokratie.

Daß unsere Behauptungen richtig sind, ergibt sich aus Folgendem. Nicht jede Alleinherrschaft nämlich ist sogleich Königtum zu nennen, sondern diejenige allein, die auf dem freiwilligen Einverständnis der Regierten beruht, und die mehr auf Vernunft, als auf Furcht oder Gewalt gestützt ist. Auch nicht jede Oligarchie darf als Aristokratie betrachtet werden, sondern nur diejenige, bei der die oberste Gewalt mittelst Wahl in die Hände der gerechtesten und einsichtsvollsten Männer gelegt ist. Ebenso ist es noch keine Demokratie, wenn eine Volksmenge die Macht hat zu tun, was sie will und sich vorsetzt. Wo es aber von den Vätern hergebracht ist, den Göttern zu dienen, Vater und Mutter zu ehren, die Älteren zu achten, den Gesetzen zu gehorchen: wenn in solchen Volksgenossenschaften dasjenige Geltung hat, was die Mehrheit beschließt, so ist dies als Demokratie zu bezeichnen. Daher denn sechs Verfassungsformen anzunehmen sind: drei, die in aller Mund sind und die im Vorhergehenden erwähnt wurden, und drei denselben verwandte, ich meine die Alleinherrschaft, die Oligarchie und die Ochlokratie. Zuerst nun bildet sich, ohne geordnete Formen und ganz von selbst, die Alleinherrschaft; und dieser folgt und erzeugt sich aus ihr, mit geordneten und verbesserten Formen, das Königtum. Wenn dieses in das verwandte Schlechte sich verkehrt, ich meine die Zwingherrschaft, so entsteht hinwiederum aus der Auflösung des Schlechten die Aristokratie. Und wenn diese, dem natürlichen Verlaufe zufolge, in Oligarchie sich verwandelt, und sofort die Menge, in

Zorn entflammt, das Unrecht der Regierenden gerächt hat, so erzeugt sich die Volksherrschaft. Und aus der Überhebung und Gesetzlosigkeit des Volkes hinwiederum geht zuletzt, im Verlaufe der Zeiten, die Ochlokratie hervor. Die Wahrheit dessen, was ich aufgestellt, kann aber einer aufs deutlichste einsehen, wenn er auf die natürlichen Anfänge und Ursprünge und Umwandlungen der einzelnen Formen achtet. Denn wer jede einzelne in ihrem Entstehen kennen gelernt, kann allein auch das Wachstum und die Blüte und die Umwandlung der einzelnen und das Ziel derselben, wann und wie und womit wieder jede sich enden wird, erkennen. Vorzüglich aber glaubte ich, daß diese Weise der Darlegung auf die römische Verfassung ihre Anwendung finden werde, bei der Naturgemäßheit, die von Anfang ihre Ausbildung und ihr Wachstum kennzeichnet.

Gründlicher nun wird die Frage über die natürliche Umwandlung einer Verfassungsform in die andere vielleicht bei Platon und einigen anderen Philosophen untersucht. Verwickelt und weitläufig indessen, wie die Frage ist, kann sie nur von Wenigen verfolgt werden. Daher werden wir nur so viel, als für unsere Staatengeschichte und für das gemeine Verständnis sich schickt, in der Kürze zu entwickeln versuchen. Denn sollte sich bei der allgemeinen Darstellung ein Mangel ergeben, so wird die Ausführung des sofort zu behandelnden Stoffes im einzelnen einen ausreichenden Ersatz für das jetzt Vermißte gewähren.

Welche Anfänge nun setze ich, und worauf behaupte ich, daß der erste Ursprung der Verfassungen zurückgehe? – Wenn entweder Überschwemmungen oder Seuchen oder Mißwachs oder andere ähnliche Ursachen ein Verderben des menschlichen Geschlechts herbeigeführt, wie wir wissen, daß ein solches schon mehrfach eingetreten und aus Vernunftgründen auf ein künftiges, oftmaliges Eintreten schließen dürfen: dann, wenn bei dem gleichzeitig erfolgten Untergang aller Einrichtungen und Künste aus dem gleichsam noch übriggebliebenen Samen mit der Zeit wieder eine Menschenmenge erwachsen ist, dann muß in ähnlicher Weise, wie bei den übrigen lebenden Wesen, auch bei den zu einer Gesamtheit vereinigten Menschen – denn ein solches sich Zusammenscharen der Geschlechtsverwandten führt die Schwachheit ihrer Natur von selbst herbei – der durch Körperstärke und Mut Hervorragende die Führung und Herrschaft übernehmen, wie wir eben dasselbe auch bei den übrigen Geschlechtern der nicht mit Vernunft begabten Wesen finden, und es eben deshalb als wahrhaftiges Werk der Natur betrachten müssen; und zwar sehen wir, daß bei jenen regelmäßig die Stärksten die Führer sind, wie die Stiere, Eber, Hähne und dergleichen andere Tiere. Für den Anfang also ist natürlicherweise auch das Leben der Menschen ein solches, daß sie nach der Art der Tiere sich zusammentun und den Streitbarsten und Kräftigsten folgen. Für die letzteren ist die Stärke das Maß ihrer Herrschaft, die mit Recht als Alleinherrschaft zu bezeichnen ist. Wenn aber unter den zu einer Gesamtheit Vereinigten mit der Zeit ein vertrauteres Zusammenleben sich bildet, so knüpft sich hieran der Anfang des Königtums; und jetzt zuerst entsteht unter den Menschen eine Vorstellung von dem, was gut und recht ist, sowie von dem Entgegengesetzten.

Die Art und Weise aber, wie das, was ich sagte, seinen Anfang nimmt und entsteht, ist folgende. Da nämlich allen ein natürlicher Trieb zur Geschlechtsvermischung innewohnt und hieraus die Kindererzeugung hervorgeht, so muß, wenn ein auferzogener Sohn, nachdem er ein reiferes Alter erreicht, keine Dankbarkeit an den Tag legt, und diejenigen, die ihn auferzogen, nicht zu schützen sucht, sondern im Gegenteil durch Wort oder Tat sich ihnen feindlich erweist, derselbe notwendig Mißfallen und Anstoß bei denjenigen erregen, welche beide Teile kennen und Zeugen davon waren, welche Sorgfalt und Mühe die Eltern auf ihre Kinder und die Pflege und Auferziehung derselben gewandt haben. Da nämlich das Geschlecht der Menschen von den übrigen lebenden Wesen sich dadurch unterscheidet, daß nur sie mit Verstand und Vernunft begabt sind, so können sie offenbar eine solche Feindschaft nicht übersehen, wie dies bei den übrigen lebenden Wesen der Fall ist, sondern müssen eine solche Handlungsweise wohl in das Auge fassen, und an dem, was sie jetzt sehen, Mißfallen empfinden, da sie fähig sind, die Zukunft vorauszusehen, und den Schluß zu ziehen, daß Ähnliches jedem von ihnen begegnen könnte. Und ferner, wenn hinwiederum einer, dem ein anderer Hilfe und Beistand in Gefahren geleistet, seinem Retter sich nicht dankbar erweist, sondern vielmehr ihm zu schaden sucht, so muß ein solcher notwendig Mißfallen und Anstoß bei denjenigen, die davon wissen, erregen, und während die Letzteren den Unwillen der Betroffenen teilen, so denken sie zugleich an die Möglichkeit, daß Ähnliches ihnen selbst widerfahre. Hieraus entsteht in der Seele eine Vorstellung von der Pflicht und von der Macht und Bedeutung der Pflicht, die der Anfang und das Ende der Gerechtigkeit ist. In ähnlicher Weise hinwiederum, wenn einer zum Schutze für alle andern in Gefahren eintritt und die Angriffe der streitbarsten Tiere auf sich nimmt und besteht, so wird ein solcher eine Auszeichnung von Seiten der Menge erfahren, welche Zeugnis von deren Wohlwollen gibt, und ihn über alle andern emporhebt; wer aber in entgegengesetzter Weise sich benimmt, der wird Tadel und Unwillen auf sich ziehen. Hieraus hinwiederum, wie sich leicht ergibt, entsteht bei der Menge ein Begriff von dem, was schlecht und was gut ist, und von dem zwischen beiden bestehenden Unterschied; und während das eine, weil es Vorteil bringt, eine wetteifernde Nachahmung findet, wird das andere gemieden werden. Wenn nun auch der an der Spitze Stehende und die höchste Gewalt Bekleidende die eben geschilderten Männer, im Einklange mit der Stimmung der Menge, immer kräftig unterstützt und sich den Ruf erwirbt, daß er seinen Untergebenen, jedem nach Verdienst zu geben geneigt sei, so unterwerfen sich ihm diese nicht mehr aus Furcht vor der Gewalt, sondern weil sie seine Herrschaft aus Überzeugung gutheißen, und schützen dieselbe, auch wenn er hochbetagt ist, indem sie gegen diejenigen, die sein Regiment zu stürzen suchen, sich zur Wehr setzen und jeglichen Kampf aufnehmen. Und auf solche Weise wird unvermerkt aus einem Alleinherrn ein König, wenn anstatt der Leidenschaft und Gewalttätigkeit die Vernunft zur Herrschaft gelangt ist.

Dies ist die erste unter den Menschen auf natürlichem Wege entspringende Vorstellung von dem, was gut und recht ist, und dies ist zugleich der Anfang und Ursprung des echten Königtums. Denn nicht nur ihnen selbst, sondern auch ihren Nachkommen bewahren die Untergebenen auf lange Zeit die Herrschaft, überzeugt, daß die Sprößlinge von solchen und die unter der Leitung von solchen Erzogenen auch ähnliche Gesinnungen hegen werden. Tritt aber eine Zeit ein, wo sie nicht mehr mit den Nachkommen zufrieden sind, so wählen sie hinfort ihre Herrscher und Könige nicht mehr nach der Körperstärke und dem Mute, sondern nach den Vorzügen des Verstandes und der Einsicht, nachdem sie durch Erfahrung den aus beiderlei Eigenschaften sich ergebenden Unterschied erkannt haben.

In den ersten Zeiten nun wurden die einmal Erwählten und mit dieser Gewalt Bekleideten alt im Besitze des Königtums, indem sie wohlgelegene Plätze befestigten und mit Mauern umgaben und weiteres Land erwarben; teils um der Sicherheit willen, teils um für den Unterhalt ihrer Untergebenen reichliche Vorräte zu gewinnen; und so lange sie hierauf ihre Bemühungen richteten, erhielten sie sich von aller Verleumdung und von allem Neide frei, weil sie weder in Bezug auf die Kleidung noch auf Speise und Trank sich von den andern sehr unterschieden, sondern ähnlich wie die Übrigen lebend sich allezeit in mitten des Volkes bewegten. Sobald sie dagegen als Nachfolger anderer und infolge ihrer Abstammung zur Herrschaft berufen, die zu ihrer Sicherheit dienenden Mittel bereit und das zu ihrem Unterhalt Erforderliche gleichfalls bereit, ja viel mehr als sie brauchten zur Verfügung hatten, so ließen sie bei dem vorhandenen Überfluß ihren

Begierden den Lauf, indem sie meinten, daß die Fürsten von ihren Untertanen durch andere Kleider und durch andere und reichere Genüsse der Tafel und durch reichere Einrichtung sich unterscheiden müßten, und daß in der Befriedigung der Geschlechtslust, auch wo sie sich Ungebürliches erlaubten, ihnen keine Schranke gesetzt werden dürfe. Das eine hatte Neid und Ärgernis zur Folge und das andere entzündete Haß und bittere Rachsucht; und so wurde aus dem Königtum eine Zwingherrschaft, während gleichzeitig der Grund zur Auflösung der Herrschaft gelegt und ein Anlaß zu Nachstellungen gegen die Fürsten geboten wurde. Und diese gingen nicht von den schlechtesten, sondern vielmehr von den edelsten und hochherzigsten, und dazu von den mutigsten Männern aus, weil eben solche den Übermut der Herrscher am wenigsten zu ertragen vermochten.
Indem nun die Menge die jetzt an ihre Spitze getretenen Führer aus den angegebenen Ursachen kräftig gegen die Herrscher unterstutzte, so erfolgte die gänzliche Abschaffung der Form des Königtums und der Alleinherrschaft, und die der Aristokratie nahm hinfort ihren Anfang und entsprang aus diesem Anlasse. Denjenigen nämlich, die dem Regimente der Alleinherrn ein Ende gemacht, trug die Menge sofort ihren Dank ab, indem sie dieselben an ihre Spitze berief und sich ihrer Führung vertraute. Von Anfang nun achteten diese, mit der Führung zufrieden, nichts höher als das allgemeine Wohl, indem sie sorgfältig und wachsam alle Angelegenheiten, sowohl der Einzelnen, wie der Gesamtheit leiteten. Ging nun aber wiederum eine solche Gewalt von den Vätern auf die Söhne über, welche unbekannt mit den Leiden des Lebens und völlig unbekannt mit bürgerlicher Gleichheit und Freiheit, von Anfang in der hohen und bevorzugten Stellung ihrer Väter waren auferzogen worden, so überließen sich einige der Habsucht und dem ungerechten Geldgeize, und andere der Trunksucht und der mit derselben verbundenen Schlemmerei, und wieder andere der Zuchtlosigkeit in der Weiberliebe und dem Raube von Knaben, und ver-

kehrten die Aristokratie in eine Oligarchie. Bald aber riefen sie in der Menge hinwiederum eine ähnliche Stimmung hervor, wie die vorhin geschilderte; daher sie auch schließlich einen Umsturz erfuhren, jenem Unheil gleich, welches über die Zwingherrn gekommen.

Denn wenn einer im Hinblick auf den Neid und Haß, der die Mitbürger gegen die Herrschenden erfüllt, einen Angriff durch Wort oder Tat auf dieselben wagt, so stellt sich alles Volk, zur Hilfe bereit, ihm zur Seite. Und jetzt, nachdem sie einen getötet und die andern verbannt haben, wagen sie weder einen König an ihre Spitze zu stellen, da sie noch die Ungerechtigkeit der früheren fürchten, noch haben sie den Mut, das Gemeinwohl mehreren anzuvertrauen, da die jüngste Erfahrung den früher begangenen Fehler ihnen aufgedeckt. Unversehrt bleibt ihnen die eine Hoffnung auf sich selbst, der sie jetzt sich hingeben; und indem sie den oligarchisch regierten Staat in eine Demokratie verwandeln, nehmen sie die Sorge und Verantwortlichkeit für das Beste der Gesamtheit selbst auf sich. Und so lange noch einige übrig sind, welche die Gewalt der Machthaber durch Erfahrung kennen gelernt, so finden sie sich durch die gegenwärtige Verfassung befriedigt und halten nichts höher als die Gleichheit und Freiheit. Wenn aber neue Geschlechter heranwachsen, und den Söhnen der Söhne die Demokratie überantwortet wird, so legen sie, weil sie diese Güter gewohnt sind, keinen hohen Wert mehr auf die Gleichheit und Freiheit, und suchen sich über die Menge zu erheben, und vornehmlich trachten hiernach diejenigen, die im Vermögen den andern voranstehen. Und nun, wenn sie auf Ehrenstellen ausgehen und solche nicht durch sich selbst und ihre eigene Tüchtigkeit erlangen können, verschwenden sie ihr Vermögen, indem sie die Menge auf jede Art ködern und verführen. Infolge davon, wenn sie einmal durch ihre törichte Ehrsucht das Volk ans Geschenknehmen gewöhnt und es gierig nach Geschenken gemacht haben, geht es nunmehr hinwiederum mit der Demokratie zu Ende, und es tritt die Gewalt und das Faustrecht an die Stelle. Sobald nämlich die Menge, die von fremdem Gute zu leben und die Hoffnung für ihren Unterhalt auf die Habe anderer zu setzen gewohnt ist, einen hochstrebenden und kühnen, aber durch die Armut von den Ehren im Staate ausgeschlossenen Führer erlangt hat, so schreitet sie zur Anwendung des Faustrechts. Und jetzt, sich zusammenrottend, wütet sie mit Mord und Verbannung und nimmt Landverteilungen vor, bis sie ganz verwildert wieder in die Gewalt eines unumschränkten Gebieters und Alleinherrn gerät.

Dies ist der Kreislauf der Verfassungen und dies die Ordnung der Natur, nach der die Staatsformen sich verwandeln und ineinander übergehen und wieder zum Anfang zurückkehren.

CICERO

Die naturrechtliche Gesellschaft und ihre Tugenden

Wesentlich scheint es den Stoikern, sich davon zu überzeugen, daß die Liebe der Eltern gegen ihre Kinder in der Einrichtung der Natur begründet sei, und wir entwickeln nun, daß dieses der Ursprung der menschlichen Gesellschaft ist. Dies sehen wir fürs erste aus der Gestalt und den Gliedern des Körpers, die es für sich selbst augenscheinlich machen, daß die Natur Rücksicht genommen hat auf die Zeugung. Es wäre aber widersprechend, daß die Natur die Zeugung beabsichtigte, und doch für die Liebe zu den Erzeugten nicht sorgte. Und selbst auch an den Tieren gibt sich der mächtige Trieb der Natur deutlich zu erkennen. Wenn wir ihre Anstrengung bei dem Hervorbringen und Auferziehen ihrer Jungen bemerken, so ist uns, als hörten wir die Stimme der Natur selbst. So einleuchtend es daher ist, daß wir von Natur vor dem Schmerze zurückbeben, so offenbar ist es, daß die Natur selbst uns zur Liebe gegen diejenigen, welche wir erzeugt haben, antreibe. Hieraus entspringt auch die gemeinschaftliche natürliche Empfehlung der Menschen untereinander, vermöge welcher der Mensch dem Menschen eben darum, weil er ein Mensch ist, nicht fremd bleiben darf. Wie nämlich am Körper einige Glieder gleichsam für sich da sind, z. B. die Augen und Ohren, andere auch den Gebrauch der übrigen Glieder befördern, z. B. die Beine und Hände: so sind einige Tiere von ungewöhnlicher Größe für sich allein da, aber die sogenannte Pinne in der offenen Muschel und das Tier, welches aus der Muschel herausschwimmt, und darum, weil es dieselbe bewacht, der Pinnenhüter heißt, und sobald er sich in dieselbe zurückzieht, darin eingeschlossen wird, wie wenn es sie auf eine Gefahr aufmerksam gemacht hätte, – und ebenso die Ameisen, Bienen und Störche tun einiges auch um anderer willen. Weit mehr aber findet diese Verbindung unter den Menschen statt, daher sind wir von Natur zu Gesellschaften, Versammlungen und bürgerlichen Vereinen geeignet.

Die Welt aber wird nach der Ansicht der Stoiker durch den Willen der Götter regiert und sie ist gleichsam die gemeinsame Stadt und der bürgerliche Verein der Götter und Menschen, und ein jeder von uns ist ein Teil dieser Welt. Hieraus folgern sie der Natur der Sache gemäß, daß wir das allgemeine Beste unserm persönlichen Nutzen vorziehen sollten. Denn wie das Gesetz die allgemeine Wohlfahrt der besondern vorzieht, so ist der redliche und weise Mann, der dem Gesetz gehorcht und seine Bürgerpflicht kennt, mehr auf das allgemeine Beste als auf den Nutzen eines Einzelnen und seinen eigenen bedacht. Und der Verräter des Vaterlandes ist nicht tadelnswerter, als derjenige, welcher den Nutzen und die Wohlfahrt des Gemeinwesens seinem eigenen Nutzen und seiner Wohlfahrt aufopfert. Hieraus folgt, daß der Tod für den Staat ehrenvoll ist, weil es uns ziemt, das Vaterland mehr zu lieben als uns selbst. Und weil es für einen unmenschlichen und verruchten Ausspruch gilt, wenn einer sagt, es liege ihm nichts daran, wenn nach seinem Tode die Erde in Feuer aufgehe – was in einem allgemein bekannten griechischen Verse ausgesprochen ist –, so ist es gewiß wahr, daß wir auch für die späteren Geschlechter um ihrer selbst willen zu sorgen haben.

Aus dieser Stimmung der Gemüter sind die Testamente und Vermächtnisse der Sterbenden hervorgegangen. Und weil niemand in einer ganz öden Einsamkeit leben möchte, nicht einmal bei einem unermeßlichen Überfluß an Vergnügungen, so ist leicht zu ersehen, daß wir zur Geselligkeit und zur bürgerlichen Gemeinschaft bestimmt sind. Wir haben aber von Natur den Trieb, recht vielen Menschen zu nützen, namentlich durch Unterricht und Vorschriften der Klugheit. Daher findet man nicht leicht einen Menschen, welcher das, was er selbst weiß, nicht auch einem andern mitteilte, so groß ist unsere Neigung nicht nur zum Lernen, sondern auch zum Lehren. Und wie es den Stieren von Natur eingepflanzt ist, die Kälber gegen die Löwen mit der größten Kraftanstrengung und dem größten Mut zu verteidigen, so werden diejenigen, welche Macht haben und dies Unternehmen ausführen können, wie man von Herkules und Liber erzählt, von der Natur zur Rettung des Menschengeschlechts angetrieben. Auch wenn wir Jupiter den Besten und Größten, und ebenso den Heilbringer, Beschützer der Gastfreundschaft und Erhalter nennen, so wollen wir damit sagen, das Wohl der Menschen stehe unter seinem Schutze. Von den unsterblichen Göttern aber Wertschätzung und Liebe zu verlangen, während wir gegeneinander selbst eine niedrige und rücksichtslose Gesinnung zeigen, dies reimt sich durchaus nicht. Wie wir nun die Glieder gebrauchen, ehe wir gelernt haben, zu welchem nützlichen Zwecke wir sie besitzen, so sind wir von Natur untereinander zur Einheit einer bürgerlichen Gemeinschaft verbunden. Wäre dies nicht der Fall, so würde weder Gerechtigkeit noch Redlichkeit ihre Stelle finden.

Und wie nach der Ansicht der Stoiker die Menschen untereinander durch das Recht verbunden sind, so steht dagegen nach ebenderselben der Mensch in keinem Rechtsverhältnisse mit den Tieren. Vortrefflich sagt Chrysipp, das Übrige sei um der Menschen und Götter willen da, sie selbst aber zur geselligen Verbindung unter sich, so daß der Mensch die Tiere für sich benützen könne, ohne

ein Unrecht zu begehen. Und weil der Mensch vermöge seiner Natur mit dem Menschengeschlechte gleichsam in einem bürgerlichen Rechtsverhältnisse stehe, so sei derjenige, welcher dasselbe beobachte, gerecht, wer es aber übertrete, ungerecht. Wie man aber von den Plätzen im Schauspielhause, wenn dies gleich ein gemeinschaftliches Gebäude ist, dennoch mit Grund sagen kann, der Platz, welchen jeder Zuschauer eingenommen hat, gehört ihm, so ist in der gemeinschaftlichen Stadt oder Welt das allgemeine Rechtsverhältnis dem besondern Eigentum eines jeden einzelnen nicht entgegen.
Da wir aber sehen, daß der Mensch zur Beschützung und Erhaltung seines Geschlechtes bestimmt ist, so ist es dieser natürlichen Bestimmung angemessen, daß der Weise gerne die Leitung und Verwaltung des Staats übernehme, und daß er, um naturgemäß zu leben, sich mit einer Gattin verbinde und Kinder mit ihr erzeuge.

* * *

Unter allen Teilen der Sittlichkeit, von der wir sprechen, ist aber nichts so hervorleuchtend, nichts von so weitem Umfange, als die Verbindung der Menschen untereinander, und gleichsam eine gewisse Vergesellschaftung und gegenseitige Mitteilung der Interessen, und die Liebe zum menschlichen Geschlecht an und für sich: diese entspringt gleich anfangs mit der Zeugung, vermöge welcher die Kinder von den Erzeugern geliebt werden, und das ganze Haus durch Ehe und Nachkommenschaft verbunden wird; dann verbreitet sie sich allmählich nach außen, zuerst durch Blutsverwandtschaften, alsdann durch Verschwägerungen, dann durch Freundschaften, darauf durch Nachbarschaften: hierauf durch Bürger (eines Staats) und durch diejenigen, die von Staatswegen unsre Bundesgenossen und Freunde sind: endlich umfaßt sie das ganze Menschengeschlecht. Diese Seelenstimmung nun, welche jedem zuteilt, was ihm gebührt, und die ebengenannte Gesellschaft des menschlichen Verbandes mit tätiger Liebe und Billigkeit erhält, wird Gerechtigkeit genannt: zu ihr gesellen sich fromme Liebe, Güte, Freigebigkeit, Gütigkeit, Freundlichkeit und was sonst zu diesen Tugenden gehört. Dies alles aber sind nur in dem Sinne Eigentümlichkeiten der Gerechtigkeit, daß sie zugleich auch den übrigen Tugenden gemein sind. Denn da die Natur des Menschen so geschaffen ist, daß ihr gleichsam eine Hinneigung zum Bürgerwesen und Volkstum eingeboren ist, was die Griechen Politikon (den Bürgertrieb) nennen; so wird alles, was jede Tugend ausführt, nicht ferne sein von der Gemeinschaft und von jener oben auseinandergesetzten Liebe und menschlichen Vereinigung: und hinwiederum wird die Gerechtigkeit teils selbst wieder in der Ausübung sich auf die übrigen Tugenden ausbreiten, teils auch sie erstreben. Denn bewahrt kann die Gerechtigkeit nicht werden, außer von einem tapfern, außer von einem weisen Manne. Von gleicher Beschaffenheit also, wie diese ganze genannte Zusammenstimmung und Eintracht der Tugenden ist auch das Sittlich-Gute selbst: sofern nämlich dieses Sittliche entweder die Tugend selbst ist, oder eine Tat, die aus der Tugend fließt. Hiernach kann ein konsequentes, mit den Tugenden übereinstimmendes, rechtes, sittliches, sich gleich bleibendes, der Natur gemäßes Leben geschätzt werden.

Und diese Verbindung und Verschmelzung der Tugenden wird doch von den Philosophen logisch gewissermaßen unterschieden. Denn obgleich sie so verbunden und verknüpft sind, daß alle aneinander teilhaben und keine von der andern geschieden werden kann, so hat doch eine jede ihren eigenen Beruf: so daß die Tapferkeit in Anstrengungen und Gefahren sich offenbart; die Mäßigkeit im Vorüberlassen von Vergnügungen; die Klugheit in der Auswahl von Gütern und Übeln; die Gerechtigkeit darin, daß sie einem jeden das Seinige zuteilt. Sofern also in jeder Tugend eine gewisse Sorge enthalten ist, die sich auf Gegenstände außer ihr bezieht, die nach andern begehrt, andere umfaßt: so folgt daraus, daß Freunde, Brüder, Verwandte, Verschwägerte, daß Mitbürger, endlich daß alle Menschen (sofern wir eine einzige, unteilbare Menschengesellschaft annehmen) um ihrer selbst willen zu begehren sind. Aber von allem diesem ist nichts der Art, daß es (als integrierender Teil) zum höchsten und letzten Gute gehörte.

So geschieht es, daß man auf zweierlei Gattungen von an und für sich begehrenswerten Dingen stößt: die eine besteht aus denjenigen Dingen, wodurch jenes Höchste vollständig wird, und dies sind entweder Vorzüge der Seele oder Vorzüge des Körpers. Jene andern Güter aber, die außerhalb befindlich sind, d. h. weder in der Seele, noch im Körper wohnen, wie z. B. Freunde, wie Eltern, wie Kinder, wie Verwandte, wie das Vaterland selbst – das alles ist zwar allerdings seiner Natur nach uns teuer, aber diese gehören doch nicht zu derselben Gattung wie jene; auch würde niemand niemals das höchste Gut erreichen können, wenn jenes alles, was außerhalb ist, obwohl es begehrenswert ist, in dem höchsten Gute enthalten wäre.

KAPITEL VI

DIE SITTLICHE VERPFLICHTUNG DES MENSCHEN

In der Natur des Werdenden gehorcht alles der Notwendigkeit des Entstehens und Vergehens, unterliegt alles der Gerechtigkeit des Kräfteausgleichs: Wer lebt, tut dies auf Kosten anderer Lebewesen; wer sich verteidigt, greift andere an, wer neue Ordnung schaffen will, muß Altes zerstören, erleidet aber selbst dieses Schicksal durch die nachdrängenden Generationen. Auch die Götter als naturhafte, naturbedingte Kräfte haben ihre Herrschaft nur durch Gewalt errichten können. Erst Zeus hat sich in der griechischen Auffassung gewandelt von einem naturbedingten zu einem geistigen, naturgesetzlichen Prinzip, von einem Lichtgott zu einem Träger der lichten Vernunft. Damit ist er nicht mehr der schicksalshaften Gerechtigkeit des Werdens und Vergehens unterworfen, sondern selbst die Verkörperung, der Herr der Gerechtigkeit. Ähnliches gilt für den Menschen. Er unterliegt nicht nur dem Naturgesetz der ausgleichenden Gerechtigkeit; als Verwandter der olympischen Götter ist er selbst des Rechtes teilhaftig, der Gerechtigkeit bewußt, der richtenden Vernunft mächtig. Im Gegensatz zum Tier kann er Recht setzen, kann die natürliche Lebensgewohnheit, die Sitte, griechisch: Ethos, als allgemeingültige Verpflichtung, als sittliche Aufgabe seines Standes erleben. In der antiken Geisteswelt sind Triebethik und soziale Ethik nur verschiedene Aspekte eines Anliegens: Die geistige Ordnung der natürlichen Triebe nimmt ihren Ursprung nicht im Glauben an einen allmächtigen Schöpfer, sondern in einer Gesellschaft, die Mensch und Gott als verschiedene Mächte, aber unter sich verwandte Teile der Natur begreift. So ist die Ethik zunächst und in einem gewissen Grade durch die ganze Antike hindurch Adelsethik: Die sittliche Verpflichtung des Menschen wird in hohem Maße bestimmt durch die Pflichten, welche sich der Adlige gegenüber seiner Umgebung angewöhnt hat.

Hervorzuragen unter den andern ist das höchste Ziel der Bildung in der homerischen Gesellschaft. Die spätere »Tu-

gend«, die Areté bedeutet hier nicht mehr als die Eigenschaft, welche Gefallen erweckt; der Vorzug oder die Vorzüglichkeit und zwar nicht nur eines Menschen, sondern auch von Sachen und Tieren. Der »beste« in der adligen Gesellschaft ist derjenige, welcher durch Geburt, Besitz, sportliche Bildung, kriegerische und staatsmännische Führereigenschaften hervorragt. Die »Mannhaftigkeit«, die Andreia oder Virtus, ist darum die ursprüngliche »Tugend«. In ihr finden die Helden der älteren Teile der Ilias eine erste Sinngebung ihrer übermächtigen Triebe. Durch ihre Taten werden sie göttergleich, glückselig, erringen geistige Unsterblichkeit, Ruhm; gelegentlich sogar körperliche Unsterblichkeit, wenn sie als Verwandte der Götter auf den Olymp oder in die Gefilde der Seligen versetzt werden. In den jüngeren Teilen der homerischen Dichtung zeigt sich eine neue Form sittlicher Verpflichtung: Das Bewußtsein der eigenen Ohnmacht verpflichtet die Sterblichen zu gegenseitiger Hilfe und Rücksichtnahme, zur Ehrfurcht vor den göttlichen Geboten und vor dem Unglück der andern. Denn jeder könnte ins Unglück stürzen und fremder Hilfe bedürftig werden. Die Unsicherheit der menschlichen Existenz wird also zum Grund neuer ethischer Sinngebung: ein untrügliches Zeichen für die geistige und soziale Krise, welche sich in der griechischen Literatur von den jüngeren Teilen der homerischen Dichtung an spiegelt.

Die Areté, die Vortrefflichkeit, die »Tugend« ist nicht mehr durch feste soziale Vorbilder gegeben, sondern muß neu begründet werden. H e s i o d zeigt diesen Weg in dreifach vorbildlicher Weise: Einmal fordert er eine rationale Begründung des Sittlichen, die Voraussicht auf das Ziel. Zweitens definiert er den Menschen durch einen positiven Wert, die Gerechtigkeit. Der Mensch erhält dadurch eine sittliche Verpflichtung, die nicht nur wie bei Homer aus dem negativen Gefühl der Ohnmacht, der Sterblichkeit stammt, sondern zur eigentlichen Tugend, zum Vorzug des geistig sittlichen Menschen gegenüber dem bloß Triebhaften führen kann. Und drittens wird dieser Vorzug,

diese Tugend in einem bisher sozial verachteten Wert, der Arbeit und dem durch Arbeit erzielten Reichtum gesehen.
Diese drei Merkmale finden ihren Niederschlag im Bild des mühsamen schmalen Gebirgspfades, der von Hesiod an in vielfacher Abwandlung den Weg, die Methode zum höchsten Gut, zum letzten Ziel, zum endgültigen Glück andeutet. Berühmt ist die Erzählung von »Herakles am Scheideweg«, in welcher der Sophist Prodikos den flegelhaften Zeusbastard zum Symbol eines Vorkämpfers arbeitsreicher Tugend umzudeuten beginnt.
Platons Philosophie ist – wie das Höhlengleichnis (s. S. 154) zeigte – nicht ein System fester Lehren, sondern die Methode, der steile Weg selbst zum göttlichen Reich des Wahren, Schönen und Guten. Der innere Fortschritt auf diesem Weg bestimmt bei ihm die Rangordnung der verschiedenen einander entsprechenden Teile innerhalb des menschlichen Mikrokosmos, der sozialen Ordnung und des ideellen Makrokosmos.
Während Platon diesen Weg vom ewigen Reich göttlicher Prinzipien herleitet, geht Aristoteles von der Vielfalt der Lebensformen aus, sucht in ihnen – nach dem direkt von Hesiod übernommenen Grundsatz (s. S. 272) die rationale Bestimmung und gelangt als erster zu einer methodischen Scheidung der Ethik von der Politik. Damit will er keineswegs das Individuum in Gegensatz zur Gemeinschaft stellen: gerade für Aristoteles ist der Mensch ein politisches Lebewesen. Doch leitet er die sittliche Verpflichtung des Menschen nicht mehr aus seiner religiösen, geschichtlichen oder politischen Bestimmung her, sondern aus der logischen Rückführung der menschlichen Sitten auf ihr Ziel und damit auch ihre Aufgabe.
Aristoteles erstrebt eine geistige Ordnung des Alls, indem er die verschiedenen Teile der Erfahrungswelt in ihren verschiedenen Ursachen und Zielen methodisch zu erfassen sucht. Stoa und Epikur gehen einen Schritt weiter: sie schaffen eigentliche Lehrsysteme, in denen nun die Ethik als Lehre von der Medizin der Seele den obersten Rang einnimmt (s. Bd. I, S. 57). Die Epikureische Spruch-

sammlung enthält Gemeinplätze einer weltfeindlichen Selbstgenügsamkeit, wie sie auch die stoische Predigt der Kaiserzeit zum Beispiel bei Epiktet (s. S. 49) aufweist. Zur Zeit der römischen Republik bemühen sich freilich die griechischen Stoiker wie Panaitios, aber auch ihre römischen Schüler und Gönner, so vor allem Cicero, mit Hilfe der griechischen Ethik der sozialen und politischen Ordnung des römisches Staates einen neuen Sinn zu geben, eben denjenigen einer logisch ableitbaren, somit allgemeingültigen sittlichen Verpflichtung. Gegenüber dem hochgemuten Pessimismus von »Scipios Traum« (s. S. 40) zeigt unser Ausschnitt aus dem knapp vor seinem Tod verfaßten Werk »Vom rechten Handeln«, wie schon Cicero nach dem Untergang der Republik den Rückzug in eine von göttlicher Einsicht erfüllte Innerlichkeit einleitet. Bei allen grundlegenden Unterschieden, welche wir in diesen zwei Bänden nur immer wieder andeuten konnten, wird das Christentum an das Bild des schmalen Pfades der Tugend und dessen bildungsmäßigen wie weltanschaulichen Gehalt anknüpfen, um in der Sprache der Antike die neue Botschaft von dem Herrn der Welt zu verkünden, welcher als »der Weg, die Wahrheit und das Leben« die antiken Götter und Menschen in eine neue Ordnung überführt. Wie sehr die Zeit dazu gekommen war, erweist der Philosoph auf dem römischen Kaiserthron, Mark Aurel. Mit dem zweiten Buch seiner »Wege zu sich selbst« spannen wir den Bogen zurück zum Anfang des zweiten wie des ersten Bandes unserer Auswahl. »Die Aufgabe der Philosophie als Hüterin des innern Dämon«, wie sie in der Einleitung des 1. Bandes fragmentarisch sichtbar wurde, erklärt sich nun, wie wir hoffen, deutlicher als Verwirklichung des »Erkenne Dich selbst, folge dem Gott«; einem Gott, der als mächtigster Teil der ewigen Naturordnung und als Dämon, als Zuteiler der menschlichen Lose den Anfang der Bestimmung des Menschen und das Ziel der geistigen Ordnung der Natur in der antiken Geisteswelt bildet.

HESIOD

Vor die Tugend den Schweiß

Höre du stets aufs Recht und denke du nie an Gewalttat.
Solches Gebot ja setzte der hohe Kronide den Menschen:
Daß zwar Fische des Meers, Raubtiere, beflügelte Vögel
Fressen der eine den anderen auf; sie kennen das Recht nicht.
Menschen dagegen verlieh er Gerechtigkeit, welche das höchste
Gut ist. Denn wenn einer das Recht zu verkünden gewillt ist,
Wie er's kennt, den segnet der weithindonnernde Gott Zeus.
Welcher jedoch falsch Zeugnis gibt beim Schwure mit Absicht,
Lügt und schändet das Recht voll unheilbarer Betörung:
Dessen Geschlecht bleibt ewig in dunklem Vergessen befangen.
Wer wahrhaftiglich schwört, des Stamm bleibt ewig in Ehren.

Siehe, das Böse – man kann es sich haufenweise gewinnen
Ohne Bemühn; glatt ist sein Pfad, nah seine Behausung.
Doch vor die Tugend setzten den Schweiß die unsterblichen Götter;
Lang und jähe zu dieser erhebt sich der schmale Gebirgspfad,
Und auch rauh anfänglich; doch bist du zur Höhe gelanget,
Wird sie ebenso leicht, wie sehr sie beschwerlicher Art war.

Der ist in allem der Beste, der selber sich alles erwäget,
Sinnend, was auch später und einst noch am Ende Gewinn bringt;
Brav ist dann auch jener, der nützlichem Rate gehorchet;
Doch wer selbst nicht denket und auch auf andere nicht hört,
Daß er es innen erwägt, der ist untauglich in allem.

Auf denn, Bruder! Erinnere stets dich an unsere Mahnung;
Arbeit', Perses, wackeren Manns Sohn, daß dich der Hunger
Hasse, dagegen dich liebe die freundlich bekränzte Demeter,
Sie, die Erhab'ne, – und daß sie dir fülle mit Ernte die Scheuer.
Hunger in allweg ist ja des Arbeitsscheuen Gefährte,
Und dem zürnen die Götter und Menschen, der ohne Arbeit
Hinlebt, Drohnen an Art und Sinn, faulenzigen, ähnlich,
Welche der Bienen errungene Speis' auffressen in arger
Arbeitsscheu; du schaffe mit Lust an mäßiger Arbeit,
Daß mit gezeitigter Frucht stets deine Behälter gefüllt sind!
Arbeit macht ja den Menschen an Herden und allem Besitz reich;
Arbeit machet dich auch viel werter den ewigen Göttern,
Arbeit ist nicht Schande, die Faulheit bringet die Schande;
Wenn du der Arbeit dienst, dann neidet der Faule dich alsbald,
Weil du so reich; und die Tugend folgt und Ehre dem Reichtum.
Kundigem Manne, sowie du's warst, – dem frommet die Arbeit,
Wenn du von fremdem Besitze die unverständige Seele
Frisch zum Werke gewandt, fürs Brot sorgst, meinem Gebot treu.
Scham ist falsch, wenn diese den dürftigen Menschen geleitet,
Scham, die mächtigen Schaden sowohl, als Hilfe daherführt.
Scham wohnt Armut bei, doch fröhliche Seele dem Reichtum;
Nicht das gestohlene Gut, – was der Himmel gegeben, gedeihet.

Wer mit der Hände Gewalt selbst mächtiges Gut sich
errungen,
Oder es auch mit der Zunge geraubt, wie solcherlei
oftmals
Leider geschieht, wenn einem das Herz durch schnöde
Gewinnsucht
Wurde getäuscht und nun auf Scham schamlose Gesinnung
Folgt: – den stürzen die Götter so leicht; dem sinket das
Haus hin,
Ja dem folgt nur spärliche Zeit sein glücklicher Reichtum!

PRODIKOS

Herakles am Scheidewege

Als Herakles aus dem Knabenalter zu der Reife kam, wo die jungen Leute schon selbständig werden und erkennen lassen, ob sie für ihr weiteres Leben den Pfad der Tugend oder den des Lasters einschlagen wollen, da begab er sich in die Einsamkeit, setzte sich dort nieder und war unschlüssig, welchen Weg er wählen sollte. Da sah er zwei hohe Frauengestalten auf sich zukommen. Die eine war von edlem Anstand und natürlicher Würde; der Schmuck ihres Leibes war Reinheit, bescheiden blickten ihre Augen, in ihrer Haltung zeigte sie gemessene Schicklichkeit, und ihr Gewand war von weißer Farbe. Die andere dagegen war wohlgenährt bis zu üppiger Fülle; ihre Haut war geschminkt und erschien weißer und röter, als sie wirklich war; ihre Haltung war so, daß sie aufrechter schien, als sie von Natur war und ihre Augen hielt sie weit offen. Sie trug ein Gewand, das ihre Jugendschönheit so viel als möglich durchschimmern ließ. Immer wieder warf sie ihre Blicke auf sich selbst und sah sich dann um, ob auch ein anderer sie betrachte, und häufig schaute sie sogar nach ihrem eigenen Schatten.

Als nun die beiden näher an Herakles herankamen, ging die erste ruhigen Schrittes weiter; doch die andere wollte ihr zuvorkommen, lief auf Herakles zu und rief: »Lieber Herakles, ich sehe, du bist im Zweifel, welchen Lebensweg du einschlagen sollst. Nun, wenn du mich zur Freundin machst, so führe ich dich den angenehmsten und leichtesten Weg; alle Freuden wirst du genießen; doch von den Beschwerlichkeiten sollst du dein ganzes Leben lang nichts erfahren. Denn da brauchst du dich nicht um Kriege und Geschäfte zu kümmern, sondern deine einzige Sorge wird sein, wieder eine Speise oder ein Getränk ausfindig zu machen, die dir besonders munden, oder einen Genuß, der dein Auge und dein Ohr ergötzen oder deinen Geruchsinn und dein Tastgefühl erfreuen kann. Oder du wirst dir überlegen, bei welchem Knaben du die größte Liebeslust findest, oder wie du am weichsten schläfst, und wie du am mühelosesten zu all diesen Genüssen kommen kannst. Sollte es aber jemals so aussehen, als würde es dir an den nötigen Mitteln dazu fehlen, so befürchte ja nicht, ich möchte dich etwa veranlassen, dir diese durch köperliche oder geistige Arbeit und Anstrengung zu beschaffen. Was andere erarbeiten, das sollst du genießen, wenn du nur keine Gelegenheit ausläßt, wo du einen Gewinn herausholen kannst. Denn meinen Freunden erlaube ich, von überall her ihren Vorteil zu ziehen.«

Als Herakles das hörte, rief er: »Weib, wie lautet denn dein Name?« – Sie erwiderte: »Meine Freunde nennen mich ›Glückseligkeit‹; meine Feinde aber, die mich schlecht machen wollen, nennen mich ›Laster‹«.

Inzwischen kam die andere Frau heran und sagte. »Auch ich komme zu dir, Herakles. Ich kenne deine Eltern und habe während deiner Erziehung dein eigenes Wesen kennen gelernt. Ich schöpfe daraus die Hoffnung, du könnest, wenn du meine Bahn einschlägst, ein wackerer Vollbringer guter und erhabener Taten werden, und ich selbst werde dann noch mehr geehrt und durch diese guten Werke noch herrlicher erscheinen. Ich will dich aber nicht durch Vorspiegelung falscher Freuden täuschen, sondern will dir das wirkliche Leben, wie es die Götter angeordnet haben, wahrheitsgetreu schildern. Denn von allem Guten und Schönen, das es gibt, schenken die Götter den Menschen nichts ohne Anstrengung und ernstes Bemühen.

Willst du, daß die Götter dir gnädig sind, so mußt du den Göttern dienen; willst du, daß deine Freunde dich lieben, so mußt du den Freunden Gutes erweisen; wünschest du, von einer Stadt Ehren zu empfangen, so mußt du dich der Stadt nützlich zeigen, machst du Anspruch darauf, daß dich ganz Hellas um deiner Vorzüge willen bewundern soll, so mußt du danach trachten, dir Verdienste um Hellas zu erwerben; soll dir der Boden reichliche Früchte tragen, so mußt du den Boden bebauen; glaubst du, du müssest durch deine Herden zu Vermögen kommen, so mußt du die Herden pflegen; gehst du darauf aus, im Krieg dein Glück zu machen und willst du die Macht bekommen, deinen Freunden die Freiheit zu bringen und deine Feinde zu besiegen, so mußt du bei den Fachkundigen die Regeln der Kriegskunst lernen und ihre Anwendung üben, und willst du schließlich Körperkraft besitzen, so mußt du deinen Körper daran gewöhnen, sich der Vernunft zu unterordnen, und mußt ihn unter Anstrengung und Schweiß abhärten.«

Hier fiel ihr, so erzählt Prodikos weiter, das ›Laster‹ in die Rede und sagte: »Siehst du nun, Herakles, welch schwierigen und langen Weg zu der Zufriedenheit dieses Weib dir weist? Ich werde dich dagegen einen bequemen und kurzen Weg zu der Glückseligkeit führen.« »Du Unglückselige!« rief da die Tugend, »was besitzest du denn für ein Gut, und was kennst du für einen Genuß, wenn du nichts dafür leisten willst? Du wartest ja nicht einmal das Verlangen nach dem Genuß ab, sondern schon bevor es dich nach etwas verlangt, sättigst du dich mit allem: du issest, bevor du Hunger, und trinkst, bevor du Durst hast; damit dir aber das Essen Genuß bereitet, mußt du Köche anstellen, und damit dir das Trinken behagt, kaufst du dir kostbare Weine und läufst im Sommer nach Schnee umher; um gut zu schlafen, brauchst du nicht nur weiche Decken, sondern auch noch ein Schaukelgestell unter das Bett; denn du suchst den Schlaf nicht vor Müdigkeit nach der Arbeit, sondern weil du sonst nichts zu tun weißt. Und auch den Liebesgenuß erzwingst du ohne ein wirkliches Bedürfnis danach; du wendest dazu alle Reizmittel an und machst keinen Unterschied zwischen Männern und Weibern. Denn eben dazu erziehst du deine Freunde: daß du sie des Nachts mißbrauchst und sie dann den besten Teil des Tages verschlafen lässest. Du bist zwar unsterblich, aber aus dem Kreis der Götter ausgestoßen und von den guten Menschen verachtet. Was deinen Ohren am süßesten klingt, dein eigenes Lob, bekommst du nie zu hören, und was dein Auge am liebsten sieht, bekommst du nie zu sehen; denn nie hast du ein gutes Werk geschaut, das du selber getan hast. Wer wollte dir denn glauben, wenn du etwas sagst? Und wer die Hilfe gewähren, wenn du darum bittest? Und wer, der noch bei gutem Verstand ist, wollte sich nicht scheuen, zu deinem Gefolge zu gehören? Wer dort dabei ist, bleibt in seiner Jugend am Körper geschwächt, im Alter aber wird er schwach am Geist. Ohne rechte Arbeit, von Salböl glänzend, durchstürmen sie ihre Jugend; aber mühselig und entstellt schleppen sie sich durch das Alter, voll Scham über das, was sie getan haben, und bedrückt von dem, was sie jetzt tun müssen, nachdem sie das Angenehme in ihrer Jugend rasch durchlaufen und für das Alter nur noch das Beschwerliche aufgespart haben.

Ich aber lebe in freundschaftlichem Verkehr mit den Göttern und den guten Menschen; ohne mich kommt kein schönes Werk zustande, weder bei Göttern noch bei Menschen. Ich stehe in höchsten Ehren, bei den Göttern nicht weniger als bei den Menschen, soweit ihnen das zukommt; den Künstlern bin ich eine geschätzte Mitarbeiterin, den Hausherren eine treue Wächterin, dem Gesinde eine wohlwollende Helferin; ich bin eine gute Gehilfin bei den Werken des Friedens, eine zuverlässige Mitkämpferin im Kriege und die beste Gefährtin der Freundschaft. Meinen Freunden wird Speise und Trank zu einem angenehmen und unbeschwerten Genuß; denn sie warten damit zu, bis sie das Verlangen danach spüren. Der Schlaf aber ist ihnen süßer als den Trägen; sie sind nicht schlechter Laune, wenn sie daraus erwachen, noch versäumen sie seinetwegen, ihre Pflicht zu tun. Die Jünglinge freuen sich über die Lobsprüche der Älteren und die Greise sind stolz auf die Huldigungen der Jungen. Mit Vergnügen gedenken sie ihrer früheren Taten; aber auch bei ihrem jetzigen Tun fühlen sie sich glücklich; denn durch mich wird ihnen die Freundschaft der Götter, die Liebe der Freunde und die Achtung der Vaterstadt zuteil. Und ist ihr vorbestimmtes Ende gekommen, so liegen sie nicht ruhmlos und vergessen in ihrem Grab, sondern ihr Andenken blüht in den Preisgesängen auf ewig fort. Nun, mein Herakles, du Sproß trefflicher Eltern: wenn du dich da durchgekämpft hast, so darfst du der herrlichsten Glückseligkeit teilhaftig werden.«

PLATON

Die dreifache Rangordnung der Güter und die vier Kardinaltugenden

Von allem, was wir unser nennen, ist nächst den Göttern die Seele das Göttlichste; denn sie ist unser innerstes Eigentum. Was aber uns ist, ist durchweg für alle zweifacher Art, nämlich einerseits Höheres und Edleres, dem die Herrschaft zukommt, anderseits Niedrigeres und Unedleres, dem das Dienen zukommt. Unter dem, was unser ist, muß nun das Herrschende immer den Vorzug haben vor dem Dienenden. Wenn ich also sage, man müsse, was Ehrung anlangt, nächst den Göttern, unseren Herren, und den zu ihnen gehörenden Wesen gleich an zweiter Stelle der Seele die Ehre geben, so ist dies Gebot durchaus gerechtfertigt. Es ehrt sie jedoch, man kann wohl sagen, keiner von uns auf die rechte Art, so sehr er sich das auch einreden mag. Denn ein göttliches Gut ist es, dem die Ehre gilt, Schlechtes dagegen ist niemals der Ehrung wert. Wer aber meint, er erhöhe ihren Wert durch Geltendmachung gewisser Ansichten oder durch Schmeichelgaben oder durch allerlei Nachgiebigkeiten, ohne dadurch doch ihren Mängeln abzuhelfen und sie besser zu machen, der ehrt sie zwar dem Schein nach, tatsächlich aber durchaus nicht. So bildet sich z.B. jeder, sobald er die Kinderschuhe ausgetreten hat, ein, es gebe nichts, was er nicht imstande sei zu beurteilen; er glaubt seine Seele zu ehren, wenn er allen ihren Regungen Beifall spendet und so läßt er sie bereitwilligst schalten und walten ganz nach Belieben. Wir aber stellen dem die Behauptung entgegen, daß er durch solches Tun sie schädigt und nicht ehrt, sie, die doch, wie gesagt, nächst den Göttern den zweiten Rang einnimmt. Ebensowenig ehrt der Mensch seine Seele, wenn er die Schuld für seine jeweiligen Fehler und für die meisten und größten Übel nicht in sich selbst, sondern in anderen sucht und sich selbst immer rein wäscht in der Meinung, dadurch seine Seele zu ehren, worin er sich doch so gründlich täuscht; denn er schädigt sie nur. Und wenn er im Widerspruch mit dem, was der Gesetzgeber vorschreibt oder lobt, sich den Reizen der Lust hingibt, so ehrt er sie durchaus nicht, entzieht ihr vielmehr die Ehre und erfüllt sie mit Lastern und Reue. Und wenn er anderseits die nach dem Gesetze uns zum Lobe gereichenden Mühsale, Gefahren, Schmerzen und Leiden nicht tapfer kämpfend besteht, sondern scheu vor ihnen zurückweicht, so ehrt er durch solche Feigheit die Seele durchaus nicht; denn alles, was einem derartigen Verhalten gleicht, macht sie nur ehrlos. Ebensowenig ehrt er sie durch den Glauben, das Leben sei ein unbedingtes Gut; vielmehr entehrt er sie auch dadurch. Denn er zeigt damit nur, daß er schwach genug ist, dem Wahne seiner Seele nachzugeben, in der Unterwelt gebe es nichts als Schlimmes, während er ihr doch entgegentreten sollte durch Belehrung und durch den Nachweis, daß sie ja gar nicht weiß, ob nicht im Gegenteil bei den dortigen Gottheiten ein Zustand höchster Seligkeit zu finden ist. Und wenn man der Schönheit vor der Tugend den Vorzug gibt, so ist auch dies nichts anderes als die vollste und entschiedenste Entehrung der Seele. Denn diese Ansicht erklärt den Leib für würdiger der Ehre als die Seele, im Widerspruche mit der Wahrheit; denn nichts Erdentsprossenes überragt an Würde und Ehre die himmlischen Güter, und wer die Seele nicht als ein solches gelten läßt, der weiß nicht, was für ein herrliches Gut er damit herabsetzt. Und weiter: Wer auf unehrenhafte Weise Schätze zu erwerben trachtet oder sich ihres Erwerbes nicht schämt, der umschmeichelt seine Seele mit Gaben, ehrt sie also damit nicht, sondern läßt sie völlig im Stich; denn er verschachert das, was an ihr ehrwürdig und herrlich ist, für ein elendes Stück Gold, während doch alles Gold auf und unter der Erde die Tugend nicht aufwiegt. Mit einem Wort: wer nicht alles, was der Gesetzgeber durch genaue Einzelbestimmungen für schimpflich und verwerflich erklärt, auf alle Weise zu meiden, und was er für gut und schön erklärt, mit allen Kräften zu erlangen strebt, der hat keine Ahnung davon, daß jeder Mensch mit allen Handlungen, die solcher Gesinnung entstammen, seine Seele, dies Göttlichste, was er hat, auf das Schmählichste entehrt und ihrer Würde beraubt. Denn es gibt so gut wie keinen, der sich eine gehörige Vorstellung macht von der größten Strafe – wie man es gemeinhin nennt – für begangenes Unrecht. Es besteht diese größte Strafe aber darin, daß man sich denjenigen Menschen gleich macht, die bereits schlecht sind, und infolge dieser Angleichung die Gemeinschaft mit tugendhaften Männern und ihren geistigen Einfluß meidet und von sich fern hält, während man sich an jene hängt und durch den Umgang mit ihnen völlig unter ihren Bann gerät. Einmal verwachsen aber mit solchen Leuten muß man tun und über sich ergehen lassen, was dergleichen Gesellen naturgemäß einander in Wort und Tat anzutun pflegen. Ein solches Schicksal nun ist eigentlich nicht (rechtliche) Strafe – denn das Recht und die rechtliche Strafe sind etwas Schönes und Löbliches – sondern (natürliche) Schuldwirkung, die notwendige Folge des Unrechts, die denjenigen unglücklich macht, den sie trifft, da er nicht geheilt wird; aber auch der, den sie trifft, ist unglücklich, weil er (durch Richterspruch) dem Tode verfällt, auf daß viele andere (durch sein abschreckendes Beispiel) gerettet werden. Die zu erweisende Ehre aber besteht, um kurz den Kern der Sache herauszuheben, darin, daß man dem Besseren nachstrebt, dagegen das Schlechtere, aber der Besserung Fähige eben in diesen Zustand, nämlich den möglichst besten, bringt.

Nun besitzt aber der Mensch nichts, was mehr darauf angelegt wäre, das Böse zu meiden und dem unvergleichlich Besten nachzuspüren und es zu ergreifen, als die Seele, um, wenn er es ergriffen hat, es festzuhalten sein Lebelang in treuer Gemeinschaft. Daher ward der Seele denn auch der zweite Ehrenrang eingeräumt. Was aber die dritte Stelle anlangt, so wird niemand zweifeln, daß diese naturgemäß dem Leibe zukommt. Es gilt aber auch hier wieder die Arten der Ehrung ins Auge zu fassen und zu prüfen, welche von ihnen auf Wahrheit gegründet und welche unecht sind. Das aber ist Sache des Gesetzgebers. Irre ich aber nicht, so wird er für ihre richtige Schätzung folgende Anweisungen geben: Der Ehrenpreis kommt nicht dem schönen oder kraftvollen oder behenden oder großen Körper zu, ja selbst nicht dem gesunden – so viele Vertreter dieser Ansicht es auch geben mag – und natürlich noch weniger dem Gegenteil davon, sondern wer das Mittlere zwischen allen diesen Eigenschaften sich zu eigen macht, der verfährt weitaus am besonnensten nicht nur, sondern auch am sichersten. Denn die ersteren Eigenschaften machen die Seele hoffärtig und dreist, die anderen aber niedrig und kriecherisch. Ganz ebenso steht es mit dem Besitze von Geld und Gut; es gilt da das nämliche Schätzungsverhältnis. Denn das Übermaß in diesen Dingen führt bei Staaten wie bei Einzelnen immer zu Feindschaft und Aufruhr, der Mangel aber in der Regel zu Knechtschaft. Niemand also soll Schätze ansammeln seinen Kindern zuliebe, um sie zu möglichst reichen Erben zu machen. Denn das ist weder für sie noch für den Staat ein Segen. Wenn nämlich junge Leute ein Vermögen erhalten, das keine Schmeichler anlockt, anderseits sie aber auch nicht am Notwendigen Mangel leiden läßt, so ist das die allerbeste und passendste Vermögenslage für sie; denn sie steht in Einklang und richtigem Verhältnis zu allen unseren Bedürfnissen und gewährt uns ein sorgenfreies Leben. Seinen Kindern soll man vielmehr ein reiches Maß von Scham- und Ehrgefühl hinterlassen, nicht von Gold. Wenn wir aber glauben, diese Hinterlassenschaft dadurch vorzubereiten, daß wir die jungen Leute bei Verstößen wider die Schamhaftigkeit hart anlassen, so sind wir im Irrtum. Denn die Mahnung, die man jetzt den jungen Leuten gegenüber immer zu hören bekommt, daß nämlich der Jüngling immer und unter allen Umständen schamhaft sein müsse, führt nicht zum Ziel. Vielmehr wird der verständige Gesetzgeber den älteren Leuten ans Herz legen, sich den jüngeren Leuten gegenüber ihrerseits der Schamhaftigkeit zu befleißigen und vor allem sich davor zu hüten, daß jemals ein Jüngerer einen von ihnen etwas Schimpfliches tun sehe oder reden höre. Denn wo das Alter schamlos ist, da ist es die Jugend notwendig erst recht. Denn die beste Erziehung für beide, für Jung und Alt, besteht nicht darin, daß man sie ermahnt, sondern darin, daß man durch sein ganzes eigenes Leben ersichtlich dasjenige bestätigt, was man zur Vermahnung eines anderen zu sagen weiß.

Was aber die Verwandtschaft und alle auf Blutsgemeinschaft beruhende Verbindung unter gemeinsamen Stammgöttern anlangt, so darf, wer ihnen die schuldige Ehre und Achtung erweist, mit Recht auf die Gunst der die Geburt schützenden Gottheiten für Fortpflanzung seines eigenen Geschlechtes hoffen. Des dauernden Wohlwollens aber von Freunden und Bekannten im Verkehre des Lebens wird man sich versichern, wenn man deren Dienste gegen uns höher anschlägt und ihnen größeren Wert beilegt als jene selbst, dagegen seine eigenen Freundschaftsdienste geringer schätzt als die, denen sie zu Gute kommen. Gegenüber dem Staat und den Mitbürgern aber bewährt sich der am trefflichsten, der dem Sieg in Olympia wie in jedem anderen kriegerischen oder friedlichen Wettkampf denjenigen Sieg vorzieht, der im Dienste für die heimischen Gesetze gewonnen wird, den Ruhm nämlich, unter allen Menschen den Gesetzen am besten sein Lebelang gedient zu haben. Die Verpflichtungen ferner gegen die Gastfreunde muß man für unverbrüchlich heilig halten, denn fast alle Vergehen der Fremden und wider die Fremden sind, verglichen mit denen, die sich auf die Mitbürger beziehen, in höherem Maße der Rache Gottes anheimgegeben; denn der Fremde, verlassen von Freunden und Verwandten, ist erbarmungswürdiger für Menschen und Götter. Wer nun die größere Macht hat zu strafen, der leistet auch bereitwilliger Hilfe. Diese Macht aber haben vor allem der einem jeden beigegebene göttliche Schutzgeist und Gott, die Begleiter des gastlichen Zeus. Wer also auch nur ein Fünkchen vorschauender Klugheit in sich hat, der hütet sich bis ans Ende seines Lebens sorglich vor jedem Vergehen gegen Fremde. Von allen Vergehen aber gegen Fremde wie gegen Einheimische ist keines schwerer für jedermann als das gegen Schutzflehende. Denn der Gott, den der Schutzflehende zum Zeugen gemacht hat für das, was ihm zugesagt worden ist, ist auch der strengste Wächter über jegliches Leid, das ihm widerfährt; niemals also wird solch einem Schutzflehenden der Rächer fehlen für das, was er erlitten.

Unsere Pflichten also gegen Eltern, gegen uns selbst und unseren Besitz, gegen Staat, Freunde und Verwandtschaft sowie im Verkehr mit Fremden und Einheimischen wären damit so ziemlich erledigt. Wie aber der Mensch beschaffen sein muß, um sein eigenes Selbst so schön wie möglich zu gestalten, das zu schildern soll nun unsere weitere Aufgabe sein. Wir müssen nämlich nunmehr alles dasjenige besprechen, was, ohne selbst in Gesetzesform gebracht zu werden, doch die zum Gehorsam bereite Gesinnung und die Empfänglichkeit für die von uns zu gebenden Gesetze steigert; es ist dies der Einfluß des erzieherisch wirkenden Lobes und Tadels. Der Wahrheit nun kommt unter allen Gütern die oberste Stelle zu bei Göttern ebenso wie bei Menschen. Ihrer muß, wer ein gesegnetes und glückliches Dasein führen will, von vornherein teilhaftig sein, um so lange als möglich in ihrem Dienste zu leben. Denn auf der Wahrheit beruht die Zuverlässigkeit. Die Unzuverlässigkeit dagegen steht im Bunde mit der vorsätzlichen Un-

wahrheit; was aber die unvorsätzliche Unwahrheit anlangt, so ist sie Unvernunft. Keine dieser beiden Arten von Unwahrheit ist beneidenswert. Denn freundlos bleibt jeder, der unzuverlässig und unwissend ist, und es wird nicht ausbleiben, daß er im Verlaufe der Zeit als solcher erkannt wird, was für ihn zur Folge hat, daß das an sich schon beschwerliche Alter für ihn noch schwerer wird durch die völlige Vereinsamung am Ende seines Lebens. Denn ob nun Bekannte und Kinder von ihm noch am Leben sind oder nicht, das macht dann für ihn kaum einen Unterschied: sein Leben ist verwaist.
Ehrenwert ist gewiß auch schon der, welcher kein Unrecht begeht. Mehr als doppelte Ehre aber im Vergleich mit diesem verdient der, welcher, so weit es in seiner Macht steht, auch andere kein Unrecht tun läßt. Denn jener gilt nur so viel wie Einer, dieser aber wiegt viele andere auf; denn er zeigt den Behörden das Unrecht der anderen an. Wer nun vollends bei der Bestrafung selbst den Behörden nach Kräften Hilfe leistet, der soll als der wahrhaft große und unübertreffliche Bürger ausgerufen werden und den Preis der Tugend davontragen. Das nämliche Lob muß man nun auch der Besonnenheit und der Einsicht zukommen lassen und den sonstigen tugendhaften Eigenschaften, die der Mensch besitzt; denn er soll sie nicht nur selbst haben, sondern sie auch anderen mitteilen. Und wer sie wirklich anderen mitteilt, den muß man als den wahrhaft vollkommenen Mann ehren, dem aber, der es wohl möchte, aber nicht die Kraft dazu hat, muß man den zweiten Platz einräumen. Wer aber von Mißgunst erfüllt ist und das etwaige Gute, das er besitzt, mit niemandem liebreich zu teilen gewillt ist, den muß man, was seine Person anlangt, tadeln, darf aber doch nicht etwa um des Besitzers willen das Gute, das er besitzt, gering achten, sondern muß nach Kräften das Gleiche für sich selbst zu erwerben suchen. Jeder soll bei uns um die Tugend wetteifern, mit Ausschluß jeder Mißgunst. Denn wer dieser Mahnung folgt, der fördert den Staat, als ein Mann, der selbst ein wackerer Wettkämpfer ist und gegen die anderen kein

verkleinernder Verleumder. Der Mißgünstige dagegen, der glaubt, die anderen verleumden zu müssen, um selbst der erste zu sein, setzt sich nicht nur selbst weniger die wahre Tugend zum Ziel, sondern entmutigt auch die Mitkämpfenden dadurch, daß sie sich ungerechtem Tadel ausgesetzt sehen, und indem er so dem ganzen Staate das Übungsfeld für den Wettkampf um die Tugend versperrt, tut er an seinem Teile dem Ruhme des Staates Abbruch.

Ferner muß jedermann mit stürmischem Eifer möglichste Sanftmut verbinden. Denn gegen den gefährlichen und schwer heilbaren oder überhaupt ganz unheilbaren Frevelmut der anderen kann man sich nicht anders schützen als durch Kampf und siegreiche Abwehr und durch unerbittliche Strafe; das aber zu leisten ist nur eine Seele im Stande, die von edlem Zorn erfüllt ist. Was aber diejenigen Übeltäter anlangt, die zwar freveln, aber doch noch heilbar sind, so muß man sich vor allem darüber klar sein, daß es keinen Ungerechten gibt, der freiwillig Unrecht tut. Denn was die größten Übel anlangt, so wird niemals jemand mit einem derselben an irgend einer Stelle freiwillig behaftet sein wollen, am wenigsten aber an dem Wertvollsten, was er hat. Die Seele aber ist, wie gesagt, in Wahrheit für jeden das Wertvollste. In dies sein wertvollstes Heiligtum wird doch nun niemand freiwillig dem größten Übel den Zutritt gestatten, um dann zeitlebens damit behaftet zu sein. Bemitleidenswert ist ja freilich unter allen Umständen der Ungerechte und mit Schlechtigkeit Behaftete, aber üben darf man das Mitleid nur gegen den noch heilbaren Übeltäter; ihm gegenüber soll man seine Erregtheit dämpfen und nicht wie ein erbittertes Weib in unversöhnlichem Zorn beharren, während man den ausgemachten Nichtsnutz und Bösewicht seinen vollen Zorn fühlen lassen muß. Daher behaupten wir denn, der tugendhafte Mann müsse ziemenderweise immer Zorneseifer mit Sanftmut verbinden.

Das größte aller Übel aber, das den Seelen der meisten Menschen eingepflanzt ist, ist dasjenige, gegen das niemand irgendwelche Abwehr sucht, weil es sich jedermann verzeiht. Es findet dies aber seinen Ausdruck in dem bekannten Satz, daß jeder Mensch von Natur sich selbst liebe und daß diese Selbstliebe eine berechtigte Forderung sei. In Wahrheit aber liegt in der allzugroßen Selbstliebe für jedermann immer der Grund zu allen möglichen Verfehlungen. Denn den Liebenden macht die Liebe blind gegen den geliebten Gegenstand, so daß er ein schlechter Beurteiler des Gerechten, Guten und Schönen wird; er glaubt nämlich, immer sein eigenes Interesse über die Wahrheit stellen zu müssen. Nein! Wer ein großer Mann werden will, der darf weder in sich noch in seine Taten verliebt sein, sondern was er liebt, das sind die gerechten Handlungen, gleichviel ob er selbst oder ein anderer der Urheber derselben ist. Auf diesen nämlichen Fehler ist es auch bei allen zurückzuführen, daß ihnen ihre eigene Unwissenheit als Weisheit erscheint. Daher kommt es denn, daß, wenn wir auch so gut wie gar nichts wissen, wir doch wähnen, alles zu wissen; die unausbleibliche Folge davon ist die, daß wir fehlerhaft handeln, indem wir das, wovon wir nichts verstehen, selbst machen, statt es andere machen zu lassen. Daher muß jedermann die allzugroße Selbstliebe meiden und immer demjenigen nacheifern, der besser ist als er, mit Beiseitesetzung jeder angeblichen Scham darüber.

Minder bedeutend, aber nicht minder nützlich als dies ist das, was wir nun besprechen müssen, indem wir oft Gesagtes uns wieder in Erinnerung bringen – denn es steht damit wie mit dem Ab- und Zufluß, wo immer der eine durch den anderen ersetzt werden muß; die Erinnerung aber ist ein Zufluß von Einsicht, die uns abhanden kam. Worauf es hier also ankommt, ist dies: man soll sich übermäßigen Lachens und Weinens enthalten, und jedermann muß es dem anderen als Pflicht einschärfen, daß er jedes Übermaß von Freude und Schmerz in sich zurückhalte und eine edle Haltung zu bewahren suche, mag nun der Schutzgeist eines jeden einen glücklichen Verlauf der Dinge begünstigen oder mögen in mißlichen Fällen feindliche Dämonen sich seinen Plänen, als welche zu sehr ins

Hohe und Überspannte gehen, widersetzen; ferner soll man nie die Hoffnung aufgeben, Gott werde, wenn das Gute, das er spendet, mit Verderben bedroht wird, die Not nicht größer sondern geringer machen und die etwa schon vorhandene Not zum Bessern wenden, während das Gute in geradem Gegensatz zu diesem Wechsel uns unter der Gunst eines gütigen Schicksals immer erhalten bleiben werde. Unter solchen Hoffnungen und eingedenk aller dieser Mahnungen soll man sein Leben dahinbringen, unermüdlich darauf bedacht, immer wieder im Scherz wie im Ernst bei andern sowohl wie bei sich selbst die Erinnerung daran aufzufrischen.

Damit wäre denn über das Lebensziel, das wir uns stekken und über die persönlichen Eigenschaften, deren wir uns befleißigen müssen, so ziemlich alles gesagt was von göttlicher Art ist. Was dagegen von menschlicher Art ist, das ist bisher unerörtert gelassen worden, darf aber nicht übergangen werden; denn wir reden ja zu Menschen und nicht zu Göttern.

Das natürliche Menschliche nun besteht vor allem in Lust, Schmerz und Begierde, und jedes sterbliche Geschöpf ist an sie wie mit unvermeidlichen Banden gefesselt und hängt an ihnen mit allen Fasern des Herzens. Man muß also das sittlich beste Leben loben, nicht nur weil es uns durch den Eindruck des Wohlgefälligen, den es macht, einen guten Namen verschafft, sondern auch deshalb, weil es, wenn man seiner teilhaftig werden will und ihm nicht schon in der Jugend den Rücken gekehrt hat, auch entscheidend ist für das, wonach wir alle streben, nämlich, so lange wir leben, mehr Freude zu haben als Schmerz. Daß dies aber wirklich der Fall sein wird, wenn man sich eines solchen Lebens in rechter Weise befleißigt, wird alsbald völlig klar werden. Welches aber ist diese rechte Weise? Das müssen wir nun durch vernünftige Erwägung entscheiden, ob es nämlich so für uns naturgemäß ist oder ob es anders damit steht und es wider die Natur ist. Man muß Leben mit Leben, angenehmeres und schmerzvolleres miteinander vergleichen und folgendermaßen betrachten: wir wünschen uns die Lust, den Schmerz aber wählen wir nicht und wünschen ihn auch nicht; was aber das Freisein von beiden anlangt, so wünschen wir uns ein solches als Ersatz für die Lust nicht, wohl aber vertauschen wir es gern gegen den Schmerz. Ein Schmerz ferner, welcher geringer ist als die damit verbundene überwiegende Lust, verträgt sich mit unseren Wünschen, nicht aber eine Lust, die geringer ist als der damit verbundene überwiegende Schmerz; wie es aber mit unserem Wunsche steht, wenn beide einander das Gleichgewicht halten, darüber können wir keine sichere Entscheidung geben. Dies alles ist nach Menge, Größe, Heftigkeit, Gleichheit und den entsprechenden Gegenteilen entscheidend für unseren Wunsch und erst recht entscheidend für die Wahl eines jeden. Auf Grund dieser aus der Natur der Sache notwendig entspringenden Ordnung der Dinge finden wir nun ein Leben, in welchem beides in reichlicher Fülle und Größe und Stärke vorhanden ist, aber doch so, daß die Lust überwiegt, wünschenswert, dasjenige dagegen, in dem der Schmerz überwiegt, nicht wünschenswert; aber auch ein Leben, in welchem beides nur in geringer Menge und Größe und Heftigkeit vorhanden ist, finden wir bei überwiegendem Schmerz nicht wünschenswert, bei überwiegender Lust dagegen wünschenswert. Halten sich aber beide das Gleichgewicht, so müssen wir dies Leben dem Vorigen entsprechend so beurteilen, daß wir es wünschenswert finden, wenn unsere besondere Neigung dem einen das Übergewicht gibt, nicht wünschenswert dagegen, wenn unsere Abneigung dem andern das Übergewicht gibt. Wir müssen also wohl beachten, daß diese Übersicht die Grundlage enthält für die uns überhaupt möglichen Lebensweisen und müssen erwägen, welche von ihnen unsern natürlichen Wünschen entspricht. Wollten wir aber behaupten, unsere Wünsche gingen auf etwas, was außerhalb dieser Zusammenstellung liege, so könnte dies nur infolge einer großen Unwissenheit und Unkenntnis der wirklich vorhandenen Lebensweisen geschehen.

Welches sind nun nach Art und Zahl die Lebensweisen, die

wir unter Berücksichtigung dessen, was unserem Wunsch und Willen entspricht und was nicht, bevorzugen und uns zum Gesetze machen sollen bei gleichzeitiger Wahl dessen, was uns lieb und angenehm und dabei auch das Beste und Schönste ist, um so ein Leben zu führen, so glückselig, wie es für einen Menschen nur immer möglich ist? Nennen wir als eines derselben das besonnene Leben, als ein zweites das einsichtsvolle, als ein drittes das tapfere, und das gesunde soll uns als ein viertes gelten. Und diesen vier stellen wir vier gegenteilige gegenüber: das unbesonnene, das feige, das zügellose und das mit Krankheit belastete. Das Wesen der besonnenen Lebensweise wird nun der Kenner darein setzen, daß sie durchweg ruhigen und sanften Charakters ist und in der Hingabe an Schmerz- und Lustgefühl Maß hält und nichts wissen will von wilden Begierden und von rasender Liebesglut, das der zügellosen Lebensweise aber darein, daß sie sich ungestüm auf alles stürzt und kein Maß kennt in Schmerz und Lust und sich starken und aufgestachelten Begierden und der allerrasendsten Liebeswut hingibt; und nach seinem Urteil überwiegt in dem besonnenen Leben die Lust den Schmerz, während im zügellosen Leben der Schmerz an Größe, Menge und Häufigkeit der Lust überlegen ist. Daraus ergibt sich denn naturgemäß für uns die Folgerung, daß notwendig jene Lebensweise die angenehmere, diese die schmerzvollere ist; wer also ein angenehmes Leben führen will, der wird sich hiernach gewiß nicht mehr aus freien Stücken einem zügellosen Leben hingeben, sondern es ist nunmehr klar, daß, wenn das Gesagte richtig ist, es keinen geben kann, der nicht wider seinen Willen zügellos wäre. Denn wenn der große Haufe als Ganzes, der Besonnenheit bar, in den Tag hinein lebt, so liegt der Grund dafür entweder in seiner Unwissenheit oder in dem Mangel an Selbstbeherrschung oder in beidem. Die nämliche Ansicht gilt für das sieche und gesunde Leben: sie haben beide Lust und Schmerz, beim gesunden überwiegt aber die Lust den Schmerz, beim siechen der Schmerz die Lust. Unser Wunsch bei der Wahl der Lebensweise aber geht nicht dahin, daß der Schmerz überwiege, sondern diejenige Lebensweise haben wir für angenehm erklärt, wo der Schmerz in der Minderheit ist. Mag also auch – so dürfen wir nunmehr sagen – die besonnene Lebensweise im Vergleich zu der zügellosen und die einsichtsvolle im Vergleich zu der einsichtslosen und die tapfere im Vergleich zu der feigen Lust und Schmerz nur in geringerer Menge und Größe und Häufigkeit aufweisen, so ist doch hinsichtlich der Lust verhältnismäßig in jedem einzelnen Gliede der Gegenüberstellung die erstere Lebensweise im Übergewicht, hinsichtlich des Schmerzes dagegen die letztere, und so trägt denn die tapfere Lebensweise über die feige und die einsichtsvolle über die einsichtslose den Sieg davon. Es ist also die besonnene, die tapfere, die einsichtsvolle und die gesunde Lebensweise angenehmer als die feige, einsichtslose, zügellose und sieche und, allgemein gesprochen, gilt der Satz, daß diejenige Lebensweise, die im Bunde steht mit körperlicher und geistiger Tüchtigkeit, angenehmer ist als diejenige, die es mit der Untüchtigkeit hält, und daß sie überdies auch noch durch die übrigen Vorzüge, wie Schönheit, Rechtschaffenheit, Tugend und Ruhm hervorsticht. Wer also ihre Wege wandelt, dem gewährt sie ein in jedem Betracht glücklicheres Leben als es der andere hat.

ARISTOTELES

Einführung in die Ethik

Jede Kunst und jede Lehre, ebenso jede Handlung und jeder Entschluß scheint irgendein Gut zu erstreben. Darum hat man mit Recht das Gute als dasjenige bezeichnet, wonach alles strebt. Es zeigt sich aber ein Unterschied in den Zielen: denn die einen sind bestimmte Werke außer ihnen. Wo es Ziele außerhalb der Handlungen gibt, da sind ihrer Natur nach die Werke besser als die Tätigkeiten.

Da es nun viele Handlungen, Künste und Wissenschaften gibt, ergeben sich auch viele Ziele: Ziel der Medizin ist die Gesundheit, der Schiffsbaukunst das Schiff, der Ökonomik der Reichtum. Wo nun solche Künste einer einzigen Aufgabe untergeordnet sind, wie etwa der Reitkunst die Sattlerei und die andern der Reitkunst dienenden Künste, und wie die Reitkunst wiederum und die gesamte Kriegskunst der Strategik untergeordnet ist und so andere unter andere, in allen diesen Fällen sind die Ziele der leitenden Künste insgesamt vorzüglicher als die der untergeordneten. Denn diese werden um jener willen verfolgt.

Dabei macht es keinen Unterschied, ob die Tätigkeiten selber das Ziel des Handelns sind oder etwas anderes außer ihnen, wie bei den genannten Künsten.

Wenn es nun ein Ziel des Handelns gibt, das wir um seiner selbst willen wollen und das andere um seinetwillen; wenn wir also nicht alles um eines andern willen erstreben – denn so ginge es ins Unbegrenzte, und das Streben wäre leer und sinnlos –, dann ist es klar, daß jenes das Gute und das Beste ist.

Wird nun seine Erkenntnis nicht auch für das Leben eine große Bedeutung haben, und werden wir nicht wie Bogenschützen, wenn wir dies Ziel vor Augen haben, das Richtige besser treffen können? Wenn dies der Fall ist, wollen wir versuchen, im Umriß zu erfassen, was es wohl sein mag und welcher Wissenschaft oder Fähigkeit es angehört.

Man wird wohl annehmen, daß es der wichtigsten und leitendsten Wissenschaft angehört. Dies scheint die politische Wissenschaft zu sein. Denn sie bestimmt, welche Wissenschaften in den Staaten vorhanden sein müssen, welche ein jeder lernen muß und bis zu welchem Grade man sie lernen muß. Wir sehen auch, daß die angesehensten Fähigkeiten ihr untergeordnet sind: Strategik, Ökonomik, Rhetorik und andere. Da sie sich also der übrigen praktischen Wissenschaften bedient und Gesetze darüber erläßt, was man zu tun und zu lassen habe, so dürfte wohl ihr Ziel die Ziele aller anderen mit umfassen; dann wäre also dieses das Gute für den Menschen. Mag nämlich auch das Gute dasselbe sein für den Einzelnen und den Staat, so scheint es doch größer und vollkommener zu sein, das Gute für den Staat zu ergreifen und zu bewahren; erfreulich ist es zwar schon bei einem einzigen Menschen, schöner und göttlicher aber für Völker und Staaten.

* * *

Da also jede Erkenntnis und jeder Entschluß nach irgendeinem Gute strebt, wonach wird nach unserer Meinung die politische Wissenschaft streben, und welches ist das oberste aller praktischen Güter? Im Namen stimmen wohl die meisten überein. Glückseligkeit nennen es die Leute und die Gebildeten, und sie setzen das Gutleben und das Sich-gut-Verhalten gleich mit dem Glückseligsein.

Was aber die Glückseligkeit sei, darüber streiten sie, und die Leute sind nicht derselben Meinung wie die Weisen. Jene nämlich verstehen darunter etwas Sichtbares und Greifbares, wie Lust, Reichtum oder Ehre, der eine dies, der andere jenes, oftmals auch einer und derselbe Verschiedenes: wenn er krank ist, meint er die Gesundheit, wenn er arm ist, den Reichtum. Da sie aber ihrer eigenen Unwissenheit bewußt sind, bewundern sie jene, die etwas Großes und ihr Verständnis Übersteigendes sagen. Einige meinten, es gäbe neben diesen vielen Gütern ein Gutes an und für sich, das auch die Ursache des Gutseins all der andern Güter wäre. Alle Ansichten nun zu prüfen ist wohl eher sinnlos; wir dürfen uns wohl auf jene beschränken, die am verbreitetsten sind und einigermaßen begründet zu sein scheinen.

Wir dürfen nicht übersehen, daß ein Unterschied besteht zwischen den Untersuchungen, die von den Prinzipien ausgehen, und denen, die zu den Prinzipien hinführen. Mit Recht hat auch Platon die Frage gestellt und untersucht, ob der Weg von den Prinzipien kommt oder zu ihnen geht, so wie wenn man im Stadion von den Preisrichtern zum Ziele läuft oder umgekehrt. Man muß nämlich vom Bekannten beginnen. Dies ist aber ein Doppeltes: ein Bekanntes für uns und ein Bekanntes an sich. Wir werden wohl mit dem für uns Bekannten anfangen müssen. Darum muß der, der über das Schöne und Gerechte und überhaupt über die politische Wissenschaft hören will, eine gute Lebensführung aufweisen; denn der Ausgangspunkt ist das Daß, und wenn dieses hinreichend sichtbar geworden ist, dann bedarf es nicht mehr des Warum. Wer nun diese Lebensführung besitzt, der kennt entweder die Prinzipien schon oder wird sie leicht begreifen. Wo aber weder das eine noch das andere zutrifft, da gelten die Verse Hesiods: »Dieser ist der Allerbeste, der selbst alles ersinnt; tüchtig ist aber auch jener, der dem gut Redenden folgt. Wer aber weder selbst zu ersinnen vermag noch sich in seinem Innern merkt, was er von einem anderen hört, der ist ein unbrauchbarer Mann.«

Wir wollen nun den Punkt erörtern, von dem wir abgeschweift sind. Nicht ohne Grund scheint man das Gute und die Glückseligkeit an den Lebensformen abzulesen. Die Mehrzahl der Leute und die rohesten wählen die Lust. Darum schätzen sie auch das Leben des Genusses. Es gibt nämlich vor allem drei hervorstechende Lebensformen, die eben genannte, die politische und die betrachtende.

Die große Menge erweist sich als völlig sklavenartig, da sie ja das Leben des Viehs vorzieht. Sie kommen aber zu einiger Rechtfertigung, da es vielen unter den Mächtigen ähnlich ergeht wie Sardanapal.

Die gebildeten und energischen Menschen wählen die Ehre. Denn dies kann man als das Ziel des politischen Lebens bezeichnen. Aber es scheint doch oberflächlicher zu sein als das, was wir suchen. Denn die Ehre liegt wohl eher in den Ehrenden als in dem Geehrten, vom Guten aber vermuten wir, daß es dem Menschen eigen ist und nicht leicht verlorengehen kann. Ferner scheint man die Ehre zu suchen, um sich selbst zu überzeugen, daß man gut sei. Man wünscht ja geehrt zu werden durch die Verständigen und durch jene, die einen kennen, und zwar wegen seiner Tüchtigkeit. So ist eigentlich nach diesen die Tüchtigkeit das höhere Ziel. Also könnte man vielleicht die Tüchtigkeit als das letzte Ziel der politischen Lebensform auffassen.

Aber selbst sie ist unvollkommen. Denn offenbar ist es denkbar, daß man im Besitze der Tüchtigkeit auch schlafen oder sein Leben lang untätig sein kann. Man kann außerdem mit ihr Mißgeschick erleiden und in das größte Unglück kommen. Wer aber so lebt, den wird niemand glückselig nennen, außer um eben seine Behauptung zu retten. Doch genug davon. Darüber ist ja auch in den enkyklischen Schriften hinreichend gesprochen worden.
Die dritte Lebensform ist die betrachtende. Sie werden wir im nachfolgenden untersuchen.
Die kaufmännische Lebensform hat etwas Gewaltsames an sich, und offensichtlich ist der Reichtum nicht das gesuchte Gute. Denn er ist nur als Mittel zu anderen Zwecken zu gebrauchen. Darum wird man wohl eher die obengenannten Dinge als Ziele annehmen; denn diese werden um ihrer selbst willen geschätzt. Doch auch sie scheinen nicht das Gesuchte zu sein, obschon viele Argumente zu ihren Gunsten angeführt worden sind.

* * *

Hierüber sei soviel gesagt. Wir wollen abermals auf das gesuchte Gute zurückkommen und fragen, was es wohl sei. Offenbar ist es in jeder Tätigkeit und Kunst ein anderes. Denn ein anderes ist es in der Medizin und in der Strategik und so fort. Welches ist nun das Gute in jedem einzelnen Falle? Wohl das, um dessentwillen alles übrige geschieht. Dies ist in der Medizin die Gesundheit, in der Strategik der Sieg, in der Baukunst das Haus, anderswo wieder anders. Bei jedem Handeln und Entschlusse ist es das Ziel. Denn dieses ist es, wegen dessen man stets das übrige tut. Wenn es also ein Ziel der Praxis überhaupt gibt, so wäre dies das zu verwirklichende Gute, und wenn es mehrere solche Ziele gibt, dann sind es diese. So ist die Untersuchung auf einem anderen Wege zu demselben Punkte gelangt.
Wir wollen versuchen, dies noch etwas besser zu verdeutlichen. Da sich viele Ziele zeigen, wir aber von diesen manche um anderer Dinge willen wählen, wie den Reichtum, Flöten und überhaupt alle Instrumente, so ist es

offenbar, daß nicht alle Endziele sind. Das Gute scheint aber ein Endziel zu sein. Wenn es also nur ein Endziel gibt, so wäre dies das Gesuchte, wenn aber mehrere, dann das vollkommenste unter diesen. Vollkommener nennen wir das um seiner selbst willen Erstrebte gegenüber dem um anderer Ziele willen Erstrebten, und das niemals um eines anderen willen Gesuchte gegenüber dem, was sowohl wegen sich selbst als auch wegen eines andern gesucht wird; allgemein ist das vollkommene Ziel dasjenige, was stets nur an sich und niemals um eines anderen willen gesucht wird.

Derart dürfte in erster Linie die Glückseligkeit sein. Denn diese wünschen wir stets wegen ihrer selbst und niemals wegen eines anderen; Ehre dagegen und Lust und Vernunft und jede Tüchtigkeit wählen wir teils wegen ihnen selber – denn auch wenn wir keinen weiteren Gewinn von ihnen hätten, würden wir jedes einzelne von ihnen wohl erstreben –, teils um der Glückseligkeit willen, da wir glauben, eben durch jene Dinge glückselig zu werden. Die Glückseligkeit aber wählt keiner um jener Dinge willen und überhaupt nicht wegen eines anderen.

Dasselbe scheint sich aus dem Prinzip der Selbstgenugsamkeit zu ergeben. Denn das vollkommen Gute scheint selbstgenugsam zu sein. Wir verstehen diese Selbstgenugsamkeit nicht nur für den Einzelnen, der für sich allein lebt, sondern auch für seine Eltern, Kinder, Frau und überhaupt seine Freunde und Mitbürger, da ja der Mensch seiner Natur nach in der Gemeinschaft lebt. Doch muß hier eine Grenze gezogen werden. Denn wenn man weitergehen wollte bis zu den Vorfahren und Nachkommen und zu den Freunden der Freunde, so geriete man ins Unbegrenzte. Aber dies wollen wir später untersuchen. Als selbstgenugsam gilt uns dasjenige, was für sich allein das Leben begehrenswert macht, so daß es keines weiteren bedarf. Für etwas Derartiges halten wir die Glückseligkeit, und zwar so, daß sie das Wünschenswerteste ist, ohne daß irgend etwas anderes addiert werden könnte. Wenn nämlich eine Addition möglich wäre, so würde sie offenbar noch wünschbarer, wenn auch noch das kleinste Gut dazukäme. Denn das Dazutreten würde dann einen Zuschuß an Gutem bedeuten, und es ist immer das größere Gut das wünschbarere. So scheint also die Glückseligkeit das vollkommene und selbstgenugsame Gut zu sein und das Endziel des Handelns.

Aber damit, daß die Glückseligkeit das höchste Gut sei, ist vielleicht nicht mehr gesagt, als was jedermann zugibt. Wir möchten aber nur noch genauer erfahren, was sie ist. Das kann geschehen, wenn wir von der eigentümlichen Tätigkeit des Menschen ausgehen. Wie für einen Flötenspieler, einen Bildhauer und überhaupt für jeden Künstler und für jeden, der eine Tätigkeit und ein Handeln hat, in der Tätigkeit das Gute und das Rechte liegt, so wird es wohl auch vom Menschen gelten, wenn anders er eine spezifische Tätigkeit hat. Oder sollte es eigentümliche Tätigkeiten und Handlungen des Schreiners oder Schusters geben, nicht aber des Menschen, als ob er zur Untätigkeit geschaffen wäre? Sollte nicht eher so, wie das Auge, die Hand, der Fuß und überhaupt jedes einzelne Körperglied seine besondere Tätigkeit hat, auch der Mensch neben all dem seine besondere Tätigkeit besitzen? Welche mag sie nun sein? Das Leben offenbar nicht, denn dies besitzen auch die Pflanzen, wir suchen aber das dem Menschen Eigentümliche. Das Leben der Ernährung und des Wachstums ist also auszuscheiden. Es würde darauf das Leben der Wahrnehmung folgen, aber auch dieses ist gemeinsam dem Pferde und Rinde und allen Tieren überhaupt. Es bleibt also das Leben in der Betätigung des vernunftbegabten Teiles übrig. Dieser findet sich vor teils als ein der Vernunft gehorchender, teils als ein die Vernunft besitzender und ausübender. Da auch dies wiederum in doppeltem Sinne zu verstehen ist, so muß man da an das aktual wirkliche Leben denken; denn dieses dürfte doch das eigentlichere sein.

Wenn nun das eigentümliche Werk des Menschen in einer Tätigkeit der Seele besteht, die sich nach der Vernunft oder doch nicht ohne die Vernunft vollzieht, und wenn wir das Werk eines beliebig Tätigen und eines hervorragend Tätigen derselben Gattung zurechnen – so wie das Spiel des Kitharisten und dasjenige des guten Kitharisten, und so in allen Fällen –, so daß wir zur Tätigkeit überhaupt noch das Merkmal hervorragender Tüchtigkeit in ihr beifügen – denn die Tätigkeit des Kitharisten ist das Kitharaspielen, die des hervorragenden Kitharisten aber das gut Spielen –, wenn also das so ist und wir als die eigentümliche Tätigkeit des Menschen ein bestimmtes Leben annehmen und als solches die Tätigkeit der Seele und die vernunftgemäßen Handlungen bestimmen und als die Tätigkeit des hervorragenden Menschen eben diese Tätigkeit in einem hervorragenden Maße, und wenn endlich dasjenige hervorragend wird, was sich nach seiner eigentümlichen Befähigung vollzieht –, wenn das alles so ist, dann ist das Gute für den Menschen die Tätigkeit der Seele auf Grund ihrer besonderen Befähigung, und wenn es mehrere solche Befähigungen gibt, nach der besten und vollkommensten; und dies auch noch ein volles Leben hindurch. Denn eine Schwalbe und ein einziger Tag machen noch keinen Frühling; so macht auch ein Tag oder eine kurze Zeit noch niemanden glücklich und selig.

EPIKUREISCHE SPRUCHSAMMLUNG

Jeder Schmerz ist leicht zu verachten. Bringt er intensives Leiden, so ist die Zeit kurz bemessen; hält er sich lange im Fleische auf, dann ist er matt.

Schwierig ist es, verborgen zu bleiben, wenn man Unrecht tut; sicher zu sein, daß man verborgen bleiben werde, ist unmöglich.

Ein Übel ist der Zwang, aber es besteht kein Zwang, unter Zwang zu leben.

Denk daran, daß du, von sterblicher Natur und über begrenzte Zeit verfügend, durch die Erforschung der Natur die Unbegrenztheit und die Ewigkeit erklommen hast und zu überblicken vermochtest »Vergangenes, Gegenwärtiges und Zukünftiges«.

Bei den meisten Menschen ist die Ruhe nichts als Erstarrung und die Bewegung nichts als Raserei.

Wir sind ein einziges Mal geboren. Zweimal geboren zu werden ist nicht möglich. Die ganze Ewigkeit hindurch werden wir nicht mehr sein. Du aber bist nicht Herr des morgigen Tages und verschiebst immerzu das Erfreuende. Das Leben geht mit Aufschieben dahin und jeder von uns stirbt ohne Muße gefunden zu haben.

So wie wir unsere eigene Art hochschätzen, mag sie tüchtig sein und von den Menschen bewundert oder nicht, so muß man auch die Art der Nächsten schätzen, wenn sie anständig sind.

Keiner sieht ein Übel und wählt es, sondern man läßt sich täuschen und hält es für ein Gut und wird eingefangen durch das Übel, das größer ist als das Gute.

Nicht der Jüngling ist selig zu preisen, sondern der Greis, der gut gelebt hat. Denn wer jung an Jahren ist, wird vielfach vom Zufall hin und her getrieben und wechselt seine Gedanken. Der Greis aber ist ins Alter eingefahren wie in einen Hafen und hält die Güter, auf die er früher nicht zu hoffen wagte, in heiterem Gedenken sicher verschlossen.

Die Liebesleidenschaft löst sich auf, wenn der Anblick, das Miteinander-Sprechen und das Zusammensein aufhören.

Er erinnert sich nicht an das Gute, das ihm geworden ist, und ist am selbigen Tage ein Greis geworden.

Man soll der Natur nicht Gewalt antun, sondern sie überreden. Wir werden die notwendigen Begierden überreden, indem wir sie erfüllen, die bloß natürlichen, indem wir sie gewähren lassen, vorausgesetzt daß sie nichts schaden, die schädlichen aber, indem wir sie scharf anfahren.

Jede Freundschaft ist um ihrer selbst willen zu wählen. Ihr Ursprung freilich besteht im Nutzen.

Die Träume haben keine göttliche Natur und keine zukunftverkündende Kraft, sondern sie entstehen gemäß dem Einfallen der Bilder.

Die Armut, die ihr Maß hat am Endziel der Natur, ist ein großer Reichtum. Der Reichtum, der keine Grenze hat, ist eine große Armut.

Man muß beachten, daß eine lange und eine kurze Rede auf dasselbe herauskommen.

Bei den anderen Unternehmungen folgt der Lohn im besten Falle dann, wenn sie zu ihrer Vollendung gekommen sind, bei der Philosophie aber läuft die Freude von Anfang an mit der Erkenntnis mit. Denn der Genuß kommt nicht nach dem Lernen, sondern Lernen und Genuß sind gleichzeitig.

Man soll sich weder die Voreiligen noch die Umständlichen zu Freunden machen. Man muß allerdings auch etwas wagen um der Freundschaft willen.

Wenn ich als Naturforscher offen reden soll, so möchte ich lieber wie ein Orakel allen Menschen das Zuträgliche verkündigen, ohne daß auch nur einer es verstünde, als den gangbaren Meinungen zustimmen und dabei das massenhafte Lob der Leute ernten.

Einige rüsten sich ihr ganzes Leben hindurch zum Leben und bemerken nicht, daß uns allen durch die Geburt das Gift des Todes beigeschüttet worden ist.

Allem anderen gegenüber ist es möglich sich Sicherheit zu verschaffen, aber im Hinblick auf den Tod bewohnen alle Menschen eine Stadt ohne Mauern.

Die Ehrfurcht vor dem Weisen ist ein großes Gut für den Ehrfürchtigen.

Die Stimme des Fleisches spricht: Nicht hungern, nicht dürsten, nicht frieren. Wer das besitzt oder darauf hoffen darf, der könnte sogar mit Zeus an Glückseligkeit wetteifern.

Wir brauchen die Freunde nicht um sie zu brauchen, sondern um die Gewißheit zu haben, daß wir sie brauchen dürfen.

Man soll nicht das Vorhandene beschmutzen durch die Begierde nach dem Nichtvorhandenen, sondern bedenken, daß auch das Vorhandene zu dem Wünschenswerten gehörte.

Wenn man das Leben Epikurs mit demjenigen der anderen vergleicht, könnte man es um seiner Milde und Selbstgenugsamkeit willen eine Sage nennen.

Die Natur ist schwach gegenüber dem Übel, nicht gegenüber dem Guten; denn die Lustempfindungen bewahren die Natur, die Schmerzen lösen sie auf.

Durchaus gering ist jener, der viele vernünftige Gründe zu haben glaubt, aus dem Leben zu scheiden.

Weder wer in allem nur den Nutzen sucht, ist ein Freund, noch der, der überhaupt nie mit der Freundschaft den

Nutzen verknüpft. Denn der eine verkauft sein Wohlwollen gegen Entgelt, der andere schneidet die zuversichtliche Erwartung des Künftigen ab.

Wer behauptet, es geschehe alles nach Notwendigkeit, kann demjenigen keinen Vorwurf machen, der sagt, es geschehe nicht alles nach Notwendigkeit; denn er muß ja erklären, daß auch dies nach Notwendigkeit geschehe.

Man muß gleichzeitig lachen und philosophieren und sein Haus verwalten und alles übrige tun, was einem vertraut ist, und niemals aufhören, die Worte der wahren Philosophie hören zu lassen.

Das Entstehen des höchsten Gutes und der Genuß daran sind gleichzeitig.

Auf ungerechte Weise geldgierig zu sein, ist unfromm, auf gerechte Weise schmählich; denn es ist unpassend, schmutzig zu geizen, selbst wenn es ohne Ungerechtigkeit geschieht.

Auch wenn der Weise auf das Notwendige eingeschränkt ist, versteht er eher zu geben als zu nehmen. Einen solchen Schatz der Selbstgenugsamkeit hat er gefunden.

Die Naturwissenschaft macht die Menschen nicht zu geschäftigen Prahlern und Schwätzern und nicht zu solchen, die die von der Menge hochgeschätzte Bildung zur Schau stellen, sondern zu Selbstbewußten und Selbstgenugsamen, die nicht auf den Wert der äußeren Dinge, sondern auf ihre eigenen Güter stolz sind.

Die schlechten Gewohnheiten wollen wir wie schlechte Menschen, die uns lange Zeit sehr geschadet haben, vollständig vertreiben.

Ich habe dich, Zufall, zum voraus überwunden und alle deine heimlichen Schleichwege verrammelt. Wir werden uns weder dir noch irgend einer andern äußern Situation ausliefern. Sondern wenn uns die Notwendigkeit hinausführt, werden wir kräftig auf das Leben spucken und auf jene, die sinnlos an ihm kleben; wir werden aus dem Leben heraustreten mit einem schönen Lobgesang, verkündend, daß wir gut gelebt haben.

Man muß versuchen, den nächsten Tag immer besser zu machen als den vorhergehenden, solange wir auf dem Wege sind; sind wir aber an die Grenze gekommen, dann in gleichmäßiger Freude zu sein.

Ich habe vernommen, daß bei dir die Bewegung des Fleisches nach dem Genusse der Liebe besonders heftig drängt. Wenn du nun den Gesetzen nicht zuwiderhandelst, die gute gegebene Sitte nicht verletzest, keinen von deinen Nächsten betrübst, das Fleisch nicht aufreibst und das zum Leben Notwendige nicht verbrauchst, dann folge deinem Wunsche, wie du willst. Es ist allerdings undenkbar, daß du nicht an eine der genannten Schwierigkeiten stößt. Denn die Liebesdinge haben noch niemals genützt; man muß zufrieden sein, wenn sie nicht geschadet haben.

Die Freundschaft tanzt den Reigen um die Welt und ruft uns allen zu, aufzuwachen zum Preise des glückseligen Lebens.

Man soll niemanden beneiden. Denn die Guten verdienen den Neid nicht und die Schlechten schaden sich selber um so mehr, je mehr sie Glück haben.

Man soll nicht vorgeben zu philosophieren, sondern wirklich philosophieren. Denn wir bedürfen nicht des Anscheins der Gesundheit, sondern wirklicher Gesundheit.

Das Unglück muß man heilen durch die freudige Erinnerung an das Verlorene und durch die Erkenntnis, daß es nicht möglich ist, das Geschehene ungeschehen zu machen.

Der Schmerz des Weisen ist nicht größer, wenn er selber gefoltert wird als wenn sein Freund gefoltert wird.

Das ganze Leben dieses Menschen wird wegen seiner Unzuverlässigkeit zusammenbrechen und mit ihm durchbrennen.

Befreien muß man sich aus dem Gefängnis der Geschäfte und der Politik.

Nicht der Bauch ist unersättlich, wie die Leute meinen, sondern die falsche Vorstellung von dem unbegrenzten Anfüllen des Bauches.

Jedermann geht aus dem Leben, wie wenn er eben erst geboren wäre.

Etwas sehr Schönes ist auch der Anblick der Nächsten, wenn das erste Zusammentreffen zur Eintracht führt, oder auch, wenn es viel Mühe darauf wendet, zur Eintracht zu führen.

Wenn nämlich im Bezug auf die Pflicht die Erzeuger gegen die Kinder in Zorn geraten, dann ist es völlig sinnlos zu widerstreben und sich nicht zu bemühen, Verzeihung zu erlangen. Handelt es sich aber nicht um Pflicht, sondern um etwas Unvernünftiges, dann ist es durchaus lächerlich, durch Beharren im eigenen Unwillen die Unvernunft aufs äußerste zu reizen und nicht vielmehr zu versuchen, die Zürnenden in guter Gesinnung umzustimmen.

Es gibt auch in der Schlichtheit eine Vornehmheit. Wer sie nicht beachtet, erleidet ähnliches wie jener, der in die Grenzenlosigkeit des Genusses verfällt.

Das Lob der anderen muß von selbst folgen. Wir müssen uns nur mit unserer eigenen Heilung befassen.

Einfältig ist es von den Göttern zu erbitten, was einer sich selber hinlänglich beschaffen kann.

Wir wollen unser Mitgefühl für unsere Freunde zeigen nicht durch Klage, sondern durch Fürsorge.

Bei einem freien Leben kann man nicht viel Geld erwerben. Denn dies ist keine leichte Sache, wenn man sich nicht in die Knechtschaft des Pöbels oder der Gewalthaber begibt. Dafür aber hat man alles in dauernder Fülle; sollte man aber zufällig auch einmal viel Geld haben, dann läßt sich auch dies leicht so aufteilen, daß man damit die gute Gesinnung des Nächsten gewinnt.

Nichts genügt dem, dem das Genügende zu wenig ist.

Die Undankbarkeit der Seele macht das Lebewesen begehrlich nach unbegrenzten Raffinements der Nahrung.

Tue nichts im Leben, was dir Angst machen wird, wenn es dein Nächster bemerkt.

An alle Begierden soll man die Frage stellen: Was wird mir geschehen, wenn erfüllt wird, was die Begierde sucht, und was, wenn es nicht erfüllt wird?

Selbst die Entstehung gewisser körperlicher Schmerzen nützt, nämlich zur Vorsicht in ähnlichen Fällen.

Bei einer wissenschaftlichen Diskussion hat der Unterliegende mehr Nutzen, sofern er etwas dazulernt.

Das Wort: »Sieh auf das Ende eines langen Lebens« ist undankbar dem vergangenen Guten gegenüber.

In deinem Greisenalter bist du so, wie ich dich zu sein mahne, und du hast erkannt, was es bedeutet, für sich selbst und für Hellas zu philosophieren. Ich freue mich mit dir.

Der größte Lohn der Selbstgenugsamkeit ist die Freiheit.

Der Edle kümmert sich am meisten um Weisheit und Freundschaft. Davon ist diese ein vergängliches, jene ein unvergängliches Gut.

Wer in sich selbst beruhigt ist, der beunruhigt auch den anderen nicht.

Es ist der wichtigste Teil des Heils, die Jugend zu bewahren und sich zu hüten vor jenen, die alles mit ihren rasenden Begierden beflecken.

Lösung von der Unruhe der Seele oder eine nennenswerte Freude erzeugt weder der größte Reichtum noch die Ehre und das Ansehen bei der Menge noch irgend etwas anderes von dem, was aus unbegrenzten Ursachen kommt.

CICERO

Vom rechten Handeln

Die Untersuchung über das rechte Handeln in ihrem ganzen Umfang ist zwiefach. Die eine Art ist die, welche sich ganz auf das höchste Gut bezieht, die andere die, welche auf den Vorschriften beruht, mit deren Hilfe die Lebensführung nach allen Seiten gestaltet werden kann. Beispiele der ersteren Art sind so beschaffen: ob alles rechte Handeln vollkommen ist, ob die eine Pflicht größer ist als die andere, und was dergleichen mehr ist.
Was aber die Vorschriften anlangt, die über das rechte Handeln gegeben werden, so tritt, obwohl es sich auf das höchste Gut bezieht, dies doch weniger zutage, weil es mehr auf die Gestaltung des gemeinen Lebens hinzublik-

ken scheint. Über dies haben wir in diesen Büchern hier zu handeln.

Und es gibt auch noch eine andere Einteilung des rechten Handelns. Denn man spricht von einem gewöhnlichen mittleren und einem vollkommenen ... Die Griechen grenzen es so ab, daß sie bestimmen, was richtig ist, sei das vollkommene Handeln. Gewöhnliches Handeln aber, sagen sie, sei das, von dem eine einleuchtende Begründung gegeben werden kann, warum es getan worden ist. Dreifach nun ist, wie Panaitios meint, die Erwägung beim Fassen eines Entschlusses. Denn man schwanke entweder, ob das, was zur Erwägung steht, ehrenvoll zu tun ist oder schimpflich. Bei dieser Betrachtung wird oft die Seele in entgegengesetzte Meinungen auseinandergerissen. Dann aber forscht man oder überlegt man in Hinsicht auf Bequemlichkeit und Annehmlichkeit des Lebens, auf Möglichkeiten und Mittel, auf Reichtum, auf Macht, wodurch man sich und den Seinen helfen könnte, ob es nützt oder nicht, worüber man zu Rate geht. Diese Erwägung fällt ganz in die Berechnung des Nutzens. Die dritte Art des Schwankens ist die, wenn mit dem Ehrenhaften das, was nützlich zu sein scheint, anscheinend im Streite liegt. Wenn nämlich der Nutzen zu sich hinzureißen, auf der Gegenseite das Anständige zu sich wieder zurückzurufen scheint, geschieht es, daß beim Erwägen die Seele zerrissen wird und ein gespaltenes Denkbemühen mit sich bringt. Bei dieser Einteilung – obwohl doch etwas zu übergehen der größte Fehler beim Einteilen ist – ist zweierlei nicht berücksichtigt. Man pflegt nämlich nicht nur zu erwägen, ob es ehrenhaft ist oder schimpflich, sondern auch wenn zwei ehrenvolle Handlungen vorliegen, welche von beiden ehrenvoller, und genau so, wenn zwei nützliche vorliegen, welche nützlicher ist. So findet man, daß der Gedankenzusammenhang, den jener für dreifach hielt, in fünf Teile gegliedert werden muß. Zuerst also ist über das Ehrenhafte, aber in zweifacher Weise, dann in gleichem Sinne über das Nützliche, darauf über den Vergleich beider die Erörterung zu führen.

Zunächst: einer jeden Art Lebewesen ist es von der Natur gegeben, daß es sich, sein Leben und seinen Körper, schützt, abbiegt, was Schaden bringend scheint, und alles, was zum Leben nötig ist, aufsucht und beschafft, wie Futter, wie Verstecke, wie anderes dergleichen. Weiter ist allen Lebewesen gemeinsam der Trieb nach Vereinigung, um zu zeugen, und eine gewisse Sorge um das Gezeugte. Aber zwischen dem Menschen und dem Tier besteht besonders der Unterschied, daß dieses nur, soweit es von seinen Sinnen bewegt wird, allein an das, was da und gegenwärtig ist, sich anpaßt, nur ein wenig das Vergangene oder Zukünftige empfindend. Der Mensch dagegen, weil er teilhat an der Vernunft, durch die er erkennt, was folgt, sieht die Ursachen der Dinge und kennt sehr wohl ihre Vorstufen und gleichsam Vor-Gänge, vergleicht Ähnlichkeiten und verbindet sie mit den gegenwärtigen Dingen und knüpft die zukünftigen daran, sieht leicht den Lauf des ganzen Lebens und bereitet die es zu führen notwendigen Dinge vor. Und dieselbe Natur verbindet, kraft der Vernunft, den Menschen dem Menschen sowohl zu der Gemeinschaft der Rede als des Lebens; sie pflanzt ihm insbesondere eine vornehmliche Liebe gegen die ein, die von ihm gezeugt sind; sie treibt ihn dazu, daß er will, daß es Gemeinschaften und Versammlungen von Menschen gibt und von ihm besucht werden und er aus diesen Gründen sich bemüht, das zu bereiten, was zur Lebensgestaltung und -notdurft zur Verfügung stehe, und zwar nicht nur für sich allein, sondern auch für sein Weib, seine Kinder und die übrigen, die er lieb hat und schützen muß, eine Fürsorge, die auch den Mut weckt und wachsen läßt zum Handeln. Und vor allem ist dem Menschen die Suche und das Aufspüren der Wahrheit eigentümlich. Wenn wir deshalb unbeansprucht sind von notwendigen Geschäften oder Sorgen, begehren wir etwas zu sehen, zu hören, hinzuzulernen und halten die Erkenntnis verborgener und merkwürdiger Dinge für nötig zum Glücklichleben. Daraus erkennt man, daß, was wahr, einfach und rein ist, der Natur des Menschen am gemäßesten ist. Dieser Begierde, die Wahrheit zu sehen, ist verbunden ein Streben nach Vorrang derart, daß ein von Natur wohl gebildeter Sinn niemandem gehorchen will, es sei denn dem Weisung Gebenden, dem Lehrenden oder dem des Nutzens wegen gerecht und gesetzmäßig Befehlenden. Daraus entspringt die Seelengröße und die Geringschätzung der menschlichen Dinge. Vollends nicht geringer ist jene Kraft seiner Natur und Vernunft, daß dieses Lebewesen allein empfindet, was Ordnung ist, was es ist, was sich ziemt, was das Maß in Taten und Worten. Daher empfindet schon bei dem, was durch den Anblick wahrgenommen wird, kein anderes Lebewesen Schönheit, Anmut und Harmonie der Teile. Die Ähnlichkeit hierin überträgt seine Natur und Vernunft von den Augen auf den Geist, glaubt, daß noch viel mehr Schönheit, Beständigkeit, Ordnung in Entschlüssen und Taten gewahrt sein müsse und hütet sich, etwas unschön oder weibisch auszuführen, dann überhaupt in allen Vorstellungen und Taten etwas zügellos zu tun oder zu denken. Hieraus bildet sich und entwickelt sich das, was wir suchen, das Ehrenhafte, das, auch wenn es nicht ausgezeichnet wird, doch ehrenhaft ist und von dem wir in Wahrheit, auch wenn es von keinem gelobt wird, behaupten können, daß es von Natur lobenswert ist.

Die Gestalt selbst, mein Sohn Marcus, und gleichsam das Antlitz des Wertvollen siehst du: würde es mit Augen gesehen werden, würde es wundersame Liebe, wie Plato sagt, erwecken nach Weisheit. Alles aber, was wertvoll ist, entsteht aus einem der vier Teile. Entweder ist es nämlich in dem Erkennen und dem Sichverstehen auf die Wahrheit zuhause, oder darin, daß man die Gemeinschaft der Menschen schützt und jedem das Seine zuteilt, und in der Verläßlichkeit bei Abmachungen oder in der Größe und Kraft eines erhabenen, unbesieglichen Geistes oder in der Ordnung und dem Maß alles dessen, was getan und was gesagt wird, worin Bescheidenheit und Ausgeglichenheit ruhen.

Obwohl diese vier unter sich verbunden und verschränkt

sind, entstehen doch aus einem jeden bestimmte Arten von rechtem Handeln, wie zum Beispiel aus dem Teil, der zuerst beschrieben wurde, worein wir Weisheit und Klugheit setzen, in dem das Aufspüren und Finden der Wahrheit liegt. Und dieser Tugend ist diese Aufgabe eigentümlich. Je mehr nämlich einer durchschaut, was in jeder Sache am wahrsten ist, und wer am schärfsten und schnellsten den Zusammenhang sehen und entwickeln kann, der pflegt mit Recht als der Klügste und Weiseste zu gelten. Daher ist dieser Tugend gleichsam als Stoff, den sie behandelt und in dem sie zuhause ist, die Wahrheit unterworfen. Den drei übrigen Tugenden aber ist die Notwendigkeit auferlegt, die Dinge zu bereiten und zu schützen, in denen die Handlung des Lebens beschlossen liegt: daß die Gemeinschaft und Verbindung der Menschen bewahrt wird und Rang und Größe des Geistes sowohl in der Vergrößerung der Mittel und der Beschaffung nützlicher Dinge für sich und die Seinen, als auch noch viel mehr in eben ihrer Verachtung hervorleuchten. Ordnung aber, Beständigkeit, Mäßigung und was ihnen ähnlich ist, gehören in die Art, in der eine gewisse Handlung, nicht nur die Betätigung des Geistes anzuwenden ist. Indem wir nämlich an die Dinge, die im Leben behandelt werden, ein bestimmtes Maß und Ordnung wenden, werden wir die Ehrbarkeit und schönen Anstand bewahren.

Von den vier Gebieten aber, in die wir Wesen und Wirkung des Ehrenhaften einteilten, berührt jenes erste, das in der Erkenntnis des Wahren besteht, besonders die menschliche Natur. Alle nämlich werden wir gezogen und geleitet zur Begier nach Wissen und Erkenntnis. In ihr hervorzuragen, halten wir für schön, zu straucheln aber, zu irren, nicht zu wissen, sich zu täuschen nennen wir übel und schimpflich. Bei dieser wesensgemäßen und ehrenvollen Art sind zwei Fehler zu vermeiden, der eine, daß wir nicht Unverstandenes für Verstandenes nehmen und diesem leichtsinnig zustimmen. Wenn einer diesem Fehler entgehen will – alle aber sollen es wollen –, wird er sich Zeit und Sorgfalt zum Überlegen der Dinge nehmen. Der andere Fehler ist der, daß einer ein allzu großes Streben und allzu viel Mühe auf dunkle und schwierige Dinge wendet, und zwar nicht notwendige. Weicht man diesen Fehlern aus, so wird, was an ehrenvolle und erkenntniswürdige Dinge an Mühe und Sorge gesetzt wird, mit Recht gelobt werden, wie wir in der Astronomie den Gaius Sulpicius hören, in der Geometrie den Sextus Pompeius selber kennengelernt haben, viele außerdem in der Philosophie, noch mehr im bürgerlichen Recht. Alle diese Künste haben ihren Ort im Aufspüren der Wahrheit. Im Eifer für sie aber sich vom Handeln abbringen zu lassen, ist gegen die Pflicht. Alles Lob nämlich der Tugend besteht im Handeln, in dem es freilich oft Unterbrechung gibt und von dem vielfach Rückkehr zu den Studien vergönnt ist. Außerdem vermag die Tätigkeit des Geistes, die niemals ruht, uns im Bemühen um das Denken auch ohne unser Zutun festzuhalten. Jegliches Denken aber und jede Bewegung des Geistes wird sich entweder im Fassen von Entschlüssen über ehrenhafte und sich auf rechtes und glückliches Leben erstreckende Dinge oder im Bemühen um Wissen und Erkenntnis bewegen. Und über die erste Quelle der Pflicht haben wir damit gesprochen.

Was die drei übrigen anlangt, so erstreckt sich am weitesten das Gefüge, in dem die Gesellschaft der Menschen untereinander und die Gemeinschaft des Lebens ihren Halt findet. Es hat zwei Teile: die Gerechtigkeit, bei der der Glanz der Vollkommenheit am größten ist, auf Grund deren man den Namen eines guten Mannes erhält, und ihr verbunden das Wohltun, das man ebenso entweder Freigebigkeit oder Großzügigkeit nennen darf. Die erste Aufgabe der Gerechtigkeit aber ist es, daß keiner irgendeinem schade außer, wenn er durch ein Unrecht gereizt ist, dann, daß er Gemeinsames als Gemeinsames behandelt, Privates als Eigenes. Es gibt aber Privates nicht von Natur, sondern entweder durch alte Inbesitznahme, wie von denen, die einst in unbesetztes Gebiet kamen, oder durch Sieg, wie von denen, die sich seiner im Krieg bemächtigt haben, oder durch Gesetz, Abmachung, Vertrag, Los. Daher kommt es, daß das arpinische Gebiet Eigentum der Arpinaten genannt wird, das von Tusculum der Tusculaner. Und ähnlich ist die Einteilung der privaten Besitztümer. Daher, weil Eigentum eines jeden von ihnen wird, was von Natur gemeinsam gewesen war, soll jeder das, was ihm zuteil wird, festhalten; wenn davon einer (irgend etwas) für sich erstrebt, wird er das Recht der menschlichen Gesellschaft verletzen. Aber da ja, wie von Plato vortrefflich geschrieben wurde, wir nicht nur für uns geboren wurden und einen Teil unserer Existenz das Vaterland beansprucht, einen Teil die Freunde, und, wie es den Stoikern gefällt, alles was auf Erden entstünde, zum Gebrauch der Menschen erschaffen werde, die Menschen aber um der Menschen willen geschaffen seien, daß sie sich selber untereinander zu nützen vermöchten, die einen denen, die anderen jenen, so müssen wir hierin der Natur als Führerin folgen, den allgemeinen Nutzen in die Mitte zu rükken, durch Austausch von Pflichten, durch Geben und Nehmen, dann durch Künste, durch Arbeit, durch Fähigkeiten die Gesellschaft der Menschen untereinander fest verknüpfen. Grundlage aber der Gerechtigkeit ist die Zuverlässigkeit, das heißt die Unveränderlichkeit und Wahrhaftigkeit von Worten und Abmachungen.

MARK AUREL

Wege zu sich selbst

Am Morgen sich vorsagen: zusammentreffen werde ich mit einem taktlosen, undankbaren, einem unverschämten, arglistigen, einem neidischen, unverträglichen Menschen. Alle diese Eigenschaften ergeben sich für sie aus der Unkenntnis dessen, was gut und schlecht ist. Insofern ich meinerseits die Natur des Guten erfaßt habe, daß es (sittlich) schön ist, und die des Schlechten, daß es (sittlich) häßlich ist, und die Natur des Fehlenden selbst, daß er mit mir verwandt ist, nicht weil er gleiches Blut und gleichen Samen, sondern Geist und göttlichen Anteil mit mir gemein hat, kann ich weder von einem dieser Menschen geschädigt werden – denn in Häßliches wird mich keiner verwikkeln –, noch kann ich dem Verwandten zürnen oder mich mit ihm verfeinden. Sind wir doch zum Zusammenwirken geboren wie die Füße, die Hände, die Augenbrauen, die Reihen der obern und untern Zähne. Einander entgegenzuhandeln ist also naturwidrig; zum Entgegenhandeln aber gehört, Unwillen zu empfinden und sich abzuwenden.

Was immer das ist, was ich bin, Fleisch ist es und Lebenshauch und das Leitvermögen. – Weg mit den Büchern, plag dich nicht mehr damit ab; es ist dir nicht gestattet. Sondern als ob du schon sterben müßtest, verachte das Fleisch: es ist Blutgerinnsel, Knochen und Netzwerk; aus Sehnen, Venen und Arterien ein Geflecht. Betrachte aber auch den Lebenshauch, was er ist: Wind, und er ist nicht einmal immer derselbe, sondern zu jeder Zeit ausgespien und wieder aufgesogen. Das dritte also ist das Leitvermögen. Bedenke folgendes: Du bist ein alter Mann; laß dieses nicht mehr Sklave sein, nicht mehr wie an einem Faden (einer Marionette) bei einem gemeinschaftswidrigen Trieb gezogen werden, nicht mehr das Verhängte, wenn es gegenwärtig ist, mit Unwillen betrachten oder, wenn es zukünftig ist, fürchten.

Der Bereich der Götter ist voll der Vorsehung, der Bereich des Zufalls ist nicht ohne Natur oder Verkettung und Verflechtung mit dem von der Vorsehung Durchwalteten. Alles fließt von dort drüben. Es kommt dazu Notwendigkeit und Nutzen für die ganze Welt, deren Teil du bist. Jedem Teil der Natur ist gut, was die Natur des Ganzen mit sich bringt und was diese erhält. Es erhalten aber die Welt sowohl die Wandlungen der Elemente wie auch die der zusammengesetzten Körper. Wenn dies für dich Leitsätze sind, hab daran genug. Den Durst aber nach den Büchern wirf weg, damit du nicht murrend stirbst, sondern wirklich heiter und von Herzen den Göttern dankbar.

Denke daran, seit wie langer Zeit du diese Dinge aufschiebst, und wie oft du schon von den Göttern Fristen erhalten hast und keinen Gebrauch davon machst. Du mußt aber endlich einmal merken, was die Welt ist, deren Teil du bist, und wer der Weltordner, als dessen Ausfluß du ins Dasein tratest, und daß dir eine Zeitgrenze festgesetzt ist: wenn du die Zeit nicht zur Aufheiterung deiner Seele verwendest, wird sie entschwinden, und du wirst entschwinden, und ein zweites Mal wird es nicht möglich sein (sie zu verwenden).

Zu jeder Zeit denk fest als Römer und Mann daran, was du in den Händen hast, mit strenger und echter Ernsthaftigkeit, Hinneigung, Freiheit und Gerechtigkeit zu tun, und dir Ruhe vor allen andern Vorstellungen zu verschaffen. Du wirst sie dir verschaffen, wenn du jede Tat, als wäre sie die letzte des Lebens, vollbringst, entfernt von jeder Ziellosigkeit und leidenschaftlicher Abkehr von der Bestimmung der Vernunft, von Heuchelei, Selbstliebe und Unwillen gegenüber dem vom Schicksal dir Verhängten. Du siehst, wie wenig es ist, was man erfassen muß, um ein glückliches und gottähnliches Leben zu führen. Denn auch die Götter werden nichts weiter von dem, der diese Regeln befolgt, fordern.

Schände dich, schände dich, o Seele. Dich zu ehren wirst du nicht mehr die Zeit haben. Denn ein Leben besitzt jeder; dieses aber ist dir fast abgelaufen, während du keine Achtung vor dir selber hattest, sondern dein Glück in die Seelen der andern Menschen verlegtest.

Lenken dich etwa die von außen einfallenden Dinge ab? Verschaff dir doch die Ruhe, etwas Gutes hinzuzulernen und hör auf umherzuirren. Nun mußt du dich aber auch vor der andern Zerfahrenheit in acht nehmen. Denn auch die äußern sich wirr, und zwar mit Taten, die vom Leben abgenützt sind und kein Ziel haben, auf das sie jeden Trieb und überhaupt jede Vorstellung richten.

Deswegen, weil jemand nicht beachtet, was in der Seele eines andern vorgeht, ist er nicht leicht für unglücklich befunden worden. Diejenigen aber, die den Bewegungen der eigenen Seele nicht aufmerksam folgen, müssen notwendig unglücklich sein.

Daran ist immer zu denken, welches die Natur des Alls ist und welches die meine, und wie sich diese zu jener verhält, und was für ein Teil sie ist und von was für einem Ganzen, und daß es niemanden gibt, der dich hindern kann, was der Natur, deren Teil du bist, gemäß ist, immer zu tun und zu sagen.

Echt philosophisch sagt Theophrast in seinem ›Vergleich der Verfehlungen‹, so wie man gewöhnlich derartige Vergleiche anstellt, es seien die Verirrungen aus Begierde schwerer als die aus Zorn. Der Zornige nämlich scheint sich mit einem Schmerzgefühl und geheimer Niedergeschlagenheit von der Vernunft abzukehren. Der aus Begierde Fehlende aber, der von der Lust überwältigt wird, erscheint irgendwie ungezügelter und weibischer in seinen Verfehlungen. Richtig also und würdig der Philosophie sagte er, die mit Lust verbundene Verfehlung unterliege einem größeren Vorwurf als die mit Schmerzgefühl verbundene. Und überhaupt gleicht der eine mehr einem Menschen, dem vorher Unrecht geschehen ist, und der aus Schmerz zum Zorn gezwungen ist; der andere ist von sich aus zum Unrecht getrieben und eilt darauf zu, aus Begierde zu handeln.

Im Gedanken an die Möglichkeit, gleich jetzt aus dem Leben zu scheiden, alles tun, sagen und denken. Von den Menschen abzuscheiden ist, falls es Götter gibt, nichts Schlimmes; denn sie werden dich nicht in Schlechtes verwickeln. Wenn sie aber entweder nicht existieren oder sich nicht um Menschliches kümmern, was liegt mir daran, in einer von den Göttern oder der Vorsehung verlassenen Welt zu leben? Aber sie existieren und sie kümmern sich um das Menschliche; und daß der Mensch nicht den wahrhaft schlechten Dingen verfällt, gaben sie gänzlich in seine Gewalt. Wenn es unter den übrigen Dingen etwas Schlechtes gäbe, hätten sie auch für dieses vorgesorgt, daß es in jedermanns Gewalt stände, ihm nicht zu verfallen. Was aber den Menschen nicht schlechter macht, wie könnte dies das Leben des Menschen schlechter machen? Weder aus Unkenntnis noch in Kenntnis dieser

Dinge, aber unvermögend, sich gegen sie vorzusehen oder sie zu berichtigen, hätte sie die Natur des Alls durchgehen lassen; noch hätte sie aus Unvermögen oder aus Ungeschicklichkeit es verschuldet, daß das Gute und das Schlechte gleichmäßig den guten und schlechten Menschen wirr durcheinander begegne. Tod aber jedenfalls und Leben, Ruhm und Ruhmlosigkeit, Schmerz und Lust, Reichtum und Armut, all diese Dinge begegnen gleichmäßig den guten und schlechten Menschen: sie sind eben weder (sittlich) schön noch häßlich. Sie sind also weder gut noch schlecht.

Wie alles rasch verschwindet, in der Welt die Personen selbst, in der Ewigkeit die Erinnerung an sie; wie geartet alles sinnlich Wahrnehmbare ist und besonders, was durch Lust reizt oder durch Schmerz schreckt oder durch eitlen Wahn in aller Mund ist, wie dies wertlos, verächtlich, schmutzig, vergänglich, tot ist – dies zu beobachten steht der Denkkraft zu; (und ebenso) was das für Leute sind, deren Annahmen und Stimmen Ruhm und Ruhmlosigkeit geben; was das Sterben ist, und daß, wer es allein für sich betrachtet und durch Zergliederung des Begriffes herauslöst, was mit seiner Vorstellung verbunden ist, annehmen wird, daß es nichts anderes ist als ein Werk der Natur – wenn aber jemand ein Werk der Natur fürchtet, ist er ein Kind; dies aber ist nicht nur ein Werk der Natur, sondern ihr auch förderlich –; wie der Mensch in Berührung tritt mit Gott und mit welchem Teil von sich, und wenn wie beschaffen Verhalten und Verfassung dieses menschlichen Teiles ist.

Nichts Erbärmlicheres gibt es als den Menschen, der alles im Kreise herum durchgeht und, was in der Erdentiefe ist, sagt er, aufspürt und die Vorgänge in der Seele des Mitmenschen durch Vermutung erforscht, aber nicht bemerkt, daß es genügt, einzig bei seinem innern Dämon zu verbleiben und diesen aufrichtig zu ehren. Die Ehrung liegt darin, daß man ihn rein von Leidenschaft, Ziellosigkeit und Mißfallen gegenüber dem von Göttern und Menschen Kommenden bewahrt. Denn was von den Göttern kommt, ist verehrungswürdig wegen der Erhabenheit, was von den Menschen kommt, ist lieb wegen der Verwandtschaft, manchmal aber auch in gewisser Hinsicht bedauernswert wegen der Unkenntnis dessen, was gut und schlecht ist. Nicht geringer ist dieses Gebrechen als das, welches die Fähigkeit, weiß und schwarz zu unterscheiden, nimmt.

Auch wenn du dreitausend Jahre leben solltest oder gar zehnmal so lange, bedenke trotzdem, daß niemand ein anderes Leben verliert als das, das er lebt, und daß er auch nicht ein anderes lebt, als das, das er verliert. Es kommt also der längste Zeitraum aufs selbe heraus wie der kürzeste. Denn der gegenwärtige Augenblick ist für alle gleich, und was verlorengeht, ist also gleich, und es erweist sich, daß so Winziges verlorengeht. Denn weder Vergangenheit noch Zukunft verliert einer; denn wie könnte man ihm nehmen, was er nicht hat. An folgende zwei Dinge immer denken, einmal daran, daß alles von Ewigkeit her gleichartig ist und wiederkehrt, und daß nichts darauf ankommt, ob man in hundert Jahren oder in zweihundert oder in der unendlichen Zeit dasselbe sehen wird; zum andern daran, daß, wer am längsten lebt, und wer am schnellsten sterben muß, das gleiche verliert. Denn der gegenwärtige Augenblick allein ist es, dessen er beraubt werden soll, wenn anders er nur auch diesen besitzt, und man nicht verliert, was man nicht besitzt.

Am meisten schändet sich die Seele des Menschen selbst, wenn sie, soweit es auf sie ankommt, ein Abszeß und sozusagen eine Geschwulst der Welt wird. Denn unwillig zu sein über ein Geschehendes ist ein Abstehn von der Natur, in der als Teile die Naturen jedes der übrigen Wesen umfaßt werden. Dann aber auch, wenn sie sich von einem Menschen abwendet oder auch ihm entgegentritt, um ihm zu schaden, zu welcher Art die Seelen der Zornigen gehören. Drittens schändet sie sich selbst, wenn sie von einer Lust oder von einem Schmerz überwältigt wird. Viertens, wenn sie heuchelt und falsch und unwahrhaftig etwas tut und sagt. Fünftens, wenn sie eine eigene

Handlung oder einen Trieb nicht auf einen Zielpunkt richtet, sondern alles planlos und ohne Aufmerksamkeit tut, wo doch auch das Geringste unter Bezug auf das Ziel geschehen soll. Ziel der vernünftigen Wesen ist, der Vernunft und der Satzung der ehrwürdigsten Stadt und des ehrwürdigsten Staates zu folgen.

Vom menschlichen Leben ist die Zeit ein Punkt, die Substanz im Fluß, die Wahrnehmung dunkel, die Zusammensetzung des ganzen Körpers zur Fäulnis geneigt, die Seele umherirrend, das Geschick schwer zu ergründen, der Ruf urteilslos; zusammengefaßt ausgedrückt: alles Körperliche ist ein Fluß, alles Seelische ein Traum und Wahn, das Leben Krieg und Aufenthalt eines Fremden, der Nachruf Vergessenheit. Was vermag uns da zu geleiten? Einzig und allein die Philosophie. Diese liegt darin, den inneren Dämon ungeschändet und ungeschädigt zu bewahren: den Lüsten und Schmerzen überlegen, so daß er nichts ziellos oder lügnerisch oder mit Heuchelei tut, nicht darauf angewiesen, daß ein anderer etwas tut oder nicht tut; ferner daß er das Begegnende und Zugeteilte annimmt als von irgendwo dort drüben kommend, woher er selbst kam; zuletzt, daß er den Tod mit heiterm Sinn erwartet als nichts anderes als die Auflösung der Elemente, aus denen jedes Wesen zusammengesetzt wird. Wenn aber für die Elemente selbst nichts Schlimmes darin liegt, daß sich ein jedes fortgesetzt in ein anderes verwandelt, warum sollte jemand die Wandlung und Auflösung aller Elemente fürchten? Sie ist doch naturgemäß; nichts Schlechtes aber ist naturgemäß.

QUELLENVERZEICHNIS

KAPITEL I

GOTT UND MENSCH

S. 14 Z. 25 HOMER, Ilias, Gesang 6, vv. 146–149. Z. 32 Gesang 24, vv. 525–533. S. 15 Z. 9 Odyssee, Gesang 18, vv. 129–141. *Übers. v. J. H. Voss. 1793 u. 1781.*

S. 15 Z. 30 HESIOD, Werke und Tage, vv. 1–8. *Übers. E. Eyth. Stuttgart 1865², S. 65.*

S. 16 SOLON, Frg. 1 (Diehl). *Übers. v. F. Jacobs, Leben und Kunst der Alten. 12. Buch. Gotha 1824, S. 204–209.*

S. 20 Z. 11 XENOPHANES 21 B 11. Z. 15 B 14. Z. 19 B 16. Z. 23 B 15. Z. 32 B 18. S. 21 Z. 3 B 34. Z. 10 B 35. Z. 12 B 23. Z. 16 B 24. Z. 17 B 26. Z. 20 B 25. *Übers. v. W. Nestle, Die Vorsokratiker. Jena 1922, S. 113–114.*

S. 21 PARMENIDES 28 B 1. S. 23 Z. 13 B 7f. Z. 24 B 2. *Übers. v. W. Nestle, Die Vorsokratiker. Jena 1922, S. 126–128.*

S. 24 Z. 3 AISCHYLOS, Die Schutzflehenden, vv. 77–92. *Übers. v. J. J. C. Donner. Stuttgart 1854, S. 206.*

Z. 19 Agamemnon, vv. 160–182. *Übers. v. U. v. Wilamowitz-Moellendorff, Die Orestie. Berlin 1900.*

S. 25 Z. 12 SOPHOKLES, Antigone, vv. 583–594. 607–630. *Übers. v. Chr. Graf zu Stolberg, Sophokles. Bd. II. Leipzig 1787, S. 47–49.*

S. 26 Z. 19 PROTAGORAS 80 B 4. *Übers. v. H. Diels-W. Kranz, Die Fragmente der Vorsokratiker, Bd. 2. Berlin 1952⁶, S. 265.*

S. 26 Z. 26 KRITIAS 88 B 25. *Übers. in M. P. Nilsson, Die Religion der Griechen. Religionsgeschichtl. Lesebuch 4. Tübingen 1927, S. 76–77.*

S. 28 PLATON, Phaidros, cap. 24–30 (245C–250C). *Übers. v. C. Ritter. Philosophische Bibliothek. Leipzig 1922, S. 57–64.*

S. 35 KLEANTHES Frg. 537 (Arnim). *Übers. v. J. G. Herder. In: Griechische Gedichte hrsg. v. H. Rüdiger. München 1936³, S. 167–171.*

S. 36 LUKREZ, Von der Natur, Buch I, vv. 62–135; 146–158. *Übers. v. H. Diels. Berlin 1924, S. 3–7.*

S. 40 CICERO, Vom Gemeinwesen, Buch VI, cap. 9–26. *Übers. v. K. Büchner. Bibliothek der Alten Welt. Zürich 1952, S. 335–353.*

S. 49 EPIKTET, Diatriben I, 9. I 14. *Übers. v. W. Capelle. Bibliothek der Alten Welt. Zürich 1948, S. 93–98.*

S. 54. PLOTIN, Enneaden III 2, cap. 7–9. Plotins Schriften, Bd. V. *Übers. v. R. Harder. Philosophische Bibliothek. Leipzig 1937, S. 33–37.*

KAPITEL II

DIE SPRACHE ALS FORMKRAFT DES MENSCHEN

S. 64 GORGIAS, Helena 82 B 11, 8–14. *Übers. v. O. Clavuot. Unveröffentl.*

S. 66 PLATON, Phaidros, cap. 59–64 (274 B–279 A). *Übers. v. C. Ritter, Philosophische Bibliothek. Leipzig 1922, S. 102–110.*

S. 74 ISOKRATES, Vom Vermögenstausch, 15, 253–280. *Übers. v. A. H. Christian. Stuttgart 1836, S. 829–837.*

S. 79 CICERO, Vom Redner, Buch I, cap. 7–15. *Nach der Übersetzung v. F. C. Wolff. Altona 1830, S. 12–27.*

S. 91 HORAZ, Über die Dichtkunst, vv. 1–113. *Übers. v. C. M. Wieland. Leipzig. 1790, 207–219.*

S. 98 QUINTILIAN, Rednerische Unterweisungen, Buch XII, cap. 1, 1–13. 23–32. *Übers. v. G. Lindner. Wien 1881, S. XXII–XXVI.*

KAPITEL III

GESCHICHTE ALS SELBSTBESTIMMUNG DES MENSCHEN

S. 106 HESIOD, Werke und Tage, vv. 109–201. *Übers. v. E. Eyth. Stuttgart 1865², S. 69–73.*

S. 110 SOPHOKLES, Antigone, vv. 322–373. *Übers. v. J. J. C. Donner, Sophokles. Bd. I. Leipzig u. Heidelberg 1868⁶, S. 212–214.*

S. 111 PROTAGORAS. In Platon, Protagoras, cap. 11–12 (320C–322D). *Übers. v. O. Apelt. Leipzig 1922, S. 54–58.*

S. 115 DEMOKRIT 68 B 5. *Übers. v. A. Wahrmund, Diodors Geschichts-Bibliothek, Buch I, cap. 8. Stuttgart 1866, S. 14–15.*

S. 116 HERODOT, Neun Bücher Geschichte, Buch I, cap. 1–5. *Übers. v. G. A. Keller, Bibliothek der Alten Welt. In Vorbereitung.*

S. 119 THUKYDIDES, Geschichte des Peloponnesischen Krieges, Buch I, cap. 1–22. *Übers. v. G. P. Landmann. Bibliothek der Alten Welt. In Vorbereitung.*

S. 131 POLYBIOS, Geschichte, Buch I, cap. 1–4. *Übers. v. A. Haakh und K. Kraz. Berlin (o. J.) 2. Aufl., S. 7–11.*

S. 135 DIODOR, Geschichts-Bibliothek, Buch I, cap. 1–2. *Übers. v. A. Wahrmund. Stuttgart 1866, S. 5–8.*

S. 138 SALLUST, Die Verschwörung des Cattilina, cap. 1–4; 5, 9–11, 3. *Über- v. C. Holzer. Stuttgart 1868, S. 3–10; 12–22.*

S. 146 TACITUS, Die Historien, Buch I, cap. 1–4. *Übers. v. W. Bötticher. Leipzig (o. J.), S. 3–5.*

KAPITEL IV

DIE BILDUNG DES MENSCHEN

S. 153 Z 11 DEMOKRIT 68 B 33. Z. 14 B 180. Z. 16 B 181. Z. 25 B 182. Z. 28 B 183. Z. 31 B 184. Z. 33 B 185. Z. 35 B 241. S. 154 Z. 1 242. *Übers. H. Diels-W. Kranz, Die Fragmente der Vorsokratiker, Bd. 2. Berlin 1952⁶,* S. 153ff.

S. 154 Z. 5 ANTIPHON 87 B 60. Z. 14 B 61. Z. 21 B 62. *Übers. v. H. Diels-W. Kranz, Die Fragmente der Vorsokratiker, Bd. 2 Berlin 1952⁶, S. 365.*

S. 154 PLATON, Staat, Buch VII, cap. 1–5 (514 A–520 D). *Übers. v. R. Rufener. Bibliothek der Alten Welt. Zürich 1950, 353–362.*

S. 163 ARISTOTELES, Politik Buch VII, cap. 13–14 (1331 b 39–1333 b 5). 15 bis 17 (1334 b6–1337 a7). VIII, cap. 1–3 (1337 a11–1338 a13). *Übers. v. O. Gigon. Bibliothek der Alten Welt. Zürich 1955, S. 292–296, 299–310.*

S. 177 SENECA, Briefe an Lucilius, Brief 88. *Übers. v. O. Apelt: Philosophische Bibliothek Leipzig 1924, S. 56–71.*

S. 190 QUINTILIAN, Rednerische Unterweisungen, Buch I, cap. 1, 1–11; 15–24, cap. 3, 1–13, cap. 12, 1–19. *Übers. v. G. Lindner. Wien 1881, S. 7–11, 19–21, 66–69.*

KAPITEL V

DER MENSCH ALS POLITISCHES WESEN

S. 204 Z. 6 DEMOKRIT 68 B 248. Z. 10 B 251. Z. 13 B 287. Z. 15 B 255. Z. 21 B 249. Z. 24 B 250. Z. 27 B 252. *Übers. v. H. Diels-W. Kranz, Die Fragmente der Vorsokratiker, Bd. 2. Berlin 1952⁶, S. 194ff.*

S. 205 EURIPIDES, Die Schutzflehenden, vv. 390–391, 394–447. *Übers. v. J.J.C. Donner, Euripides, Bd. III. Leipzig u. Heidelberg 1876³, S. 303–305.*

S. 207 THUKYDIDES, Geschichte des Peloponnesischen Krieges, Buch II, cap. 34–46. *Übers. v. G. P. Landmann. Bibliothek der Alten Welt. In Vorbereitung.*

S. 215 PLATON, Gesetze, Buch V, cap. 10–15 (739 B–746 D). *Übers. v. O. Apelt. Philosophische Bibliothek. Leipzig 1940, S. 161–172.*
S. 226 ARISTOTELES, Politik, Buch I, cap. 1–2 (1252 a1–1253 a38). III, cap. 9 (1280 a31–1281 a8). *Übers. v. O. Gigon. Bibliothek der Alten Welt. Zürich 1955, S. 55–59, 140–142.*
S. 232 POLYBIOS, Geschichte, Buch VI, cap. 3–9. *Übers. v. A. Haakh. Stuttgart 1868, S. 8–15.*
S. 240 CICERO, Vom höchsten Gut und Übei, Buch III, cap. 19–20. V, cap. 23. *Übers. v. G. Ch. Kern. Stuttgart 1836, S. 2751–2755, 2860–2863.*

KAPITEL VI

DIE SITTLICHE VERPFLICHTUNG DES MENSCHEN

S. 251 HESIOD, Werke und Tage, vv. 275–285, 287–326. *Übers. v. E. Eyth. Stuttgart 1865², S. 75–77.*
S. 253 PRODIKOS 84 B 2. *Übers. v. R. Rufener, Xenophon, Erinnerungen an Sokrates. Bibliothek der Alten Welt. In Vorbereitung.*
S. 257 PLATON, Gesetze, Buch V, cap. 1–6 (726 A–734 E). *Übers. v. O. Apelt. Leipzig 1940, S. 144–155.*
S. 269 ARISTOTELES, Die Nikomachische Ethik, Buch I, cap. 1 (1094 a1 bis 1049 b10), cap. 2–3 (1095 a14–1096 a10), cap. 5–6 (1097 a13–1098 a20). *Übers. v. O. Gigon Bibliothek der Alten Welt. Zürich 1951, S. 55–56, 58–60, 63–67.*
S. 276 EPIKUREISCHE SPRUCHSAMMLUNG. *Übers. v. O. Gigon, Epikur. Bibliothek der Alten Welt. Zürich 1949, S. 50–57.*
S. 284 CICERO, Vom rechten Handeln, Buch I, cap. 3–7. *Übers. v. K. Büchner. Bibliothek der Alten Welt. Zürich 1953, S. 24–30.*
S. 290 MARC AUREL, Wege zu sich selbst, Buch II. *Übers. v. W. Theiler. Bibliothek der Alten Welt. Zürich 1951, S. 41–53.*

ANHANG

I: LITERATUR

1. Geistes- und Kulturgeschichte

Wer sich über die antike Geisteswelt zusammenhängend orientieren will, findet eine knappe Darstellung ihrer Grundzüge bei *Ernst Howald,* Die Kultur der Antike, Zürich 1948. – Auf liebevoller Auswertung der griechischen Literatur beruht *Walther Kranz,* Kultur der Griechen, 1949. – Eine breitere, historisch orientierte Darstellung bietet *Johannes Bühler,* Die Kultur der Antike und die Grundlegung der abendländischen Kultur, mit Lit.-Verz., 2 Bde., Stuttgart 1948. – Die neueste wissenschaftlich fundierte, für einen breiteren Leserkreis bestimmte Geschichte des Altertums bieten die Bände III und IV der *Historia Mundi,* ein Handbuch der Weltgeschichte, hg. von Fritz Valjavec, München 1954 ff. Darin über die griech. Geisteswelt: *Willy Theiler,* Griechisches Dichten und Denken. – Entsprechendes für das Lateinische bietet *Eduard Norden,* Die römische Literatur, Leipzig 1954[5], mit reichem Literaturanhang (1954[5]: 5. Auflage).

2. Handbücher und Lexika

In populärem Stil bemüht sich um die »Aktualität« der Antike *Hans Lamer,* Wörterbuch der Antike mit Berücksichtigung ihres Fortwirkens, Stuttgart 1950[3]. – Den neuesten Stand der Forschung und der Literatur gibt in knappem, sachlichem Stil *Otto Hiltbrunner,* Kleines Lexikon der Antike, Bern 1950[2]. – Auf die Autoren beschränkt ist das ausgezeichnet redigierte, die wichtigsten deutschen Übersetzungen aufführende *Tusculum Lexikon* der griechischen und lateinischen Literatur vom Altertum bis zur Neuzeit, mit Verz. der führenden Nachschlagewerke, München 1948. – Kenner der englischen Sprache finden eine ausführlichere, von den besten Fachgelehrten unternommene allgemeinverständliche Behandlung in *The Oxford Classical Dictionary,* Oxford 1949. – Für eine eingehendere wissenschaftliche Auseinandersetzung muß benützt werden die bis jetzt 67 Bände (als Halbbände bezeichnet) umfassende, vor der Vollendung stehende *Realencyclopädie der Classischen Altertumswissenschaft* hg. von Pauly-Wissowa, jetzt von Konrat Ziegler, Stuttgart. – Die jährlichen Neuerscheinungen über das Gesamtgebiet der Antike und ihrer Nachwirkung verzeichnet die *Année Philologique,* hg. von Jules Marouzeau und Juliette Ernst, Paris 1924 ff.

3. Texte und Übersetzungen

Keine Lektüre von Darstellungen über die antike Geisteswelt kann die Begegnung mit ihren Werken selbst ersetzen. Unsere Auswahl bietet, insbesondere infolge ihres systematischen Aufbaues, ein fragmentarisches und insofern verfälschtes Bild, als die Totalität der geistigen Persönlichkeit nur durch das ganze Werk erfaßt werden kann.

Wer durch diese Auswahl zur Auffrischung seiner Gymnasial-Sprachkenntnisse angeregt wird, findet die antiken Autoren in folgenden heute maßgebenden Textsammlungen: *Bibliotheca Scriptorum Graecorum et Romanorum Teubneriana,* Leipzig, vollständigste Sammlung, jedoch größtenteils zerstört und nur in Bibliotheken greifbar. – *Scriptorum Classicorum Bibliotheca Oxoniensis,* Oxford. – *Loeb Classical Library,* London, mit engl. Übers. – *Collection des Universités de France* der Associaton Guillaume Budé, Paris, mit franz. Übers., empfehlenswert wegen der ausgezeichneten Einführungen und Erläuterungen. – Verschiedene Werke mit deutscher Übersetzung und einführenden kulturgeschichtlichen Abhandlungen enthalten die *Tusculum-Bücher,* München. – Einzelne zweisprachige Ausgaben finden sich in der *Bibliothek der Alten Welt,* Zürich.

Eine Sammlung moderner Übersetzungen der antiken Geisteswelt mit reichen Einführungen und Erläuterungen ist im Entstehen begriffen in der *Bibliothek der Alten Welt,* Artemis, Zürich seit 1947. Bis zu ihrer Vollendung ist man angewiesen auf zwei Sammlungen des 19. Jh., welche jedoch meist überalterte Übertragungen enthalten: *Osiander – Schwab,* Griechische und römische Prosaiker und Dichter in neuen Übersetzungen, Stuttgart um 1830ff. – *Langenscheidtsche Bibliothek sämtlicher griechischen und römischen Klassiker* in neueren deutschen Musterübersetzungen, Berlin, 1855ff. – Einzelne Texte, vor allem von Prosaschriftstellern, enthalten *Kroeners Taschenausgaben,* von Dichtern die *Sammlung Dieterich.* – Gesamtausgaben philosophischer Autoren wie Platon, Aristoteles, Seneca, Plotin, teilw. mit Erläuterungen, enthält die *Philosophische Bibliothek,* Meiner, Hamburg.
Für die vorliegende Auswahl waren vorbildlich *U. v. Wilamowitz-Moellendorff,* Griechisches Lesebuch, Berlin 1902, sowie die Library Of Greek Thought, ed. by *Sir Ernest Barker,* 8 voll. London, in englischer Sprache. Eine kleine Sammlung antiker Spruchweisheit bietet *Walter Rüegg,* Erkenne dich selbst, Zürich 1946.

4. Literatur zu den einzelnen Sachgebieten

Es wird mit geringfügigen Ausnahmen nur die neueste Literatur aufgeführt, in welcher Interessenten Hinweise auf ältere Darstellungen, sowie auf Spezialliteratur finden. Diejenige zu einzelnen Autoren ist im Register verzeichnet.

Philosophiegeschichtliche Einleitung

Das maßgebende Handbuch für die philosophischen Grundlagen: *Friedrich Überweg,* Grundriß der Geschichte der Philosophie, 1. Bd., Das Altertum, von *Karl Praechter,* Berlin 1926[12] (Unveränderter Neudruck Tübingen 1953) – Knapper Abriß in *Gercke-Nordens* Einleitung in die Altertumswissenschaft, 2. Bd. 2. Teil, Leipzig 1933[4], Heft 6, Geschichte der Philosophie von *Alfred Gercke,* bearbeitet von *Ernst Hoffmann.* – Eine problemgeschichtliche Einführung gibt *Ernst Hoffmann,* Die griechische Philosophie bis Platon, Heidelberg 1951[4], eine breiter angelegte allgemeinverständliche Darstellung *Walther Kranz,* Die griechische Philosophie, zugleich eine Einführung in die Philosophie überhaupt, Wiesbaden 1950[2] (mit einem Anhang: Wie studiert man griechische Philosophie?). – Über weitere Literatur unterrichtet *Olof Gigon,* Antike Philosophie. Bibliographische Einführungen in das Studium der Philosophie, hg. von *I. M. Bochenski,* 5. Heft, Bern 1948. – Eine moderne Sicht der wesentlichen Gesichtspunkte bieten die Aufsätze zur antiken Philosophie des früheren Marburger Ordinarius *Erich Frank*[a], Wissen, Wollen, Glauben, Gesammelte Aufsätze zur Philosophiegeschichte und Existentialphilosophie. Zürich 1955.

Natur und Geist

Einen knappen Abriß über die im ersten Band behandelten Sachgebiete geben *Albert Rehm/Kurt Vogel,* Exakte Wissenschaften, in *Gercke/Norden,* Einleitung in die Altertumswissenschaft Bd. 2, Leipzig 1933[4]. – Den neuesten Stand der Forschung gibt *George Saxton,* A History Of Science. Ancient Science Through The Golden Age Of Greece, Cambridge Mass. 1952. – Über die naturphilosophischen Bemühungen der vorsokratischen Denker unterrichtet man sich im Standardwerk von *Hermann Diels*[b]*/Walther Kranz,* Die Fragmente der Vorsokratiker, griechisch und deutsch, 3 Bde., Berlin 1951[6]. Hier auch neuere Literatur. – Zur Ergänzung: *Hermann Fraenkel,* Dichtung und Philosophie im frühen Griechentum, New York 1951. – *Olof Gigon,* Der Ursprung der griechischen Philosophie, von Hesiod bis Parmenides, Basel.

Neue Auflage in Vorbereitung. – *Walther Kranz*, Kosmos, Bd. 2 des Archivs für Begriffsgeschichte, Bonn 1955.

Musik

Über die Praxis unterrichtet *Max Wegner*, Das Musikleben der Griechen, Berlin 1949. – Die beste allgemeine Darstellung gibt C. *Sachs*, The Rise Of Music In The Ancient World. East And West, New York 1943. – Im Handbuch *»Musik in Geschichte und Gegenwart«*, Kassel, wird die 1956 zu erwartende Darstellung der griechischen Musik den maßgebenden Überblick über die neueste Forschung und Literatur vermitteln.

Astronomie und Mathematik

Einen ausgezeichneten Abriß über die Geschichte der antiken Mathematik mit ausführlichen Quellen und Literaturangaben gibt *Oskar Becker / E. Hofmann*, Geschichte der Mathematik, Bonn 1951. – Kluge Textauswahl und geschichtliche Darstellung: *Heinrich Balss*, Antike Astronomie, München 1949. Die wohl für Jahre maßgebende Behandlung dieses Sachgebietes: *B. van der Waerden*, Erwachende Wissenschaft, Basel 1956.

Geographie

Die enge Verknüpfung mit der mathematisch-physikalischen Ordnung der Welt zeigt *H. Berger*, Geschichte der wissenschaftlichen Erdkunde der Griechen, 1903. – Die Entdeckung der Oekumene beschreibt anschaulich *Martin Ninck*, Die Entdeckung Europas durch die Griechen, Basel 1945. – Neuestes Handbuch: *J. O. Thomson*, History of ancient geography, Cambridge 1948.

Medizin

Ausführliche Darstellung bei *Max Neuburger*, Geschichte der Medizin, Bd. I, II 1, Stuttgart 1906–11. – Eine gute Auswahl von Texten mit Übers. gibt *Walter Müri*, Der Arzt im Altertum, München 1938. – Neueste knappe Behandlung von *Paul Diepgen*, Geschichte der Medizin, Bd. I, Berlin 1949.

Religion

Das starke Interesse der gegenwärtigen Altertumswissenschaft für die antike Religionsphilosophie spiegeln die *Entretiens*[c] *sur L'Antiquité Classique*, t. I, La notion du divin depuis Homère jusqu'à Platon, Vandoeuvres-Genève 1952, mit hervorragenden deutschen, englischen, französischen Abhandlungen und Diskussionsbeiträgen verschiedener Gelehrter. – Für die Anfänge bei den Vorsokratikern vgl. neben der zit. philosophischen Literatur *Werner Jaeger*[d] Die Theologie der frühen griechischen Denker, Stuttgart 1953.

Geschichtsschreibung

Ernst Howald[e], Vom Geist antiker Geschichtsschreibung, München 1934.

Rhetorik und Pädagogik

Die maßgebende moderne Gesamtdarstellung der antiken Erziehung mit umfassenden bibliographischen Angaben bietet *Henri-Irenée Marrou*, Historie de l'Education dans l'Antiquité, Prais 1950². – In klarer und anschaulicher Weise entwickelt die pädagogischen Theorien des Altertums: *Ernst Hoffmann*[f], Pädagogischer Humanismus, Zürich 1955, mit bibliogr. Anhang. – Eine eingehende pädagogische Interpretation der griechischen Klassiker, vorläufig bis Demosthenes, gibt *Werner Jaeger*[g], Paideia, die Formung des griechischen Menschen, 3 Bde., Berlin 1936–1947 (unveränderter Neudruck 1954/55). – Unersetzt ist die eingehende Behandlung des für die antike Geistesgeschichte grundlegenden Kampfes zwischen Philosophie und Rhetorik durch *Hans von Arnim*, Leben und Werke des Dio von Prusa, mit einer Einleitung: Sophistik, Rhetorik, Philosophie in ihrem Kampf um die Jugendbildung, Berlin 1898.

Politik und Ethik

Einen souveränen Überblick über die politischen Verhältnisse und Anschauungen Griechenlands gibt *U. v. Wilamowitz-Moellendorff*, Staat und Gesellschaft der Griechen, in Die Kultur der Gegenwart Teil II Abt. IV 1, Leipzig 1910. – Das Gegenstück für Rom bietet *Ernst Meyer*, Römsicher Staat und Staatsgedanke, Zürich 1948. – Einen knappen Abriß über die Individualethik enthält *Ernst Howald*, Ethik des Altertums, München 1926. – Die Vielschichtigkeit des Ethischen im Altertum wird sichtbar in den aus dem Nachlaß herausgegebenen, mit reichen Literaturangaben ergänzten Vorlesungen von *Eduard Schwartz*, Ethik der Griechen, Stuttgart 1951. – Den Gegensatz von antikem Polisdenken und stoischer Ethik zum jüdisch-christlichen Glauben verdeutlicht in knapper und anschaulicher Form *Rudolf Bultmann*, Das Urchristentum im Rahmen der antiken Religionen, Zürich 1954².

II: REGISTER MIT SACH- UND LITERATURANGABEN

Das Register verfolgt erstens den Zweck, schwer verständliche sachliche oder personelle Zusammenhänge soweit als möglich zu erklären. Zweitens soll es den Zusammenhang zwischen den auf die verschiedenen Sachgebiete verteilten Texten eines Autors sowie die Querverbindungen zu anderen ihn zitierenden Schriftstellern anschaulich machen. Drittens werden zu den (in Großbuchstaben ausgezeichneten) Autoren unserer Sammlung die wichtigsten biographischen und bibliographischen Angaben gemacht. Erläuterungen, welche bereits in unsern Einführungen enthalten sind, werden nicht wiederholt, sondern mit s. rückverwiesen. Textstellen, eingeleitet mit : werden nur bei geschichtlichen Personen und geistesgeschichtlich wichtigen Sachen aufgeführt. Bei den bibliographischen Hinweisen verweist T: Texte zumeist auf die im Literaturanhang § 3 aufgeführten Ausgaben BT (Bibliotheca Teubneriana), BO (Bibliotheca Oxoniensis), Budé (Collection des Universités de France), BAW (Bibliothek der alten Welt); bei Ü: Übersetzung wird die betr. Angabe der Quellenverzeichnisse von Bd. I u. II nicht wiederholt, sondern mit Q an sie erinnert. Von der Literatur über die Autoren bieten wir wie im Literaturanhang nur eine kleine, den Interessenten weiterführende Auswahl. Gesamtdarstellungen, Handbücher und allgemeine Literatur zu den einzelnen Fachgebieten werden nicht wiederholt, da man beispielsweise Angaben über einen Arzt ohne weitere Hinweise in den unter § 1 und 2 aufgeführten Darstellungen und Handbüchern sowie in der Literatur zur Medizin nachsuchen kann. Wichtigere Hinweise auf den Literaturanhang, welche dem Laien weniger naheliegend sind, werden durch den Autornamen mit hochgestelltem kleinem Buchstaben gegeben, durch welche man die auf Frank[a] (S. 301) folgenden Titel, wie Diels[b] (S. 301) leicht findet. 41 v. in Zeitangaben bedeutet 41 vor, 529 n.: nach Christi Geburt. Doppelnamen werden entsprechend dem ersten Anfangsbuchstaben aufgeführt. * bedeutet Verweis auf ein anderes Stichwort.

Acheron, Fluß in der Unterwelt
Achill, griech. Held im troianischen Krieg, s. 17, II 12, 59 : II 120, 178
Adonis, Gottheit der Vegetation und Fruchtbarkeit, Liebling der Aphrodite. Für sein Gedächtnisfest im Hochsommer zog man in Blumenkistchen (Adonisgärtchen) rasch aufkeimende Gewächse
Adrasteia, »die Unentrinnbare«, personifizierte Weltordnung
Aelius Gallus, Statthalter des Augustus in Ägypten (25/24 v.), unternahm einen Feldzug nach Ägypten : 260
Aemil, Erbauer einer Gladiatorenschule, deren Parterreräume für Läden und Werkstätten benützt wurden : II 93
Aeneas, troianischer Held, der sich als einziger aus dem Untergang Troias rettet und nach langen Irrfahrten in Italien die Mutterstadt des spätern Rom gründet. In Vergils Aeneis als Stammvater des Augustus verherrlicht
Agamemnon, Sohn des Atreus, Enkel des Pelops, König von Mykene, Oberfeldherr der Griechen vor *Troia
Aether (Aither), Personifikation der reinen Himmelsluft, b. Aristoteles der fünfte Körper (Quintessenz) : 104; b. Empedokles Feuer : 288, sonst Luft : 290, 293, II 16
AISCHYLOS 525/4–456 v., eigentlicher Begründer der attischen Tragödie. Erhaltene Dramen: Perser, Sieben gegen Theben, Die Schutzflehenden, *Prometheus, Orestie mit den drei Stücken *Agamemnon, Choephoren, Eumeniden, s. II 104 : 24f. T: Murray, Oxford 1937. Budé. Ü: Stoessel, BAW. L: Entretiens[c]
Akademie, Schule Platons, gegr. um 385 v., s. 17, 22, 25f., 30, 204f., II 150 : II 178, 189
Akropolis, »Hochstadt«, Burg, um die sich die griech. Stadt bildete; hier befanden sich die Tempel der Hauptgötter
Albaner, Volk an der Westküste des Kaspischen Meers
Albruna, »Alraune«, d.h. mit göttlicher Zauberkraft der Elfe begabt
Alexander der Große, 356–323 v., makedonischer König 336 v., Oberherrschaft über Griechenland 334 v., eroberte Vorderasien und Ägypten, gelangte bis Indien, s. 20, 23, 27 : II 192, 194
Alexander, *Paris
Alexandriner, Gelehrtenschule aristotelischer Prägung in Alexandrien (Ägypten), wurde unter den *Ptolemäern dank Bibliothek und Forschungsinstitut (Museum) die Hauptstätte für Wissenschaft, Literatur und Kunst des Hellenismus, s. 129, 169, 174
ALKMAION VON KROTON, um 500 v., pythagoreischer Arzt und Philosoph, s. 279f., 282 : 283ff., II 76. TÜL: Diels[b]
Anakreon, von Teos, geb. um 570 v., Dichter von Liebes- und Trinkliedern: II 187
Anaxagoras von Klazomenai, um 500–428 v., Naturphilosoph, seit 480 in Athen Lehrer von *Perikles und *Euripides, floh 450, der Gottlosigkeit angeklagt: 60, 80, 104
ANAXIMANDER VON MILET, 610/9–547/5 v., s. 84f., 127f., 231, 279, 282, II 202 : 88f., 130f., 282f. TÜL: Diels[b], Entretiens[c], Jaeger[d]
ANAXIMENES VON MILET, um 585–525 v., wahrsch. Schüler von Anaximander, s. 85 : 89f. TÜL: Diels[b]
ANTIPHON VON ATHEN, 5. Jh. v., Sophist. Schriftsteller : s. II 151 : II 154. TÜ: Diels[b]. L: Jaeger[g]
Anytos, 409 v., Feldherr der Athener, demokratischer Führer, 399 Ankläger des Sokrates : 25, 54
Apelles von Kolophon, Hofmaler *Alexanders des Großen : 315
Aphrodite (lat. Venus), Göttin der Liebe, Schönheit
Apion, alexandrinischer Grammatiker und Wanderredner, unter *Caligula: II 188
Apollon, Gott der Künste und Wissenschaften, bes. der Musik und Medizin. Gott des Delphischen Orakels. Zahlreiche Kultnamen je nach Funktion:

Chremes, Name des Alten in zwei Stücken des römischen Komödiendichters Terenz (um 160 v.)

Chrysipp, 280–207 v., Nachfolger des *Kleanthes in der Leitung der stoischen Schule und Verfasser zahlloser Schriften: 55f., II 190, 192, 242

CICERO, 106–43 v., s. 26f., 86, 129, 233, II 62ff., 250 : 57ff., II 40ff., 79ff., 240ff., 248ff. T: BT. Ü: Q. L: O. Seel, Cicero, Stuttgart 1953

Cothurn, hoher Schuh des tragischen Schauspielers

Daker, thrakischer Volksstamm nördlich der untern Donau

Damon, 5. Jh. v., einer der frühesten Musikschriftsteller in Athen: 180

Dämon, übernatürliches Wesen, »Zuteiler«, s. II 10f., 250 : 7., 289f., II 30, 66, 216

Danaer, Bezeichnung für Griechen, nach Stammvater Danaos

Dareios I, Pers. Großkönig von 521–486 v. : II 127f.

Delphi, Apollonheiligtum und berühmte griech. Orakelstätte am Parnass (Mittelgriechenland), s. 171, 231, II 9. Berühmt auch für Schmiedewerkstätten, in denen Mehrzweckmesser fabriziert wurden, welche für die Einzelwerke schlecht taugten: II 227

Demeter, Erdmutter, Göttin der Fruchtbarkeit

DEMOKRIT VON ABDERA, um 460–370 v., s. 86f., 280, II 105, 151, 203 : 95ff., II 84, 86, 115f., 153f., 204f. TÜL: Diels[b]

Demosthenes, 384–322 v., größter athenischer Redner : II 89

Diana (griech. Artemis), Göttin der Jagd

Didymus, um 80–10 v., *alexandrin. Grammatiker und Philologe : II 187

Dike, Personifikation der Gerechtigkeit

Diogenes von Babylon, um 240–150 v., stoischer Philosoph, Schüler *Chrysipps, Lehrer des *Carneades: II 192

Diokles von Karystos, 4 Jh. v., Arzt in Athen : 333

Dionysos, Gott des Weins und der Ekstase

Diodor, schrieb von 60–30 v. eine Weltgeschichte: II 135ff.

Domitian, römischer Kaiser von 81–96 n.: II 146

Drusus, 91 v. Volkstribun (d.h. Beamter zum Schutze der Bürger gegen Übergriffe der Behörden) : II 79

Ekphantides, um 457 v., ältester Komödiendichter in Athen : 189

EMPEDOKLES VON AGRIGENT, um 494–434 v., s. 84, 86, 280f., : 92ff., 286ff., II 76. T: Diels[b]. Ü: W. Kranz (Q)

Ennius 239–169 v., mit seinen Annalen (Jahrbüchern) in epischer Form (Geschichte Roms von den Anfängen bis auf seine Zeit) sowie Tragödien und zahlreichen kleinern Dichtungen Schöpfer der lat. Dichtersprache: II 38, 41, 94

EPIKTET, von Hieropolis (Kleinasien), um 55–135 n., s. 28, II 250 : 68ff., II 49ff. T: BT. Ü: Q. L: *Stoa

EPIKUR, 342/1–271/70 v., s. 23ff., 86, II 249f. : 48ff., 64, 80, II 36, 276ff. T: Usener, Epikurea 1887. L: *Lukrez

Epimenides, legendärer religiöser Lehrer und Wundertäter von Kreta

Eretrier,, Philosophenschule gegründet von Menedemos von Eretria (319–265 v.): II 189

Eros, Gott der Liebe, auf das Schöne gerichtet, bedeutet bei *Platon Trieb zur Wahrheit

Etesien, Nordwinde im Mittelmeergebiet, nach Sommersonnenwende

Eudoxos von Knidos, um 408–355 v., s. 204

EUKLID VON ALEXANDRIA, um 300 v., s. 204: 217ff., 225f. T: BT. Ü: Q

EURIPIDES, um 485–406 v., jüngster der drei großen griech. Tragiker, beeinflußt von der *Sophistik, Vorbild der röm. und abendländischen Tragödiendichtung: 183, II 205f. T: BO, Budé. Ü: Q. L: Entretiens[c], Jaeger[g]

Gäa, Göttin der Erde

Gaius Carbo, röm. Konsul 120 v., beging von *Lucius Crassus als Anhänger der *Gracchischen Bewegung angeklagt 119 v. Selbstmord: II 84

Gaius Cotta, röm. Konsul 75 v.: II 79ff.

Gaius Laelius, röm. Konsul 140 v., berühmt für seine Bildung und Beredsamkeit, Freund des jüngern *Scipio: II 82, 89, 191

Gaius Marius, 157–86 v., röm. Staatsmann und Feldherr, dessen Adoptivsohn die Tochter des *Lucius Crassus heiratete : II 91

Gaius Sulpicius Gallus, röm. Konsul 166 v., Verfasser eines astronomischen Werkes : II 289

GALEN VON PERGAMON, 129 bis um 199 n., berühmtester Arzt der Kaiserzeit, Hofarzt *Mark Aurels, s. 282 : 313ff. T: BT. Ü: Q

Geten, thrakischer Stamm an der untern Donau

GORGIAS VON LEONTINOI, um 483–376 v., sizilischer *Sophist und Rhetor, als Wanderlehrer 427 erstmals in Athen, Verfasser von Prunkreden, wie dem »Lob der Helena«, in welcher die rhetorische Formkraft des menschlichen Wortes theoretisch begründet und praktisch demonstriert wird, s. II 61 : II 64ff., 76. BÜL: Diels[b]

Gracchen, die Brüder Tiberius (162–133 v.) und Gaius (153–121 v.) Sempronius Gracchus bemühten sich um politische und soziale Reform des röm. Staates, und wurden beide von der Senatspartei ermordet: II 83, 191

Hades, Gott der Unterwelt, als Element Luft: 92, 208, II 108

Hekate, Göttin des Spuks und des Zaubers

Hekuba, Gattin des *Priamos

Helena, Tochter des Tyndareus, Gattin des Menelaos, von *Paris geraubt, Anlaß des *troianischen Krieges: II 12, 65, 108, 117, 123, 178

Helikon, Berg in Boiotien, Sitz der Musen

Helios, Sonnengott

Hephäst (Hephaistos), Gott des Feuers und der Schmiedekunst

Hera, Schwester und Gemahlin des Zeus, als Element Erde

Herakleides vom Pontos, um 390–310 v., *Pythagoreer, Vorläufer von *Aristarch in der Lehre vom heliozentrischen System: 59

Herakles (lat. Herkules), Sohn des Zeus und der theban. Königin Alkmene, berühmt wegen seiner Kämpfe mit Ungeheuern. Philosophisches Ideal eines mühevollen Lebens im Dienste der Menschheit, s. II 249 : 231, 243, 264, 267, II 242, 253ff.

Herakliden, Söhne des Herakles

HEAKLIT VON EPHESOS, um 500 v., s. 84, 86 : 90ff. TÜL: Diels[b], L: Entretiens[c], Jaeger[d]

Hermes (lat. Mercurius), Herold der Götter, Gott des Handels und Verkehrs

HERODOT VON HALIKARNASS, um 484–425 v., s. 232, II 105: 234ff., II 10, 116ff. T: BO, Budé. Ü: Q

HERON VON ALEXANDRIEN, wahrsch. 2. Jh. n., s. 85, 87 : 120ff. TÜ : BT

Herophilos von Chalkedon, um 300 v., Arzt in Alexandrien : 284

HESIOD VON ASKRA (Boiotien), wahrsch. 8. Jh. v., s. II 59, 103ff., 202, 248f. : II 15f., 20, 106ff., 227, 251ff., 272. T: Budé. Ü: Q. L: Diels[b]

Hestia, Göttin des Herdfeuers : II 30, vgl. I 131, II 224

Hiketas von Syrakus, wahrsch. 1. Hälfte 4. Jh. v., Pythagoreer : 132

Hipparchos, jüngerer Sohn des Tyrannen Peisistratos, 514 v. ermordet: II 129

Hippias, Tyrann von Athen, 527–510 v. : II 129

HIPPOKRATES VON KOS, um 420 v., s. 232f., 281f. II 149 : 243ff., 293ff., 313ff., 321, 327, 329, 333. T: BT. Ü: Q. L: Hoffmann[f], Jaeger[g]

HOMER, wahrsch. 8. Jh. v., s. II 10ff., 59ff., 103f., 247f.: 59, 237, II 14f., 20, 39, 41, 72, 95, 120, 124, 157, 178, 188, 211, 228f. T : BO, Budé. Ü : Q, Scheffer, Tusculum. L: W. Schadewaldt, Von Homers Welt und Werke, Stuttgart 1951[3]. Entretiens[c], Jaeger[d g]

HORAZ, 65–8 v., bedeutendster röm. Lyriker und Satiriker, s. II 64. Der letzte Brief seiner zwei Bücher »Briefe«, in denen er wie in seinen »Satiren« menschliche Schwächen und literarische Fragen bespricht, ist unter dem Titel »Ars Poetica« berühmt geworden, große Nachwirkung, insbesondere in der franz. Klassik: 91ff. T: BT, Budé. Ü: Q. L: W. Wili, Horaz, Basel 1948

Hyperides, 389–332 v., athen. Redner, Schüler von *Platon und *Isokrates : II 89

Hyrkanien, Landschaft südöstl. des Kaspischen Meeres :

Iberer, Volk im heutigen Georgien

Ilion, *Troia

Ion von Chios, um 490–422 v., Geschichtsschreiber, Philosoph und Tragödiendichter : II 76

Iphianassa (Iphigenie), Tochter *Agamemnons, wurde unter den Vorwand mit *Achill verheiratet zu werden nach Aulis gelockt, um der Artemis (lat. *Diana) geopfert zu werden.

Isis, Hauptgöttin Ägyptens, Göttin der Fruchtbarkeit, deren Kult sich über das ganze röm. Reich verbreitete

Isokrates, 436–338 v., eröffnete 388 in Athen eine Rednerschule, welche fast aus der gesamten griech. Welt besucht wurde, verfaßte Reden als Muster für die Schüler, s. II 62, 151 : II, 73, 74ff. T : Budé. Ü : Q

Jambus, Versmaß, satirisches Gedicht

Julian, röm. Kaiser von 361–363 n., »Der Abtrünnige« (Apostata), da er, christlich getauft, das Christentum bekämpfte : 30

Jupiter, Hauptgott der Römer, gleichgesetzt mit *Zeus

Justin, der Märtyrer, um 100–165 n., philosoph. Verteidiger des Christentums : 29

Justinian, oström. Kaiser von 527–65 n. : 17, 30

Kadmos, Gründer und König von *Theben in Boiotien

Kambyses, persischer Großkönig 529–522 v. : II 127

Kebes, Schüler des Pythagoreers *Philolaos, später des *Sokrates : 32

Kepheus, sagenhafter König von Äthiopien. Mit Kassiopeia (Frau) Andromeda (Tochter), Perseus (Schwiegersohn) verstirnt.

KLEANTHES, 331–232 v., Schüler und Nachfolger *Zenons in Leitung der *stoischen Schule: II 35f. TÜL: *Stoa

Kreon, König von Theben in Boiotien

KRITIAS, um 460–403 v., vornehmer Athener, einer der 30 Tyrannen von Athen 404 v., Verfasser von elegischen Dichtungen und Dramen. Fragment aus dem Satyrspiel Sisyphos, s. II 60 : II 26f. TÜL: Diels[b], Jaeger[g]

Kroisos, König Lydiens, 546 v. von *Kyros besiegt : II 128

Kronide, Kronion, Sohn des Kronos: *Zeus

Kronos, Vater des *Zeus

Kyniker, philosophische Sekte, Prinzip der Bedürfnislosigkeit : 55f.

Kyros (lat. Cyrus), persischer König 558–529 v., Begründer des pers. Weltreiches : II 127f., 139

Leokoreion, Heiligtum der Töchter des altattischen Königs Leos, die bei einer Hungersnot zur Rettung der Stadt Athen geopfert worden waren

Leukippos von Milet, um 440 v., Begründer des Atomismus, Lehrer des *Demokrit : 97

Liber, *Dionysos

Lucius Brutus, Begründer der röm. Republik 509 v. : II 83

Lucius Crassus, 140–91 v., röm. Konsul 95 v., Vertreter der Senatspartei, mit *Marcus Antonius der bedeutendste Redner seiner Zeit : II 79ff.

LUKREZ, 94–55 v., röm. Dichter und Philosoph, in seinem 6 Bücher umfassenden, dem Freund Memmius gewidmeten Werk »Über die Natur der Dinge« stellt er die Lehre *Epikurs dichterisch dar, s. 87, 104 : 105ff., II 36ff. T : BT, BO, Budé. Ü : Q. L : kommentierte Lukrezausgabe von Cyril Bailey, 3 voll. Oxford 1947.

Lykophron, *Sophist, vermutlich aus Schule des *Gorgias : II 231

Lykurg, Gesetzgeber Spartas um 820 v.: 58, 62, II 88, 232
Lysias, um 459–380 v., berühmter Redner in Athen : II 70ff.
Lysimachos, fiktiver Ankläger des *Isokrates als eines Jugendverderbers und schuldig unrechtmäßiger Bereicherung durch seine Beredsamkeit; »Über den Vermögensaustausch« (s. II 74ff.), Rechtfertigungsrede : II 74

Mäotischer See, das Asowsche Meer
Manius Manilius, röm. Konsul 149 v. : II 40
Marcus Aemilius Porcina, röm. Konsul 137 v. : II 84
Marcus Antonius, 143–87 v., röm. Staatsmann und Redner : II 79, 90
MARK AUREL, 121–180 n., bestieg 161 n. den röm. Kaiserthron, die 12 Bücher »An sich selbst« hauptsächlich im Feldlager geschrieben, s. 22, 28f., II 250 : 71f., II 290ff. TÜ : Q. L : *Stoa
Mars, Gott des Krieges
Marsyas, nimmt die von *Athene erfundene aber, da das Blasen das Gesicht entstellt, wieder weggeworfene Flöte an sich, wagt den Kitharaspielenden Apollon zum Wettstreit aufzufordern, unterliegt und wird zur Strafe geschunden.
Massinissa, um 240–149 v., König von Numidien : II 40
Medea, Tochter des Aietes, des Herrschers über das Zauberland Aea in Kolchis (Südostküste des Schwarzen Meeres), wo die Argonauten (»die auf dem Schiff Argo Fahrenden«) das goldene Vliess holen sollten.
Megariker, Philosophenschule begründet von Eukleides von Megara, eines Zeitgenossen des *Sokrates : II 189
Melissos von Samos, um 440 v., Schüler des *Parmenides : II 76
Melpomene, *Muse der tragischen Dichtung
Mercurius, *Hermes
Minos, König von Kreta
Mnemosyne, Personifikation der Erinnerung, Mutter der *Musen
Musaios, mythischer Sänger, ihm zugeschriebene Hymnen sang man z.B. am Fest der Demeter in Athen
Musen, Göttinnen der Dichtung, Literatur, Musik und des Tanzes, s. II 59 : II 16, 18, 32, 72, 96
Mykene, Stadt im Peloponnes
Myoshormos, wichtiger Hafenplatz an der ägypt. Küste des Roten Meeres

Nausiphanes von Teos, 4. Jh. v., *Demokriteer, Lehrer *Epikurs : II 189
Nereiden, anmutige Meermädchen
Nero, röm. Kaiser von 54–68 n. : 28, II 147
Nerva, röm. Kaiser von 96–98 n. : II 147
Nestis, Element Wasser
Nestor, König von Pylos (Peloponnes), spielt in *Homers Ilias und Odyssee die Rolle des weisen Ratgebers
Noricum, röm. Provinz in den Alpen, südl. der Donau
Numa Pompilius, sagenhafter König des alten Rom (715–673 v.) : II 82
Nymphen, göttliche Mädchen, die freie Natur verkörpernd, verleihen den Menschen dichterische und prophetische Gaben

Odysseus, König von Ithaca, eine der Hauptfiguren in *Homers Ilias, Held der Odyssee, weise und listenreich, s. II 12, 59 : 58, 264
Oedipus, König von *Theben; Herden: Hauptreichtum der Könige
Okeanos, der nach altgriechischer Vorstellung die Erdscheibe rings umfließende Strom
Olymp, höchster Berg Griechenlands, in Thessalien, Sitz der Götter
Olympia, im westl. Peloponnes, Hauptheiligtum des Zeus, wo zu Ehren des Gottes alle vier Jahre seit der ältesten Zeit bis 393 n. sportliche Wettkämpfe stattfanden
Olympos, sagenhafter Flötenspieler, Liebling des *Marsyas : 185
Orkus, Unterwelt, Totenreich
Orpheus, mythischer Sänger, s. 170 : II 188

Stoa, s. 22ff., II 249f. : 53ff., II 84, 178, 240ff., 290. T: Arnim, Stoicorum Veterum Fragmenta, 4 Bde., Leipzig 1903ff. Ü: BAW (Q). L: M. Pohlenz, Die Stoa, 2 Bde., Göttingen, 1948f., Hoffmann[f], vgl. *Chrysipp, *Diogenes von Babylon, *Epiktet, *Kleanthes, *Mark Aurel, *Panaitios, *Poseidonios, *Seneca, *Zenon

STRABON von Amaseia am Schwarzen Meer, 63 v.–19 n., Historiker und Geograph, s. 233 : 22, 254ff. T: BT. Ü: Q

Sulpicius, *Publius Sulpicius Rufus

Syene, das heutige Assuan in Ägypten

Syrtis, Syrtica, das heutige Tripolitanien in Afrika

TACITUS, um 55–115 n., römischer Senator und Konsul 97 n. unter dem Kaiser Nerva, Verfasser literarhistorischer, biographischer und histoscher Werke, s. 233 : 262ff., II 146ff. T: BT, Budé

Telephus, Titelheld einer verlorenen Tragödie des Euripides, welche die sprichwörtlichen Schicksalsschläge dieses troianischen Bundesgenossen schilderte

THALES VON MILET, durch seine Voraussage der Sonnenfinsternis vom 28. 5. 585 v. datiert, s. 84f., 127, 231 : 87f. TÜL: Diels[b]

Theben, 1. Hauptstadt Boiotiens, der Sage nach von *Kadmos gegründet : 2. Stadt in Ägypten (nahe beim heutigen Luxor)

Themistokles, um 524–459 v., athen. Staatsmann, Schöpfer der athen. Flotte und Sieger über die Perser in der Seeschlacht bei Salamis 480 v. : II 127

Theodorich der Große, König der Ostgoten 471–526 n. : 30f.

Theophrast, um 370–285 v., Nachfolger des *Aristoteles in der Leitung der peripatetischen Schule, bedeutender Organisator und Schöpfer wissenschaftlicher Forschung, Verfasser wichtiger Werke der Rhetorik, Philosophiegeschichte und Botanik : II 85ff., 293

Theseus, Gegenstück des *Herakles in der attischen Sage: rettet nach mannigfachen Abenteuern Athen vom Blutzoll an Kreta, vereinigt als König von Athen die attischen Gemeinden zum athenischen Staat

Theuth, ägyptisch Thoth, Gott der Schrift, Gesetze, Kunst, Wissenschaft

THUKYDIDES, um 460–400 v., infolge seines Mißerfolges als General 424 v. aus Athen verbannt, schreibt er teils im Peloponnes, teils – nach Kriegsende heimgekehrt – in Athen sein Werk über den Peloponnesischen Krieg (431–404 v.), s. II 105.: II 119ff., 207ff. T: BT. Ü:Q. L: Hoffmann[f], Jaeger[g]

Thyestes, Sohn des Pelops, Bruder des Atreus, dessen Frau er verführt und dessen einen Sohn er den getäuschten Atreus selbst töten läßt, worauf seine eigenen Söhne ihm von Atreus als Speise bei einem vorgetäuschten Versöhnungsmahl vorgesetzt werden

Thyrsos, Rohrstab mit Pinienzapfen, umwunden von Bändern, Efeu, Weinlaub, getragen von den in die *Dionysos-Mysterien Eingeweihten

Timaios von Lokris (Italien), *Pythagoreer, bekannt nur durch *Platons gleichnamigen Dialog : 128f., 132, 173, 221, 223

Titanen, Göttergeneration vor *Zeus' Vater *Kronos

Trajan, römischer Kaiser 98–117 n. : II 147

Triere, Kriegsschiff mit drei Ruderreihen übereinander

Troia (Ilion), Stadt im Nordwesten Kleinasiens, deren Zerstörung durch die Griechen Anlaß zahlloser Sagen und Gegenstand der *homerischen Ilias wurde, s. II 12 : 210, II 118, 120, 123ff.

Troizen, Stadt im Osten des Peloponnes

Tyndareos, König von Sparta, Vater der *Helena

Varius, Dichter von Tragödien, Epen und Lobgedichten unter *Augustus, Freund von *Horaz : II 94

Veleda, germanische Jungfrau, welche durch ihr zurückgezogenes Leben göttliches Ansehen genoß, am Bataveraufstand von 69 n. führenden Anteil nahm und als römische Gefangene starb: 267

Venus, *Aphrodite

Vergil, Virgil, 70–19v., römischer Epiker, der an Wirkung und Bedeutung